LE PARLER DU BEAUJOLAIS

CLAUDE MICHEL, ANNE-MARIE VURPAS

2 rue du Colombier - ZA Les Vignettes - 63400 Chamalières
EAN : 978-2-86253-658-3

LE PARLER DU
BEAUJOLAIS

CLAUDE MICHEL, ANNE-MARIE VURPAS

Christine Bonneton

Remerciements
Cet ouvrage est le résultat d'un travail d'équipe. Nous tenons à remercier d'abord nos informateurs qui ont consacré de nombreuses heures à répondre à nos questions. Parmi eux, en Beaujolais viticole, nous remercions particulièrement Mme Odin, Mlle Perras, Mlle Texier ; en Haut-Beaujolais, nous remercions M. Alain Sarry qui s'est chargé de la diffusion des questionnaires. Notre gratitude va également aux Groupes de Recherches Historiques et Archéologiques d'Amplepuis et de Cours, et aux professeurs du collège d'Amplepuis qui ont, eux-mêmes, recueilli un certain nombre de régionalismes.
Enfin nous exprimons notre reconnaissance à David Poncet et Françoise Mathevet qui, à l'Institut Pierre Gardette, nous ont aidés dans le dépouillement des réponses et ont assuré la saisie de notre texte.

INTRODUCTION

La notion de régionalisme

De nombreuses études sont menées aujourd'hui sur les régionalismes du français, notamment dans la région Rhône-Alpes et ses environs, où elles ont donné lieu à une série de publications récentes[1]. A leur suite, ce volume présente la collecte qui a été effectuée en Beaujolais, c'est-à-dire dans la moitié nord du département du Rhône.

Si en pays beaujolais, en effet, tout le monde parle aujourd'hui un bon français, l'étranger qui y séjourne est cependant frappé d'entendre, au détour d'une phrase, des mots ou locutions qu'il cherchera en vain dans les dictionnaires ou les grammaires de la langue française. Ces « écarts de langage » selon l'expression de G. Tuaillon[2], qu'ils appartiennent au lexique, à la grammaire ou à la sémantique, en opposant le parler local à la norme de la langue telle qu'elle est enseignée dans les écoles, constituent ce qu'on appelle les régionalismes.

Bien qu'ils aient parfois une connotation familière, ces mots doivent être soigneusement distingués de ceux qui appartiennent au français populaire ou argotique, qui, à ce titre, sont relevés par les dictionnaires de français ou d'argot et sont répandus dans toute la France. Ce sont donc les dictionnaires — et nous indiquons dans la bibliographie ceux dont nous nous sommes servis — qui nous ont permis de distinguer les mots populaires des mots régionaux. Ce sont eux aussi que nous avons consultés pour établir notre liste de régionalismes. Ce contrôle des dictionnaires s'avère cependant souvent délicat : en effet de nombreux mots régionaux, relevés dans des textes littéraires, y sont indiqués avec la mention « régional », parfois avec une indication géographique, parfois aussi sans aucune indication, et il est bien évident que seule une enquête systématique dans toute la France pourrait permettre de connaître avec précision la répartition géographique des mots régionaux.

---

1 Voir en bibliographie les ouvrages publiés par G. Tuaillon, C. Germi et V. Luci, M. Gonon, J.-B. Martin et J. Pellet, Cl. Martel, J.-B. Martin, A. DUC, A.-M. Vurpas.

2 G. Tuaillon, *Vourey*, p. 2.

Le domaine de l'enquête

Le paysage

Si le Beaujolais s'étend approximativement, comme nous l'avons dit, sur la moitié nord du département du Rhône, c'est-à-dire entre la Saône et la Loire dans le sens est-ouest, et entre Mâcon et le sud de Villefranche-sur-Saône dans le sens nord-sud, il comprend pourtant deux régions bien distinctes par leur géographie et leur économie.

A l'est, c'est le Beaujolais viticole ou Beaujolais proprement dit, pays des grands crus dont les noms prestigieux parsèment les côteaux aux pentes couvertes de vigne, côteaux qui s'étagent doucement jusqu'aux prairies de la vallée de la Saône, tout autour de la dynamique capitale, Villefranche-sur-Saône. A l'ouest, ce sont les monts du Haut-Beaujolais, avec leurs belles forêts, leurs pâturages et les cités industrielles d'Amplepluis, de Thizy ou de Cours. Ces deux régions paraissent aujourd'hui bien différentes, l'une étant essentiellement viticole, l'autre tournée vers l'élevage, l'industrie textile et le tourisme. Mais le temps n'est pas si loin où les habitants du Beaujolais vivaient tous de la polyculture et où un passé historique commun, source de traditions et de coutumes communes, donnait à la province du Beaujolais son identité culturelle.

La langue

Parmi les éléments de cette identité, la langue a joué un rôle très important. Chacun sait que, jusqu'au début du XXe siècle, c'est le patois qui a été utilisé dans nos campagnes, patois dont les variantes locales se rattachent au francoprovençal, continuateur du latin parlé dans cette région de la France, et dans une partie de la Suisse et de l'Italie[3]. Mais le patois disparaît lentement de nos régions, comme dans presque tout le domaine francoprovençal. Il ne reste plus que quelques personnes âgées qui soient capables aujourd'hui de le parler, parce qu'elles l'ont appris avant le français, et les conversations en patois sont devenues très rares. La montagne est, bien entendu, plus conservatrice que la plaine et on y rencontre encore quelques bons patoisants, mais s'ils connaissent bien leur langue originelle, ceux-ci ne l'emploient plus guère. Les causes de ce déclin sont bien connues : scolarisation, mutations socio-économiques, influence des médias... Nous n'y reviendrons pas.

Aujourd'hui on parle donc français en Beaujolais, mais c'est un français chargé de survivances lexicales et grammaticales de l'ancienne langue. Ces survivances constituent pour la plus grande part les régionalismes beaujolais, et on comprendra que, pour les mêmes raisons qui ont fait mourir le patois,

---

3 Voir à ce sujet les ouvrages des chercheurs qui se sont intéressés au patois beaujolais (et que nous citons dans notre bibliographie) : J. Descroix, E. de Villié, Cl. Michel, A.-M. Vurpas, et surtout les cartes de l'ALLy qui situent bien le patois beaujolais dans la région ouest du domaine francoprovençal. Voir également les articles de J.-B. Martin et A.-M. Vurpas dans *Lyonnais-Beaujolais*, Paris, Bonneton, 1991. Sur le francoprovençal en général, voir les études indiquées dans notre bibliographie, notamment celles de P. Gardette, G. Tuaillon et J.-B. Martin.

ces régionalismes, dont la plupart sont des éléments d'un patrimoine en perdition, sont menacés de disparition au profit d'une langue standardisée... Toutefois d'autres termes ou expressions peuvent être des créations locales à partir du français. Ajoutons enfin que, dans la plupart des cas, les mots régionaux sont employés inconsciemment par des locuteurs bien étonnés d'apprendre que leur langage n'est pas tout à fait celui de l'Académie. Mais il arrive aussi, surtout dans les milieux socio-culturels les plus élevés, que certains mots soient employés consciemment, souvent dans un but d'expressivité affective : leur emploi est alors souvent accompagné d'un sourire de connivence qui signifie qu'on est conscient de leur appartenance au terroir et de la saveur qu'ils donnent à la langue.

Ce dictionnaire est donc le résultat de deux enquêtes que nous avons regroupées pour la commodité de l'édition et aussi, comme nous l'avons dit, parce qu'il n'y a qu'une seule province du Beaujolais. Cependant le lecteur se rendra vite compte que certains mots, bien connus en Beaujolais viticole (B.V.) sont inconnus en Haut-Beaujolais (H.B.) et vice-versa. C'est que le substrat dialectal comporte de notables différences autant sur le plan de la phonétique que sur celui du lexique[4], et qu'aujourd'hui encore les zones d'influence de ces deux régions sont différentes, le Beaujolais viticole subissant l'attraction de Mâcon et de Lyon, et le Haut-Beaujolais celle de Roanne.

Quant à la distinction entre patois et français, elle est en général clairement perçue par les habitants du Beaujolais qui ne mélangent pas les deux langues. Par exemple ils sont conscients d'un trait phonétique qui est une caractéristique du patois beaujolais, le *ts*, résultat de la palatalisation de *C (+ A)* à l'initiale ou derrière consonne (alors qu'en français *C (+ A)* devient *ch*) : si on dit *tsa* pour désigner le chat, on sait qu'on parle patois. Cependant, dans le nord-ouest du département, dans la région de Cours qui touche le domaine d'oïl, le parler régional garde plus de traces du patois que dans le Beaujolais viticole et la distinction entre français et patois est moins nette : c'est ainsi qu'on emploie en français l'article partitif *de* « du, des », le pronom personnel de la 3e personne du masculin singulier *a ou al*, la forme verbale *tchiarcasser* « carcasser » (avec le *tch* patois), qui sont des héritages directs de l'ancienne langue. Malgré cette ambiguïté, c'est le fait d'être utilisé dans un discours français qui permet de considérer un mot comme un régionalisme, et non comme un mot patois. Et les mots retenus dans ce dictionnaire ont tous été relevés dans des phrases de locuteurs s'exprimant en français.

L'enquête

4 Ces différences, résultat de la fragmentation du domaine francoprovençal, apparaissent clairement sur les cartes de l'ALLy. Voir par exemple la carte 16, « une motte de gazon », où deux mots se partagent le Beaujolais : à l'est le *peillon*, à l'ouest la *motte* ou *motasse* ; de même la carte 22 « aiguiser » porte à l'est *amolo*, à l'ouest *aiguiser* ; la carte 24 « le coffin » offre une profusion de mots : *partuselle, bottet, couati,* mots qu'on retrouve dans le français régional. Ainsi en est-il de nombreuses autres cartes.

Cette collecte est le fruit de l'écoute et de l'observation des parlers d'une province que les deux auteurs connaissent bien pour y séjourner une partie de l'année et y avoir enquêté depuis longtemps[5]. L'enquête a duré plusieurs années et s'est faite en plusieurs étapes.

En Beaujolais viticole une première liste a été dressée par A.-M. Vurpas avec l'aide de quelques habitants du Beaujolais, notamment Mme Odin, de Corcelles-en-Beaujolais, que désignait sa parfaite connaissance de la région et de son parler. Afin de tester la vitalité des mots de cette liste qui avait bénéficié de l'apport des relevés effectués dans les régions voisines (en particulier ceux de Lyon, de Mâcon, du Pilat...), un premier questionnaire de 800 mots (avec leur définition et un ou deux exemples illustrant leur emploi) a été envoyé à 36 personnes vivant dans les villages du Beaujolais viticole, tout autour des grands crus : Anse, Blacé, Charentay, Chénas, Chiroubles, Corcelles-en-Beaujolais, Fleurie, Julié~ nas, Lancié, Lantigné, Quincié, Salles-Arbuissonnas, Saint-Lager, Saint-Etienne-des-Oullières, Vauxrenard, Villié-Morgon. Les correspondants, choisis dans des milieux socio-culturels variés, originaires ou non du pays, appartenant à part égale aux deux sexes, et à des tranches d'âge s'échelonnant de 85 à 13 ans (18 de plus de 60 ans, 9 de 40 à 60 ans, 4 de 20 à 40 ans, 5 au-dessous de 20 ans), étaient invités à exprimer à l'aide des lettres E, C ou X, inscrites en face de chaque mot, s'ils employaient (E), connaissaient sans avoir conscience de l'employer (C), ou ignoraient (X) ces mots ou leur sens. Ils pouvaient modifier l'orthographe pour la rendre conforme à leur prononciation, la définition et l'(ou les) exemple(s), lorsque ceux-ci n'étaient pas conformes à ce qu'ils connaissaient ou employaient. Ils pouvaient encore ajouter des mots qui ne figuraient pas dans la liste et qui leur paraissaient faire partie de leur vocabulaire. A partir des réponses reçues, ce premier questionnaire s'est considérablement enrichi. Certaines personnes n'ont pas hésité à nous envoyer leurs propres listes de mots avec des exemples : ainsi en a-t-il été de Mlle A.-M. Perras d'Odenas ou de Mlle F. Texier de Villefranche, qui ont mis aimablement à notre service leur grande compétence et que nous remercions vivement. Un second questionnaire d'environ 600 mots, puis un dernier supplément ont donc été envoyés, le plus souvent aux mêmes personnes (27 personnes ont répondu aux deux questionnaires qui leur ont été envoyés, 6 au premier questionnaire seul, 3 au deuxième questionnaire seul, 11 au dernier supplément).

Pour le Haut-Beaujolais, ce sont environ 30 personnes de Cours et ses communes limitrophes, et 5 de Marnand qui ont été invitées à s'exprimer de la même façon sur un premier questionnaire contenant des mots du vocabulaire courant ou technique, questionnaire rassemblé pendant plusieurs années par Cl. Michel. A partir des réponses reçues, 16 personnes de Cours-la-Ville

---

5 Cl. Michel passe ses vacances à Thel, près de Cours, et a fait des enquêtes dans tout le Beaujolais pour sa thèse de doctorat : *Étude du francoprovençal parlé dans le nord du département du Rhône*. A.-M. Vurpas a effectué les enquêtes de l'ALLy pour le Beaujolais et est l'auteur de plusieurs ouvrages et articles sur le patois beaujolais.

ont été sélectionnées, c'est-à-dire 4 (2 hommes et 2 femmes) pour chacune des 4 tranches d'âge (moins de 20 ans, 20-40 ans, 40-60 ans, 60 ans et plus)[6], et cela dans les différents milieux socio-professionnels de la région, afin d'enrichir ce premier questionnaire et de tester la vitalité des mots. Ajoutons que le lexique intitulé Petit glossaire des mots de chez nous, publié par le Groupe de Recherches Historiques et Archéologiques d'Amplepuis, ainsi que l'enquête menée auprès des élèves du collège d'Amplepluis nous ont apporté des compléments fort appréciables.

Comme pour le Beaujolais viticole, un second questionnaire a demandé une nouvelle enquête. Si aux 16 enquêtes menées à Cours et ses environs, on ajoute les 5 enquêtes de la région d'Amplepluis qui ont permis de nuancer parfois les résultats de Cours, il faut noter pour l'ensemble une grande homogénéité dans les réponses obtenues sur la vitalité des mots. Enfin le questionnaire comportant les mots de la région du Haut-Beaujolais a été testé auprès de 11 personnes du Beaujolais viticole, et vice-versa pour le questionnaire du Beaujolais viticole.

La vitalité

Les résultats des tests de vitalité ne peuvent bien évidemment pas donner une photographie précise et globale des mots ou locutions beaujolaises, mais l'échantillon retenu, dont le nombre et la qualité peuvent être discutés, permet cependant d'indiquer les grandes tendances et d'apprécier si tel ou tel mot est très vivant, en déclin progressif ou très rapide, ou s'il n'est presque plus connu. A la suite de J.-B. Martin[7], nous avons retenu 5 catégories de vitalité correspondant aux pourcentages établis à partir des réponses obtenues auprès de chaque tranche d'âge :

Usuel : mots employés ou connus par au moins 75 % des témoins (réponses E et C), avec au moins 50 % de réponses E.

Bien connu : mots ayant obtenu au moins 75 % de réponses E ou C, mais avec moins de 50 % de réponses E.

Connu : mots employés ou connus par au moins 50 % des témoins (E + C : ≥ 50 %).

Attesté : mots connus ou employés par au moins 25 % des témoins (E + C : ≥ 25 %).

Peu attesté : mots connus ou employés par moins de 25 % des témoins (E + C : < 25 %).

A partir des résultats obtenus, nous avons donc pu apprécier la vitalité de chacun des mots. Lorsqu'aucune tranche d'âge n'est signalée, le résultat indiqué correspond à l'ensemble des tranches d'âge : par exemple la simple mention *connu* signifie que le mot est connu ou employé par au moins 50 % des témoins dans toutes les tranches d'âge, ou, en revanche, la seule mention

6 Alors que tous ces correspondants ne parlaient pas le patois, nous avons cependant choisi, parmi les personnages de plus de 60 ans, deux patoisants (un homme et une femme).

7 J.-B. Martin, *Dictionnaire du français régional du Pilat*, Paris, Bonneton, 1989, (cf. bibliographie).

peu attesté indique que nous avons obtenu moins de 25 % de réponses E et C sur l'ensemble des tranches d'âge. Lorsque les tranches d'âge sont signalées, c'est qu'on a observé un déclin progressif ou rapide dans la vitalité du mot. Ce déclin est progressif si la vitalité diminue progressivement dans chaque tranche d'âge suivant le déroulement indiqué plus haut (*usuel* -> *bien connu* -> *connu* -> *attesté* -> *peu attesté* -> *inconnu*). Nous indiquons alors simplement que le mot est *en déclin*. Mais nous notons en *déclin rapide*, si certaines étapes du déroulement ont disparu : par exemple l'indication *bien connu au-dessus de 60 ans, en déclin rapide au-dessous* signifie que le mot connaît une disparition rapide, passant le plus souvent de *usuel à connu*, puis *inconnu* ou seulement *attesté*. Pour ne pas indisposer le lecteur que de telles précisions lasseraient, nous n'avons pas indiqué toutes les étapes de ce processus de disparition, mais nous les tenons à sa disposition.
Ajoutons enfin, à l'intention des habitants du Beaujolais qui trouveraient ces indications inexactes pour leur commune ou leur zone d'habitation, qu'elles s'appliquent seulement aux résultats de notre enquête : un mot que nous signalons comme « inconnu au-dessous de 20 ans » peut fort bien être connu ici ou là d'un jeune habitant du Beaujolais. Nous répétons qu'il ne s'agit là que de tendances. Nous serions d'ailleurs heureux de recevoir des corrections ou des additifs à ce travail.
Enfin, ce dictionnaire voulant principalement refléter l'état actuel de la langue en Beaujolais, nous présentons en annexe, à la fin du volume, une liste de mots dont la vitalité s'est avérée faible ou très faible, c'est-à-dire ceux qui, dans l'ensemble de la région et dans toutes les tranches d'âge appartiennent à la catégorie *attesté* et *peu attesté*. Il s'agit, le plus souvent, de mots du vocabulaire paysan ou de la vie rurale traditionnelle qui, comme ce qu'ils désignent, ont disparu ou sont en train de disparaître.

Présentation des matériaux

La vedette
Les mots sont présentés dans l'ordre alphabétique et sont suivis de l'indication de leur catégorie grammaticale. S'il existe des variantes d'un terme vedette, nous les indiquons à la suite du mot dans l'ordre alphabétique.

L'orthographe
Nous avons le plus souvent adopté les principes de l'orthographe française. Pour le redoublement des consonnes, c'est parfois l'étymologie qui nous a guidés : ainsi *agrapper* « saisir » est noté avec un double *p* parce que l'étymon **krappa* comporte ce redoublement, alors que dans *apprayer* « mettre en pré », le double *p* suit le principe de la dérivation française.
Signalons toutefois qu'il nous arrive de nous conformer à des usages différents : ainsi *patte* « torchon » comporte deux *t* parce qu'il est écrit de

cette façon dans la plupart des dictionnaires, tandis que son dérivé *pati* « chiffonnier » n'en a qu'un seul, conformément à l'étymon **paita*.

Définitions et exemples

S'il y a plusieurs définitions pour un seul mot, elles sont précédées de numéros et immédiatement suivies d'un exemple. Ces exemples ont été pour la plupart fournis par nos informateurs lors de notre première enquête. Aussi contiennent-ils assez souvent des régionalismes que nous signalons par un astérisque placé à la fin du mot.

Toutes les fois que cela a été possible, nous avons noté à la fin de l'article un ou plusieurs synonymes ou à des mots de sens très voisins. Ces renvois permettent ainsi d'apprécier la richesse du vocabulaire régional.

Étymologie

Nous donnons ensuite une indication sur l'origine du mot destinée principalement à nos lecteurs locaux, toujours curieux de l'histoire de leur langue. Cette indication est le plus souvent l'étymon latin ou germanique avec sa traduction quand ce mot est cité dans le *Französisches etymologisches Wörterbuch* de Walther von Warburg[8] ou quand il appartient à une famille bien attestée. Mais il nous arrive, dans le cas d'étymologies obscures, d'indiquer simplement un rapprochement possible. Cet ouvrage ne prétend donc pas contenir des rubriques étymologiques et historiques complètes : outre l'impossibilité de faire entrer un tel travail dans les normes de cette édition, leur rédaction, pour ne pas rester sommaire ou approximative, ne sera possible que lorsqu'elle sera faite à l'échelle d'une plus vaste région et pourra s'appuyer sur une véritable géographie des régionalismes.

Enfin, quand le mot existe en français, le régionalisme ne portant que sur son sens, nous n'indiquons pas d'étymologie. Mais nous signalons le cas, assez fréquent, des régionalismes grammaticaux (la catégorie grammaticale est différente) ou phonétiques (la forme du mot est différente).

Remarque

Des renvois sont éventuellement faits en remarque aux dictionnaires de langue, lorsque les mots recueillis en Beaujolais y figurent. Nous avons notamment consulté le *Grand Robert de la Langue française*, 2e éd. 1985 (abréviation : Robert 85) et le *Trésor de la Langue française*, en cours de parution (abréviation : TLF). Comme nous l'avons dit au début de cette introduction, ces dictionnaires mentionnent ces mots le plus souvent avec l'indication « régional » et une indication géographique, quelquefois sans aucune indication, hormis celle de la citation d'un auteur régional.

B.V. = attesté en Beaujolais viticole H.B. = attesté en Haut-Beaujolais.

L'absence de ces deux indications signifie que le mot est attesté dans l'ensemble du Beaujolais.

8 Nous ne donnons pas les références des étymons à cet ouvrage, références que les linguistes retrouveront facilement.

A (devant consonne), **AL** (devant voyelle), pron. pers. sujet de la 3e pers. m.s.

Il : « *A m'a dit qu'al allait au marché.* »
H.B. bien connu.

ABADE (À L'-), loc.adj. ou adv.

1. En liberté (en parlant des animaux de la ferme qui se sont échappés d'un enclos) : « *J'ai trouvé les vaches à l'abade.* »
2. En champ (en parlant des vaches) : « *Maintenant les vaches sont à l'abade.* »
3. Par extension *être à l'abade*, être absent de chez soi (en parlant d'une personne) : « *Elle n'est pas chez elle, elle est à l'abade.* »
Abade est le déverbal de *abader*. Voir ce mot.
H.B. bien connu au-dessus de 60 ans, en déclin rapide au-dessous.

ABADER

1. v.tr. Lâcher (le troupeau) : « *C'est l'heure d'abader les vaches.* »
2. v.intr. Partir : « *Il en profite pour abader.* »
Emprunté au patois, ce mot est connu dans tout le domaine francoprovençal. De la même famille que le français *béer*.
Connu au-dessus de 60 ans, attesté au-dessous.

ABISTRONNER, ABISTROGNER

1. v.tr. Détériorer (un outil, une machine) : « *En taillant la haie, il a tout abistronné la serpette.* »
2. emploi pron. S'écorcher : « *Il s'est abistronné le nez en tombant.* » C'est probablement le même mot que le français *bistourner* « déformer un objet en tournant », lui-même formé sur *tourner*.
Bien connu au-dessus de 60 ans, en déclin rapide au-dessous.

ABLAVER, v.intr.

Piocher la vigne : « *Maintenant que c'est ressuyé*, je vais pouvoir ablaver.* »

Emprunté au patois, formé sur *blad « blé ».
B.V. connu au-dessus de 40 ans, inconnu au-dessous. H.B. peu attesté.

ABOGER, EMBOGER, v.tr.

Remplir un sac : « *On a abogé les pommes de terre.* »
Formé sur *boge*.
B.V. peu attesté. H.B.bien connu.

ABONDE (FAIRE DE L'-), FAIRE D'ABONDE, loc.verb.

Faire du profit, durer longtemps (en parlant par exemple d'un plat abondant que l'on a préparé ou, par plaisanterie, d'une personne qui vit très âgée) : « *J'ai fait un bon plat de truffes*, ça fait de l'abonde et il y en aura pour ce soir.* » « *Ces deux-là, ils font d'abonde : ils ont passé plus de temps à la retraite qu'au boulot !* » Déverbal *d'abonder*.
Usuel.

ABONDER, v.tr.

Suffire, arriver (employé surtout dans un contexte négatif) : « *J'abonde plus à tout faire.* »
Signalé par Robert 85 avec la mention « régional ».
Usuel.

ABORD (D'-), loc.adv.

Bientôt, promptement : « *Il va d'abord naître.* » « *C'est d'abord fait.* »
Usuel.

ABOUCHÉ, adj.

Brumeux, sombre (en parlant du temps) : « *Le temps est resté abouché toute la journée.* »
Voir *aboucher*.
B.V. usuel au-dessus de 40 ans, en déclin au-dessous. H.B. attesté au-dessus de 20 ans, inconnu au-dessous.

ABOUCHER

1. v.tr. Mettre à l'envers : « *J'ai abouché les verres.* »
2. v.tr. Mettre sens dessus dessous : « *Il a tout abouché dans le placard.* »
3. v.intr. Tomber la face contre terre : « *Fais attention que le bébé n'abouche pas.* »
De la famille de *bucca* « bouche ». Usuel au-dessus de 20 ans.

ABOUCHON, adv.

1. Face contre terre (en parlant d'une personne) : « *Le bébé est tombé abouchon.* »
2. À l'envers (en parlant d'un objet) : « *Il a mis les verres abouchon sur la table.* »
3. Sens dessus dessous : « *Il*

a tout mis abouchon dans le placard. » Formé sur *aboucher*. Usuel au-dessus de 20 ans, inconnu au-dessous.

ABOUSER (S'), v.pron.

Tomber, s'effondrer : « *Fais attention de ne pas t'abouser !* » « *Ce gâteau s'est abousé.* »
Du latin **bovacea* « bouse ».
B.V. connu, mais en déclin au-dessous de 40 ans. H.B. attesté au-dessus de 40 ans, en déclin au-dessous.

ABOUTONNER, v.tr.

Boutonner : « *Je ne peux pas aboutonner ma veste.* »
De la même famille que le français *bouton*.
B.V. usuel, sauf au-dessous de 20 ans.

ABROGER, v.tr.

1. Raccourcir, bâcler : « *Mes parents abrogent leur travail quand un homme arrive.* »
« *J'abroge mon travail.* »
2. Ne pas laisser venir à maturité : « *Il a abrogé ses fraises.* »
Variante phonétique et sémantique de *abréger*.
B.V. connu au-dessus de 20 ans, inconnu au-dessous. H.B. bien connu au-dessus de 20 ans, connu au-dessous.

ACCAISSONNER, ENCAISSONNER, v.tr.

Mettre en tas : « *L'orage arrive, il faudra accaissonner le foin pour qu'il ne mouille pas.* »
Terme de fenaison, formé sur *caisson* 1 (voir *casson*).
B.V. bien connu, en déclin à partir de 40 ans. H.B. attesté au-dessus de 20 ans, inconnu au-dessous. Synonymes : *accasser* 1, *accuchonner, encuchonner.*

ACCASSER

1. v.tr. Mettre en tas : « *On accasse le foin avant la pluie.* »
2. emploi pron. S'accroupir : « *Pour jouer à cache-cache, les gamins s'accassent derrière les buissons.* »
3. part.passé. Courbé : « *Cette pauvre femme est tout accassée.* »
Emprunté au patois, du latin **coactiare* « presser, écraser ».
H.B. bien connu au-dessus de 60 ans, en déclin au-dessous. Usuel au sens 2. Synonymes : 1. *accaissonner, accuchonner, encaissonner, encuchonner.* 2. *s'agrobsonner* (annexe).

ACCORDER, v.impers.

Convenir, se présenter (en parlant d'une occasion) : « *Je viendrai vous voir si ça accorde.* »
Ce mot ne signifie pas, comme en français, qu'il y a convention

ou arrangement, mais plutôt circonstance favorable.
Usuel.

ACCUCHONNER, ENCUCHONNER, v.tr.

Mettre en tas : « *Il va pleuvoir, il faut accuchonner le foin.* »
Formé sur *cuchon* (voir ce mot) qui désigne toutes sortes de tas.
B.V. bien connu au-dessus de 40 ans, disparaît au-dessous. H.B. connu au-dessus de 60 ans, en déclin rapide au-dessous.
Synonymes : *accasser, accaissonner, encaissonner.*

ACCULER, v.tr.

Faire basculer (un tombereau) : « *On va acculer le tombereau au fond de la cour.* »
Emprunté au patois, ce mot est un dérivé du latin *culus*.
Signalé par Robert 85 avec la mention « région ».
B.V. bien connu. H.B. usuel.

ACHATIR, v.tr.

Allécher : « *Pour que les enfants soient sages, il faut quelquefois les achatir.* »
Du latin *cattus* « chat ».
B.V. peu attesté. H.B. connu au-dessus de 60 ans, en déclin rapide au-dessous.

ACOINDER

1. v.tr. Caresser, apprivoiser, prendre contact avec quelqu'un : « *Mon chat aime se faire acoinder.* » « *Il essaye d'acoinder un chien errant.* » « *J'acoinde mon voisin.* »
2. emploi pron. S'adoucir : « *Il s'est acoindé en vieillissant.* »
Emprunté au patois, du latin *accognitus* « connu ».
H.B. connu au-dessus de 60 ans, en déclin au-dessous.
Synonyme : 1. *patourer* (annexe).

À-COUP, n.m.

Accident de santé : « *Il a eu beaucoup d'à-coups dans sa vie.* »
Usuel.

ADONC, adv.

Alors : « *A donc, quoi de neuf ?* »
Signalé par Robert 85 avec la mention « vieux ou par archaïsme » et par TLF avec la mention « vieux ou régional ».
H.B. bien connu au-dessus de 60 ans, peu attesté au-dessous.

AFANNER, AFENNER

1. v.tr. Mériter, gagner péniblement par son travail : « *Après ce travail, il a bien afanné son canon.* »
2. part.passé. Fatigué : « *Avec cette chaleur, on est afanné.* »

Emprunté au patois, du latin **afannare* (voir le français *ahanner* « travailler avec effort »).
B.V. usuel au-dessus de 60 ans, en déclin rapide au-dessous.
H.B. connu au-dessus de 40 ans, attesté au-dessous.

AFFAGOTER, v.intr.

Faire des fagots : « *Elle ne se chauffait qu'avec des genêts, il y avait de quoi affagoter.* »
Formé sur *fagot*.
H.B. bien connu au-dessus de 60 ans, peu attesté au-dessous.

AFFAIRE, n.m.

Affaire : « *Si vous ne pouvez pas venir, c'est pas un affaire, on fera autrement.* »
Régionalisme grammatical. Le genre masculin a été conservé en français jusqu'au XVe siècle.
Bien connu au-dessus de 60 ans, peu attesté au-dessous.

AFFILÉE, n.f.

Groupe de personnes, queue : « *Quelle affilée, je n'ai pas le temps d'attendre !* »
B.V. peu attesté au-dessus de 20 ans, inconnu au-dessous. H.B. usuel.

AFFRANCHIR, v.tr.

1. Enlever l'odeur (d'une poêle neuve en la graissant, ou celle de l'huile dont on ne s'est pas encore servi en y faisant bouillir un croûton de pain) : « *Cette poêle n'a pas été bien affranchie, elle attache.* » « *Avant de faire les frites, tu affranchiras l'huile.* »
2. Couper droit (quand on entame un rôti par exemple) : « *Fais attention de bien affranchir le rôti.* » Régionalisme sémantique emprunté au patois.
Bien connu au-dessus de 40 ans, inconnu au-dessous.

AGACIA, n.m.

Acacia : « *Avec l'agacia, on fait de bons piquets.* »
Régionalisme phonétique d'origine dialectale. Les formes en *-g-* sont assez répandues en France.
Usuel au-dessus de 60 ans, en déclin rapide au-dessous.

AGACIN, n.m.

Cor au pied : « *Le temps va changer, mes agacins m'ont tourmenté tout le jour.* »
Emprunté au patois, du germanique *agaza* « pie » (voir le français « œil de perdrix »).
B.V. attesté au-dessus de 40 ans.
H.B. connu au-dessus de 60 ans, en déclin au-dessous.

AGADI, AGAZI, adj.

Terne, grisâtre (en parlant du linge qui a séjourné dans l'eau) : « *J'ai oublié mon linge toute la nuit dans la bassine, il est tout agadi.* »
Emprunté au patois, d'un verbe burgonde **wasjan* « rendre boueux ». B.V. peu attesté. H.B. connu au-dessus de 60 ans, en déclin rapide au-dessous.

ÂGE (ÊTRE D'UN-), loc.verb.

Être d'un certain âge, être âgé : « *Il est déjà d'un âge, mais il se porte encore bien.* »
Usuel.

AG-LE, AGO-LE, interj.

Regarde-le : « *Ag-le donc, stu* bonhomme, il me semble qu'il est déjà venu.* »
Emprunté au patois, impératif de l'ancien francien *agarder* « regarder, voir », du francique **wardôn* « veiller ».
Signalé sous la forme *aga*, par TLF, avec la mention « vieux » et par Robert 85 avec la mention « vieux ou régional ».
H.B. usuel au-dessus de 40 ans, connu au-dessous.

AGNOTER, ANEUTER, ANOTER, v.intr.

Tousser, éternuer : « *J'agnote quand j'ai pris la grippe.* »
Emprunté au patois, du latin *nodare* « nouer ».
Bien connu au-dessus de 40 ans, attesté au-dessous.

AGOURÉ, adj.

Vêtu : « *Tu es trop agourée, tu vas étouffer.* »
Emprunté au patois, d'une racine *gorr-*.
H.B. connu au-dessus de 60 ans, en déclin rapide au-dessous.

AGRAPPER

1. v.tr. Saisir : « *J'ai agrappé une branche pour cueillir les cerises.* »
2. emploi pron. S'accrocher : « *Il s'agrappe au mur pour ne pas tomber.* »
Emprunté au patois, du germanique **krappa* « croc, griffe » (voir *grappin*).
Signalé par TLF, à la forme transitive, comme synonyme d'« agripper », sans exemple, et à la forme pronominale avec la mention « attesté seulement dans Ac. compl. 1842, et Lar. XIXe avec la mention "vieux lang" ».
B.V. peu attesté. H.B. usuel au-dessus de 40 ans, attesté au-dessous.

AGRENILLER (S'), (S') AGRENEILLER, (S') AGRENIER

1. v. pron. Se recroqueviller : « *Les fleurs s'agrenillent sous l'effet du gel.* » « *Il s'agrenille derrière l'arbre pour qu'on ne le voie pas.* »
2. part.passé. Froissé : « *Ce drap est tout agrenillé.* »
Emprunté au patois, du germanique **grinan* « grimacer, crisper ».
B.V. peu attesté. H.B. usuel au-dessus de 40 ans, en déclin rapide au-dessous.
Synonyme : 1 . *se ragrogner.*

AGRENILLON, adj.

En boule, recroquevillé : « *Le chat est tout agrenillon à cause du froid.* » Voir *agreniller*. H.B. bien connu au-dessus de 40 ans, en déclin rapide au-dessous.

AHI (COUP D'-), loc.nom.

Coup de collier, gros effort : « *Son tracteur s'est renversé ; ils ont dû donner un fameux coup d'ahi pour le relever.* »
Bien connu au-dessus de 40 ans, en déclin rapide au-dessous.

AIDER, v.tr. indir.

Aider : « *Maintenant qu'il est grand, son garçon lui aide bien.* » Signalé par TLF avec la mention « vieilli » et par Robert 85 avec la mention « vieux ou régional ». Usuel.

AIGRE (FAIRE-), loc.verb.

1. Prendre appui sur quelque chose pour soulever une charge avec un levier : « *Pour soulever cette grosse pierre, il faut une barre de fer et faire aigre.* »
2. Tomber en basculant (en parlant d'un objet) : « *Attention, ton bol va faire aigre.* »
Locution largement attestée en Lyonnais, Dauphiné et Forez. *Aigre* vient du latin **agru* « levier » avec peut-être l'influence de l'adjectif *aigre* au sens de « pointu ».
B.V. connu au-dessus de 40 ans, tend à disparaître au-dessous.
H.B. attesté au-dessus de 20 ans, inconnu au-dessous.

AIGRETS, ENGRETS, INGRETS, n.m.pl.

Grappes de raisin laissées au moment de la vendange parce qu'elles ne sont pas mûres : « *Les aigrets feront plaisir aux grives.* »
Emprunté au patois, du latin *acer* « aigre, acide ».
B.V. connu au-dessus de 20 ans, disparaît au-dessous.
Synonymes : *chèvres* (annexe), *conscrits, grèsemottes, grumettes* (annexe), *revenus* (annexe).

AIL, n.f.

Ail : « *Cette année les ails sont belles.* »
Ce mot est employé au féminin comme dans les patois de la région. B.V. usuel. H.B. bien connu au-dessus de 60 ans, connu au-dessous.

AÎTRES, n.f.pl.

Balcon : « *Autrefois, toutes les maisons beaujolaises avaient des aîtres.* » Emprunté au patois, du latin *exterus* « extérieur ».
Robert 85 signale le mot au singulier dans le sens « galerie couverte entourant un cimetière » avec la mention « vieux ou régional ». TLF le signale au pluriel dans le sens « disposition des lieux dans un bâtiment ».
B.V. peu attesté. H.B. connu au-dessus de 60 ans, en déclin rapide au-dessous.

AJASSE, EUILLASSE, n.f.

Pie : « *Regarde, l'ajasse se bat avec les corbeaux.* »
Emprunté au patois, du germanique *agaza* « pie », avec l'influence du nom de l'oie pour *euillasse*.
Signalé par TLF et Robert 85 sous la forme *ageasse*, comme variante rare de *agace, agasse, agache*.
B.V. peu attesté. H.B. bien connu au-dessus de 60 ans, en déclin au-dessous.

ALENVERS, n.m.pl.

(Le) contraire de ce qui doit être : « *J'ai un domestique qui ne fait que des alenvers.* »
C'est la locution adverbiale *à l'envers* employée comme substantif.
B.V. connu surtout au-dessus de 40 ans. H.B. bien connu au-dessus de 40 ans, attesté au-dessous.

ALLER AU,

(suivi du nom de la profession) Allez chez le... : « *Je vais au médecin.* », « *Je vais au coiffeur.* »
Régionalisme très fréquent, employé avec des noms de métiers ou de fonction où la construction *aller à* signifie « avoir recours à » et se distingue de « aller chez ».
Usuel.

ALLUMER, v.intr.

Briller, pétiller (en parlant des yeux) : « *C'est qu'il a des yeux qu'allument, stu* gamin !* »
B.V. connu au-dessus de 40 ans, inconnu au-dessous. H.B. bien connu. Synonyme : *piquer* 2.

ALOGNE, n.f.

Noisette : « *Quand j'étais jeune, je ramassais des alognes.* »
Du patois ; ce mot vient d'un adjectif latin formé sur le nom de la ville d'Italie, Abella, où était cultivée une noisette très recherchée.
B.V. bien connu au-dessus de 40 ans, inconnu au-dessous. H.B. usuel au-dessus de 60 ans, en déclin rapide au-dessous.

ALPAILLER

Voir APPLAYER.

AMAILLER, v.tr.

1. Mettre en meule : « *Il a amaillé son foin.* »
2. Rassembler, mettre en tas : « *J'ai amaillé les broussailles, il faudra les brûler.* »
Emprunté au patois, dérivé de *maille* « meule ».
Bien connu au-dessus de 20 ans, inconnu au-dessous.

AMBRE

1. n.m.pl. Osier, saule : « *Autrefois on prenait des ambres pour faire des paniers.* »
2. Brin d'osier ou de saule (au singulier s'il n'y a qu'un seul brin) : « *Pour attacher la vigne, on peut prendre un ambre ou deux.* »
Emprunté au patois, du latin *amerina* « osier ».
Connu au-dessus de 60 ans, en déclin rapide au-dessous.
Synonyme : *villon*.

AMI (BON-), AMIE (BONNE-), n.m. ou f.

1. Personne avec qui on fréquente* : « *Il est venu nous voir avec sa bonne amie.* »
2. Dans l'expression *aller voir les bonnes amies*, fréquenter les prostituées : « *Il est bien joli ce soir, c'est qu'il va voir les bonnes amies.* »
Peut-être moins régional que rural. Signalé par Robert 85 dans le sens « fiancé » avec la mention « vieilli ou régional ». Au pluriel la prononciation reste la même qu'au singulier.
B.V. bien connu. H.B. usuel.

AMITEUX, AMITIEUX, adj.

Affectueux : « *Il est tout le temps sur mes genoux, il est très amiteux.* »
Ce mot, qui existe dans les patois lyonnais et forézien, est attesté en Beaujolais viticole, et bien connu en Haut-Beaujolais. Il est signalé par Robert 85 avec la mention « régional et familier » et par TLF « vieux, régional ».

ANDOUILLE, n.f.

Saucisson fait dans le gros boyau : « *Viens donc ce soir, on mangera l'andouille.* »
Usuel.

ANEUTER

Voir AGNOTER.

ÂNEVIEUX, n.m.

Orvet : « *Il ne faut pas prendre l'ânevieux par la queue car elle se brise facilement.* »
Ce nom, emprunté aux patois de la région lyonnaise et forézienne (du latin **anatolius*), doit peut-être sa forme à une étymologie populaire : âne-vieux. B.V. connu au-dessus de 40 ans. H.B. usuel au-dessus de 40 ans, connu au-dessous.

ANGANE, ANGOINE, n.m. ou f.

Synonyme de *angoye* (mot suivant). Emprunté au patois, du gaulois **wadana* « eau, boue ». Connu.

ANGOYE, ANGOGNE, n.m. ou f.

1. Objet gênant, inutile : « *Cette vieille chaise est une angoye.* »
2. Personne maladroite : « *Quel angoye, il a cassé le vase.* »
Emprunté au patois, du latin **gula* « gorge, jabot ». La forme *angogne* a peut-être subi l'influence de *angane* (voir ce mot) ou de *gaune* (voir ce mot). B.V. peu attesté. H.B. bien connu au-dessus de 20 ans, inconnu au-dessous. Synonymes : 1. *ambiard* (annexe), *angane*.
2. *bugne 2*, *gnoche* (annexe), *tortosse* (annexe), *tortosson* (annexe).

ANGOYER, ANGOGNER

1. v.tr. Gêner (quelqu'un) : « *Arrête d'angoyer ta mère dans la cuisine.* »
2. part.passé. Engoncé dans ses vêtements : « *Il est tout angoyé, il a grossi.* » Emprunté au patois. Voir *angoye*. H.B. bien connu au-dessus de 40 ans, en déclin rapide au-dessous.

ANISSER, v.tr.

Taquiner, exciter : « *Les enfants aiment anisser les chiens attachés.* » « *J'anisse mon chien après les vaches.* »
Emprunté au patois, du latin *nescius* « sot, innocent ».
Bien connu au-dessus de 60 ans, en déclin rapide au-dessous.
Synonymes : *enreudzer* (annexe), *frionner* (annexe).

ANOTER

Voir AGNOTER.

APEILLONNER, v.tr.

Mettre en prairie : « *Cette année il faut apeillonner cette terre.* » Dérivé de *peillon* (voir ce mot). B.V. bien connu au-dessus de 40 ans. H.B. attesté au-dessus de 40 ans, en déclin au-dessous.

APPARTEMENT, n.m.

Pièce d'une maison ou d'un appartement : « *Ils sont bien logés : ils ont quatre appartements, tout à plain-pied.* » Signalé par TLF avec la mention « régional » (en particulier au Canada).
H.B. bien connu.

APPLAYÉE, n.f.

Grande étendue de terrain : « *Je ne sais pas s'il va s'occuper seul de sa ferme, car il en a une applayée.* » Emprunté au patois, dérivé du verbe *applayer* (voir ce mot).
H.B. connu au-dessus de 20 ans, en déclin rapide au-dessous.

APPLAYER, ALPAILLER

1. v.tr. Lier, atteler : « *Autrefois, on applayait les vaches, il n'y avait pas beaucoup de bœufs.* »
2. part.passé. Équipé, outillé (sens propre et figuré) : « *Il est applayé pour les foins : il a deux tracteurs et quatre hommes.* » « *Avec cette femme, il est bien applayé !* » Emprunté au patois, du latin *applicare* « appliquer ». B.V. peu attesté. H.B. usuel au-dessus de 60 ans, en déclin au-dessous.

APPONDRE

1. v.tr. Atteindre : « *La petite a tellement grandi que sa robe n'appond plus le genou.* »
2.v.intr. Arriver : « *Dès que le bébé pleure, elle appond avec le biberon.* » Emprunté au patois, du latin *apponere* « joindre, ajouter ». Bien connu au-dessus de 40 ans, en déclin rapide au-dessous.

APPONSE, n.f.

1. Pièce ajoutée (fixe ou mobile) : « *Son pantalon est un peu court, je vais y mettre une apponse.* »
2. Jointure (de deux bouts de corde cassée) : « *En faisant une apponse, on aura une corde assez longue* ». Déverbal de *appondre*. Connu au-dessus de 60 ans, en déclin au-dessous et disparaît au-dessous de 20 ans.

APPONSER, v.tr.

Relier bout à bout (deux morceaux de courroies, cordes, fils...) : « *Il a apponsé les fils électriques.* » Emprunté au patois, formé sur *apponse*.
H.B. usuel au-dessus de 40 ans, en déclin rapide au-dessous.
Synonyme : *rappondre*.

APPRAYAGE, n.m.

Parcelle qui a été semée en prairie : « *Il va labourer son apprayage pour le mettre en vigne.* »
Dérivé du verbe *apprayer*.
B.V. connu au-dessus de 60 ans surtout en milieu agricole, inconnu au-dessous.
H.B. bien connu au-dessus de 60 ans, en déclin au-dessous.

APPRAYER, APPREYER, v.tr.

Mettre (une terre) en pré : « *Il a apprayé ses terres depuis qu'il est en retraite.* »
Emprunté au patois, du latin *pratum* « pré ».
H.B. usuel au-dessus de 60 ans, en déclin rapide au-dessous.

APPROPRIER, v.tr.

Nettoyer, rendre propre : « *J'ai repeint ma maison, ça l'a bien appropriée.* »
Signalé par TLF avec la mention « vieux » et par Robert 85 avec la mention « vieux ou régional ».
Connu au-dessus de 40 ans, inconnu au-dessous.

APRÈS (ÊTRE-), loc.verb.

Être en train de (suivi d'un infinitif) : « *Ils sont après traire les vaches.* » Signalé par TLF avec la mention « fam. »
Usuel.

AQUIGER

1. v.tr. Blesser, meurtrir : « *Il t'a bien aquigé.* »
2. v.intr. Exagérer : « *Tu aquiges un peu !* »
Variante phonétique de l'argot *attiger*. B.V. connu au-dessus de 60 ans, en déclin rapide au-dessous. H.B. bien connu au-dessus de 40 ans, en déclin rapide au-dessous.

AQUILLE, OQUILLE, n.f.

1. Vieillerie, chose inutile : « *Tu ne vas pas garder toutes ces aquilles.* »
2. Personne vieille, maigre ou dévergondée : « *Quelle aquille, cette femme.* »
3. Corde tressée pour attacher les chevaux : « *J'ai attaché le cheval avec l'aquille.* »
Emprunté au patois, du germanique *kegil* « quille ».
B.V. peu attesté. H.B. usuel (sens 1), attesté (sens 2), peu attesté (sens 3). Synonymes : 1. *argaille* (B.V.), *grenaudes*.

ARAIGNER, v.tr.

Enlever les toiles d'araignées : « *C'est le printemps, on va araigner les plafonds.* »
Formé sur *araignée*.
Usuel au-dessus de 20 ans, en déclin au-dessous.

ARAIGNOIR, n.m.

Tête-de-loup : « *Il faudrait passer l'araignoir plus souvent dans cette pièce.* »
Dérivé de *araigner*.
Bien connu au-dessus de 40 ans, disparaît au-dessous de 20 ans.

ARCADE, n.f.

1. Fil de lin (servant au tissage pour les corps de jacquard) : « *J'ai déroulé les arcades et fait des nœuds.* »
2. Ficelle résistante (utilisée pour la charcuterie) : « *J'ai attaché mes saucisses avec des arcades.* »
Le mot proviendrait, selon Puitspelu (*Littré de la Grand' Côte*, p. 17), de la forme *d'arcade* que prennent ces fils lorsqu'ils sont mis en place sur le métier. Signalé par Robert 85 dans le sens 1.
H.B. bien connu au-dessus de 60 ans, en déclin rapide au-dessous.

ARCAN

Voir CARCAN.

ARCANDIER, n.m.
Homme intrigant, coureur : « *Quel grand arcandier, ne te marie pas avec lui.* »
Emprunté au patois, du germanique **hariôn* « détériorer, abîmer ».
B.V. connu au-dessus de 40 ans, inconnu au-dessous. H.B. usuel au-dessus de 20 ans, inconnu au-dessous.

ARGAILLE, ARIGAILLE, n.f.

1. au sg. Vaurien : « *Ce gars est une vraie argaille.* »
2. au pl. Vieilleries de toutes sortes : « *Il faut déménager toutes ces argailles qui encombrent le grenier.* »
Du germanique **hariôn* « détériorer, abîmer ».
B.V. bien connu au-dessus de 40 ans, mais seulement attesté dans le sens 1. Synonymes : 2. *aquille, grenaudes*.

ARGOT, n.m.

1. Ergot : « *Le poulet se bat avec ses argots.* »
2. Partie coupée d'une branche, qui reste attachée au tronc : « *Ce n'est pas un professionnel qui a nettoyé ces sapins, il a laissé des argots.* » Régionalisme phonétique signalé par TLF et Robert 85 avec la mention « ancienne forme de ergot », employé surtout au sens 2.
H.B. bien connu au-dessus de 60 ans, en déclin rapide au-dessous.

ARIDELLE, RIDELLE, n.f.

Ridelle : « *Enlève donc ces aridelles pour faire tenir ces planches sur la voiture.* »
C'est probablement un exemple de l'agglutination de l'article : la ridelle = l'aridelle. Bien connu au-dessus de 60 ans, en déclin rapide au-dessous.

ARIGAILLE

Voir ARGAILLE.

ARPER, v.intr.

Faire de grandes enjambées : « *Avec ses grandes jambes, il arpe !* » Formé sur *arpe*.
TLF signale *harper* dans le sens « saisir avec ses griffes ».
B.V. peu attesté. H.B. connu au-dessus de 60 ans, en déclin rapide au-dessous.

ARPE, n.f.

Synonyme de *arpion*. Voir ce mot.
B.V. attesté au-dessus de 40 ans.
H.B. bien connu au-dessus de 60 ans, en déclin rapide au-dessous.

ARPION, ARPAVON, n.m.

1. Ergot d'un animal : « *Le poulet m'a sauté dessus et m'a griffé avec ses arpions.* »
2. Orteil : « *Je me suis donné un coup de pioche sur un arpion, l'ongle va tomber.* »
Emprunté au patois, du latin *harpago* « harpon ».
Arpion est signalé dans le sens « pied, orteil » par TLF avec la mention « argotique » et par Robert 85 avec la mention « populaire ».
B.V. bien connu (sens 1). H.B. usuel. Synonyme : 1. *arpe*.

ARPIONNER (S'), v. pron.

S'accrocher au sol : « *Dans ce coin de la côte, on a besoin de s'arpionner pour rester debout.* »
Dérivé de *arpion*.
B.V. bien connu au-dessus de 40 ans, inconnu au-dessous. H.B. bien connu au-dessus de 60 ans, en déclin au-dessous.

ARRÊTE, adj. verbal.

Arrêté : « *Ma montre est arrête.* »
Participe tronqué courant dans les parlers francoprovençaux, et passé en français régional.
Bien connu au-dessus de 40 ans, attesté au-dessous.

ARSOUILLE, n.m.

Ivrogne : « *Elle n'aurait pas dû se marier avec cet arsouille.* »
Régionalisme sémantique emprunté au patois, le sens du français populaire étant « voyou, débauché ».
H.B. usuel.

ARTE, n.f.

Mite : « *Les artes ont mangé mon tricot.* »
Du latin *tarmes* « artison ».
Bien connu au-dessus de 40 ans, en déclin rapide au-dessous.

ARTISON, ARTUSON, n.m.

Ciron du fromage sec : « *Les bons fromages secs sont pleins d'artisons.* »
Du latin *tarmes* « attisons ».
Ce mot est relevé par Robert 85 et TLF avec le sens « insecte qui ronge le bois, les étoffes, les pelleteries, etc. »
B.V. connu au-dessus de 40 ans.
H.B. usuel au-dessus de 20 ans, connu au-dessous.

ASSURER, v.tr.

Achever : « *J'ai assuré mon travail* » B.V. connu. H.B. usuel.

ASTHME, adj.

Asthmatique : « *Quand il va faire d*'orage, j'ai de* peine à respirer, je suis asthme.* »
B.V. connu. H.B. bien connu au-dessus de 60 ans, en déclin rapide au-dessous.

ATCHOU (FAIRE-), FAIRE D'ATCHOUS, loc.verb.

Éternuer : « *Tu n'arrêtes pas de faire d'atchous, tu es après* t'enrhumer.* » TLF signale *hatchou* comme une variante *d'atchoum*.
H.B. usuel au-dessus de 40 ans, connu au-dessous.

ATTENANT, adv.

1. En abondance : « *Des cerises, y en aura attenant cette année.* »
2. Sans discontinuer : « *Hier, il a plu attenant toute la journée.* »
3. Dans l'expression *attenant la bise*, rondement, abondamment : « *Cette gamine n'avait pas fait une si grosse sottise, pourquoi l'avoir giflée comme ça attenant la bise ?* »
B.V. connu au-dessus de 40 ans, en déclin rapide au-dessous.
H.B. usuel au-dessus de 40 ans, en déclin au-dessous.

ATTENDRE MOMENT, loc. verb.

Attendre un peu : « *Tu me voles mes raisins ? Attends moment que je t'attrape.* »
Comme le français *attendre un moment*, cette expression s'emploie surtout à l'impératif pour exprimer la menace.
B.V. connu au-dessus de 40 ans, en déclin rapide au-dessous.
H.B. usuel au-dessus de 40 ans, connu au-dessous.

ATTRADER, v.tr.

Attirer : « *Le garçon de cette ferme a réussi à attrader les filles du*

voisin. » Emprunté au patois, du latin *attrahere* « attirer ».
B.V. attesté au-dessus de 40 ans, inconnu au-dessous. H.B. connu au-dessus de 40 ans, en déclin rapide au-dessous.

AUTREFOIS (LES-), loc.adv.

Autrefois : « *Les autrefois on vivait plus en famille que maintenant.* »
Le français régional emploie l'article dans cette locution adverbiale comme le faisait le dialecte. Usuel au-dessus de 60 ans, en déclin au-dessous.

AVALIN, n.m.

Descente, pente raide : « *Il a débaroulé* l'avalin.* »
Emprunté au patois, du latin *vallis* « vallée ».
H.B. connu au-dessus de 40 ans, inconnu au-dessous.

AVANCER, v.tr.

Dans l'expression *avancer à faire quelque chose*, aller vite pour faire quelque chose : « *C'est que vous avancez à tricoter, vous aurez bientôt fini.* » Usuel.

AVANCES, n.f.pl.

1. loc.verb. *être dans ses avances*, être en avance : « *Ce matin en faisant mes commissions j'étais dans mes avances.* »
2. loc.verb. *prendre ses avances*, se mettre en avance : « *J'aime bien prendre mes avances la veille.* »
Bien connu au-dessus de 40 ans, connu au-dessous.

AVANÉ, adj.

Repu, un peu ivre : « *Il a l'air bien avané sur cette photo. Le dîner a dû être bon !* »
Emprunté au patois, probablement du latin *avena* « avoine ».
H.B. connu au-dessus de 60 ans, en déclin rapide au-dessous.
À rapprocher de : *miron*.

AVANNI, adj.

Fané, abîmé, fatigué : « *Les fleurs sont avannies par le soleil.* » « *Je suis avanni par mon travail.* »
Du latin *vannus* « van » (comme le français *vanné*).
B.V. peu attesté. H.B. bien connu au-dessus de 60 ans, en déclin rapide au-dessous.
Synonyme : *ébezelé* (annexe).

AVANT (EN-), loc.adv. ou adj.

En avance, précoce : « *C'est affreux ce que ce gamin est en avant pour son âge.* »
B.V. bien connu au-dessus de 60 ans, connu au-dessous. H.B. usuel.

AVANTAGE (À L'-), loc.adj.
Un peu plus grand que le nécessaire (surtout en parlant d'un vêtement d'enfant que l'on achète un peu plus grand pour qu'il dure plus longtemps) : « *J'ai acheté son manteau à l'avantage, il ira encore l'hiver prochain.* »
B.V. usuel, en déclin au-dessous de 20 ans. H.B. bien connu au-dessus de 40 ans, connu au-dessous.

AVANTER, v.tr.

Apporter, sortir, mettre en avant : « *Il n'a pas traîné pour avanter le canon et la saucisse.* »
Emprunté au patois, du latin *abante* « avant ».
B.V. peu attesté au-dessus de 20 ans.
H.B. connu au-dessus de 60 ans, en déclin rapide au-dessous.

AVARSIN (À L'-), loc.adv. ou adj.

1. À l'envers, sur le côté : « *Ma manche est à l'avarsin.* » « *Il laboure à l'avarsin.* »
2. Au nord : « *Ma maison est tournée à l'avarsin.* »
Emprunté au patois, issu du latin *adversus* « contre » et *inversus* « à l'envers ».
Avarsin est aussi employé comme nom, dans le sens « terrain exposé au nord ».
H.B. bien connu au-dessus de 60 ans, en déclin rapide au-dessous.

AVOIR EU + participe passé (temps surcomposé)

Cette tournure peut s'employer aussi bien en proposition indépendante qu'en subordonnée temporelle.
1. « *Ce matin, j'ai eu vite fini mon travail.* »
2. « *Après qu'on a eu fini les moissons, le temps s'est gâté.* »
L'emploi de ce passé surcomposé marque le fait accompli et la double antériorité. Bien connu dans toutes les tranches d'âge.

BABAN

Voir BABIAN.

BABÈLE, n. et adj.f.

Bavarde : « *Quelle babèle que cette femme !* »
Emprunté au patois, de l'onomatopée *bab-*.
B.V. connu.
Synonymes : *babeute, bajafle* (annexe), *baritet* (annexe), *barjaque* (annexe).

BABEUTE, n.f.

1. Personne bavarde : « *Cette femme est une vraie babeute.* »
2. Langue, bagout : « *Elle a une de ces babeutes ! On ne peut pas en placer une !* »
Emprunté au patois où ce mot est issu de l'onomatopée *bab-*.
B.V. peu attesté. H.B. usuel.
Synonymes : 1. *babèle, bajafle* (annexe), *baritet* 1 (annexe), *barjaque* (annexe). 2. *baritet* 2 (annexe), *ramette*.

BABEUTER, BABOTER, v.intr.

Bavarder : « *Il n'arrête pas de baboter, il me soûle !* »
Emprunté au patois, voir *babeute*. B.V. peu attesté. H.B. usuel.
À rapprocher de : *bacholer, bagoler, bajafler* (annexe), *cacotter, japiller.*

BABIAN, BABAN, n.m.

1. Dans la locution *faire le babian, bouder* : « *Arrête de faire le babian dans ton coin.* »
2. Être imaginaire destiné à apeurer les enfants : « *Si tu continues à être vilain, le babian va venir.* » Emprunté au patois, voir *babeute*. Connu au-dessus de 60 ans, en déclin au-dessous.
Le sens 2 est moins vivant.
Le sens 1 est à rapprocher de : *faire le groin* (annexe), *faire la bobe, faire la noque* (annexe), *faire la trogne.*

BABILLARD (PARRAIN-), loc.nom.

Ami de la famille pouvant suppléer au parrain : « *Ce n'est pas son parrain, c'est le parrain babillard.* »
Bien connue des personnes de plus de 40 ans, cette locution se réfère à une coutume disparue, celle de nommer deux couples de parrains (dont l'un seulement est officiel), surtout quand le premier couple est très jeune.

BABOLER, v.intr.

1. Dire des grossièretés : « *Ces gamins n'arrêtent pas de baboler.* »
2. Faire la moue, rouspéter : « *Elle babole dans son coin toute la journée.* »
Emprunté au patois, voir *baboles*. B.V. peu attesté. H.B. connu au-dessus de 20 ans, inconnu au-dessous.

BABOLES, n.f. pl.

Lèvres tombantes : « *Tu as vu ces baboles ? On dirait un chien !* » Emprunté au patois, de l'onomatopée *bab-*.
B.V. peu attesté. H.B. connu au-dessus de 40 ans, inconnu au-dessous.

BACHAILLÉE

Voir BACHOLÉE.

BACHAS, n.m.

1. Bassin de la fontaine : « *Va te laver les mains dans le bachas.* »
2. Abreuvoir à vaches : « *Les vaches vont boire au bachas.* »
3. Auge des cochons : « *Les cochons n'ont pas fini le bachas.* »
4. Verre (en langage familier) : « *On va laver les bachas.* »
D'un mot patois connu de la Charente à la Suisse romande (du latin *bacca* + suffixe *-aceu*).
Bien connu au-dessus de 60 ans, en déclin rapide au-dessous.
Synonyme : 1. et 2. *hachasse.*

BACHASSE, n.f.

Bassin de la fontaine : « *Les vaches boivent dans la hachasse.* » C'est le féminin de *bachas*.
Bien connu au-dessus de 40 ans, connu au-dessous.
Synonyme : *hachas* (sens 1 et 2, voir les exemples).

BACHASSÉE, n.f.

1. Contenu d'une auge : « *Occupe-toi de préparer la bachassée.* »
2. Grande quantité de nourriture : « *Elle m'en a mis une vraie bachassée dans mon assiette.* »
Formé sur *bachas*.
Bien connu au-dessus de 40 ans, en déclin rapide au-dessous.

Synonymes : 2. *bachardée* (annexe), *bacholée, paillassée.*

BACHEULÉE

Voir BACHOLÉE.

BACHOLE 1, n.f.

Hotte de bois ou d'osier : « *Les autrefois*, pour ramasser les fruits, on se servait de bacholes.* » Emprunté au patois, du celtique *bascauda* « sorte de baquet ». D'après È. de Villié, ce mot désignait en patois, autrefois, l'auge dans laquelle on faisait manger les chevaux dans les auberges. En Beaujolais viticole, c'est la hotte qui servait à remonter la terre dans les vignes. B.V. peu attesté au-dessus de 40 ans. H.B. connu au-dessus de 40 ans, inconnu au-dessous.

BACHOLE 2, n.f.

Personne qui parle à tort et à travers : « *La Jeanne, elle cause, elle cause, une vraie bachole !* » Le *Dictionnaire de Lantigné* indique le mot patois *batseuille* « grande langue » et *batseuyar* « bavard incorrigible ». Il faut rapprocher ce mot du mot lyonnais *bassouille* indiqué par Puitspelu avec le sens « boue liquide » dans laquelle on patauge (du latin *solium* « baquet, eau sale »).
B.V. bien connu. H.B. connu au-dessus de 40 ans, inconnu au-dessous.

BACHOLÉE, BACHAILLÉE, BACHEULÉE, n.f.

Grosse quantité d'aliments : « *Elle m'a servi une bacholée de soupe.* » Emprunté au patois, formé sur *bachole* 1.
B.V. connu au-dessus de 60 ans, inconnu au-dessous. H.B. bien connu au-dessus de 40 ans, en déclin rapide au-dessous.
Synonymes : *bachardée* (annexe), *bachassée, paillassée.*

BACHOLER, v.intr.

Parler à tort et à travers : « *Je l'ai écouté bacholer un moment.* » Dérivé de *bachole* « personne bavarde ».
B.V. connu au-dessus de 40 ans.
A rapprocher de : *babeuter, bagoler, bajafler* (annexe), *cacotter, jappiller.*

BADER, v.intr.

Perdre son temps : « *Il est tout le temps à bader.* »
De la même famille que le verbe *abader.*
B.V. attesté. H.B. connu au-dessus de 40 ans, attesté au-dessous.

BAGNON, n.m.

1. Cuvier à lessive : « *Les autrefois*, pour faire la lessive, on utilisait un bagnon.* »
2. Égouttoir à fromages : « *Si le bagnon n'est pas bien lavé, les fromages y prennent souvent mauvais goût.* »
D'un mot patois issu du latin *balneolum* (suivi du suffixe *-on*), qui désigne un petit baquet, notamment le cuvier à lessive. Aujourd'hui, le cuvier à lessive ayant disparu, ce mot est attesté en français régional uniquement dans le sens 2.
Synonymes : 1. *biyou, buyon* (annexe).

BAGOLER, v.intr.

Dire n'importe quoi : « *Il n'arrête pas de bagoler.* »
Du latin *gula* « gorge, jabot ».
H.B. connu au-dessus de 60 ans, en déclin rapide au-dessous.
À rapprocher de : *babeuter, bacholer, bajafler* (annexe), *cacotter, jappiller.*

BAGOLON, n.m.

Homme bavard, peu pressé : « *Quel bagolon ! Il n'a donc rien à faire ?* » Formé sur *bagole.*
H.B. connu au-dessus de 60 ans, en déclin rapide au-dessous.

BAGUETTE, n.f.

Sarment (laissé long et taillé à 12 ou 15 yeux dans la taille Guyot (pour la vigne)) : « *Laisse la baguette assez longue pour l'enrouler sur le fil de fer.* » B.V. usuel.
À rapprocher de : *gourmand, pisse-vigne.*

BAIGNEUSE, n.f.

Repli fait à une robe ou à une jupe (pour l'orner, ou pour l'allonger en cas de besoin) : « *J'ai fait une baigneuse à la robe de la petite, ainsi on pourra l'allonger l'année prochaine.* »
Régionalisme sémantique qu'on trouve dans toute la région lyonnaise. Ce mot a désigné au XVIIIe siècle un « bonnet à plis » (TLF).
Usuel au-dessus de 40 ans, en déclin rapide au-dessous.

BAIGNOIRE, n.f.

Grande cuve ovale (posée sur le char, dans laquelle on verse la vendange) : « *La baignoire contenait cinq à six cents kilos de raisins autrefois. Aujourd'hui elle peut contenir jusqu'à mille cinq cents kilos.* »
Régionalisme sémantique. Autrefois la baignoire ne s'employait que dans le nord du Beaujolais. Aujourd'hui elle est

connue dans tout le Beaujolais viticole. B.V. bien connu.

BÂILLE, n.f.

Ouverture d'une porte : « *Il fait trop chaud, laissez donc une petite bâille.* » Déverbal de *bâiller* « être ouvert ».
H.B. connu au-dessus de 60 ans, en déclin rapide au-dessous.

BALAGNON

Voir BÉRAGNON.

BALAN, n.m.

Dans les loc.verb. :
1. *Avoir du balan*, être en perte d'équilibre : « *Ne t'assieds pas sur ce tronc, il a du balan.* »
2. *Être en balan*, être indécis : « *Il ne sait pas que faire, il est en balan.* » C'est peut-être le participe présent du verbe *baller* « danser » ou le déverbal du verbe *balancer*.
Mentionné par Robert 85 dans les locutions *être en balan, être sur le balan* « être en équilibre », au figuré « être dans l'incertitude » avec l'indication « régional (Suisse) ».TLF l'indique également comme régional. Cité par le *lyonnais Molard* (1810) et connu des dialectes de la Suisse romande et des patois français voisins. Bien connu, mais disparaît au-dessous de 20 ans.

BALANCES, n.f. pl.

Balance : « *Apporte-moi les balances, je vais faire un gâteau.* » Ce mot est souvent au pluriel dans les patois actuels, comme il l'a été en français, jusqu'au XVIe siècle.
B.V. connu au-dessus de 40 ans, inconnu au-dessous. H.B. bien connu.

BALEUSET, n.m.

Personne simple, nigaud : « *Notre dernier commis était un baleuset, il fallait tout le temps passer* par derrière.* »
Emprunté au patois, du germanique **balla* « ballot ».
H.B. bien connu au-dessus de 40 ans, attesté au-dessous.
Synonymes : *bagain* (annexe), *belot* (annexe), *benoni* (annexe), *bredin, brelot, caque-nano* (annexe), *grobi* (annexe).

BALLE, n.f.

Corbeille utilisée pour mettre le linge : « *Le linge à repasser est dans la balle.* »
D'un mot patois continuateur du germanique **balla* « ballot ».
Usuel au-dessus de 20 ans, inconnu au-dessous.

BALLE (ÊTRE À SA-), loc.verb.

Être à sa main pour faire un travail : « *Pour visser, je vais passer*

de l'autre côté, je serai mieux à ma balle. » Variante de l'argot *faire la balle de quelqu'un* « convenir à quelqu'un ».
H.B. connu au-dessus de 60 ans, en déclin rapide au-dessous.

BALLON, n.m.

Groseille à maquereau : « *Les ballons sont gros mais n'ont pas beaucoup de goût.* »
Comme le français *ballon*, à cause de sa forme ronde.
Usuel au-dessus de 40 ans, connu au-dessous.

BALME, BARME, BORME, n.f.

1. Talus, bordure, haie : « *La route est bordée de balmes.* »
2. Terrain mal entretenu : « *Toutes ses terres sont pleines de genêts et d'orties, ce sont des balmes.* »
3. Terrain humide, marécage : « *Le héron vit dans les bormes.* »
4. Bâton-entrave qu'on met au cou des vaches : « *Il faudra mettre une balme à la vache, elle a sauté la barricade*.* »
Emprunté au patois où ce nom est issu du gaulois **balma* « grotte ». Le sens 4 vient probablement du fait que dans une grande partie de la France le bâton-entrave s'appelle en patois le *talu* (du latin *thallus* « tige ») et qu'en patois beaujolais le *talus* (la pente d'un fossé) s'appelle une *barme*.
B.V. connu au-dessus de 60 ans, inconnu au-dessous.H.B.peu attesté.

BALOU, BALOUFE, BALU, BELI, n.m.

Balle de blé : « *On ramasse le balou pour faire la litière des vaches.* » Emprunté au patois, du latin *ballare* « secouer, vanner ».
Usuel au-dessus de 60 ans, en déclin rapide au-dessous.
Synonyme : *grabot* (annexe).

BAMBANE, n.m. ou f.

Personne lente, paresseuse, souvent ivrogne : « *Il n'est pas pressé, c'est un vrai bambane.* »
Emprunté au patois, formé sur la racine onomatopéique *bamb-*.
H.B. usuel au-dessus de 40 ans, attesté au-dessous.
À rapprocher de : *baseu, besin, dordet, lanterne, panosse 2, pattet 2* (annexe), *soquant* (annexe), *traîne-groles, y arque* (annexe).

BAMBANER, v.intr.

Tramer, paresser : « *Je bambane dans mon lit le dimanche matin.* »
Emprunté au patois, formé sur *bambane*.
H.B. bien connu au-dessus de 40 ans, attesté au-dessous.

BANCANE, adj.

Tordu, boiteux : « *Cette chaise est bancane.* »
Variante du français *bancale* qui a probablement subi la contamination du français *cane* (à cause de sa démarche).
B.V. peu attesté. H.B. bien connu au-dessus de 40 ans, inconnu au-dessous. À rapprocher de : *estraclé* (annexe).

BANCANER, v.intr.

Boiter : « *Depuis son accident, il bancane bien.* »
Formé sur *bancane*.
B.V. peu attesté. H.B. connu au-dessus de 40 ans, inconnu au-dessous.
À rapprocher de : *chambiller* 2 (annexe), *tracailler*.

BANCHE, n.f.

Couverture pour protéger les jambes dans les voitures à chevaux : « *Quand on devait aller un peu loin, on se mettait une banche sur les genoux et on n'avait pas froid.* »
Variante phonétique de *bâche*, avec l'influence de *banchée*.
H.B. connu au-dessus de 60 ans, inconnu au-dessous.

BANCHÉE, n.f.

Couche de foin engrangée : « *La banchée est réduite cette année.* »
Du germanique **banks* « banc ».
B.V. connu au-dessus de 40 ans, inconnu au-dessous. H.B. attesté au-dessus de 60 ans, en déclin au-dessous.

BANCHER, v. tr.

Bâcher : « *J'ai banché mon foin.* »
Voir *banche*.
B.V. peu attesté. H.B. connu au-dessus de 60 ans, inconnu au-dessous.

BANE

Voir BENNE.

BANQUE, n.f.

Comptoir de vente d'un magasin : « *J'ai oublié mon porte-monnaie sur la banque de l'épicerie.* » Régionalisme sémantique emprunté à l'italien.
Usuel au-dessus de 20 ans, connu au-dessous.

BAQUET (À CŒUR)

Voir CŒUR.

BARAGNON

Voir BÉRAGNON.

BARATTER, v.intr.

1. S'activer : « *La grand-mère n'arrête pas de baratter dans sa maison.* »

2. Parler constamment, radoter : « *Elle commence à se perdre, elle baratte toute la journée.* » Emprunté au patois, du grec *prattein* « agir ». H.B. connu au-dessus de 60 ans, en déclin au-dessous. Synonyme : 2. *baroter*.

BARBOT, n.m.

Mélange de farine et d'eau (barbotage) : « *J'ai préparé le barbot pour les vaches et les chèvres.* » Déverbal de *barboter*. B.V. peu attesté. H.B. connu au-dessus de 40 ans, en déclin au-dessous.

BARBOTON, n.m.

Ragoût de pommes de terre : « *Je vais mettre un barboton pour midi.* » Dérivé du verbe *barboter* qui, en patois signifie « bouillonner ». B.V. connu au-dessus de 40 ans, en déclin au-dessous. H.B. bien connu au-dessus de 60 ans, en déclin rapide au-dessous.

BARDELLE, n.f.

1. Vache à robe rouge et blanche : « *Va donc chercher la bardelle.* »
2. Vache en général : « *Ce soir tu iras rentrer les bardelles.* »
3. Femme simplette : « *Celle-là, ce n'est qu'une bardelle.* »
Emprunté au patois, issu de **barrum* « boue » d'où par glissement sémantique « barbouillé ». Bien connu au-dessus de 60 ans, en déclin rapide au-dessous.

BARDET, n.m.

1. Veau rouge et blanc : « *Le bardet n'a que quelques semaines.* »
2. Surnom des gendarmes : « *Ralentis, les bardets sont à la sortie du bourg.* »
Masculin de *bardelle*. *Bardet* prend parfois le sens de « homme simplet ». H.B. connu au-dessus de 60 ans, en déclin au-dessous. Le sens 2 est peu attesté.

BARDET, BARDELLE, adj.

Qui a le pelage tacheté de marron : « *La chatte a fait deux petits, un blanc et un bardet.* » B.V. connu au-dessus de 40 ans, en déclin au-dessous. H.B. peu attesté au-dessus de 20 ans.

BARELET, n.m.

Tonnelet : « *Il ne faut pas laisser le barelet à moitié vide, le vin aigrirait très vite.* » Emprunté au patois, dérivé de *baril*. B.V. bien connu au-dessus de 40 ans, en déclin rapide

au-dessous. H.B. peu attesté au-dessus de 20 ans, inconnu au-dessous.
À rapprocher de : *baritet* (annexe), *coquille*.

BAREUTER

Voir BAROTER.

BAREUTON

Voir BAROTON.

BARFOUILLER, v. tr.

Mouiller avec sa langue ou sa bouche : « *Le chien des voisins nous saute après et nous barfouille la figure et les oreilles.* »
Sans doute altération de *barbouiller* par croisement avec *fouiller*, ce mot signifie en patois lyonnais « fouiller dans un liquide malpropre » (*Littré de la Grand'Côte*).
Connu, tend à disparaître au-dessous de 40 ans.

BARME

Voir BALME.

BAROT, BAREU, n.m.

Tombereau : « *On transportait le fumier avec le barot.* »
Mot emprunté au patois et continuateur du latin tardif **birotium* « véhicule à deux roues ».
Connu au-dessus de 40 ans en milieu rural.

BAROTE, BOROUETTE, n.f.

Brouette : « *Je prends la barote pour fromoger*.* »
Emprunté au patois, même origine que *barot*.
B.V. connu au-dessus de 20 ans, inconnu au-dessous. H.B. usuel.

BAROTER, BAREUTER

1. v. tr. Traîner (quelque chose dans une charrette) : « *Il est après* baroter son bois.* »
2. v.intr. Dire n'importe quoi : « *Cette femme n'arrête pas de baroter.* »
Emprunté au patois, formé sur *barot, barote*. Le sens 2 a sans doute subi l'influence de *baratter*.
B.V. attesté au-dessus de 20 ans, inconnu au-dessous. H.B. usuel au-dessus de 40 ans, en déclin rapide au-dessous.
Synonyme : *baratter*.

BAROTON, BAREUTON, n.m.

Petit véhicule à deux roues, petite brouette : « *Mes petits enfants s'amusent avec le baroton qui nous servait à aller chercher de l'herbe pour les lapins.* »
Emprunté au patois, diminutif de *barot* ou *barote*.

B.V. attesté au-dessus de 20 ans, inconnu au-dessous. H.B. usuel au-dessus de 60 ans, en déclin rapide au-dessous.
À rapprocher de : *caloubrette* (annexe), *camion*.

BAROULER, v.intr.

Tomber en roulant : « *Il a baroulé dans les escaliers et s'est fait bien mal.* »
Emprunté au patois, composé de *bas* et de *rouler*.
Connu, mais moins employé que *débarouler* (voir ce mot).
Synonyme : *débarouler*.

BAROULETTE, n.f.

Culbute : « *Les enfants s'amusent à faire la baroulette.* »
Dérivé de *barouler*.
B.V. mot expressif bien connu, mais dont l'emploi semble en déclin. H.B. connu au-dessus de 60 ans, en déclin rapide au-dessous.
Synonymes : *coquillon, cuplette, giguelette*.

BARRAQUE, n.f.

Personne sur qui on ne peut pas compter, mauvais ouvrier : « *Je lui avais bien dit que son vigneron n'était qu'une barraque.* »
Probablement du latin **barra* « traverse ».
Connu au-dessus de 40 ans, attesté au-dessous.
À rapprocher de : *courate 3, gabouillard, ganache, gavagne, gaveux* (annexe), *goujat 2, sabraque*.

BARRE, n.m.

Barrière fermant l'entrée d'un pré : « *J'ai fermé le barre. Les vaches ne pourront pas rentrer seules au pré.* » Emprunté au patois, du latin **barra* « traverse ».
H.B. usuel au-dessus de 20 ans, attesté au-dessous.

BARRICADE, n.f.

Clôture de pré : « *Les vaches ont défoncé la barricade et se sont sauvées.* »
Usuel.
Synonyme : *bouchure* (annexe).

BARRICADER, v. tr.

Entourer d'une clôture : « *J'ai barricadé le pré. Les vaches ne se sauveront plus.* »
Régionalisme sémantique emprunté au patois.
Usuel.

BARTIEULON, n.m.

1. Dernier-né d'une famille : « *Le bartieulon est le plus chouchouté.* »

2. Enfant petit, menu, chétif : « *Son gamin doit être malade, c'est un bartieulon.* » Emprunté au patois, ce mot est formé sur *culus* « cul ».
H.B. connu au-dessus de 60 ans, en déclin rapide au-dessous.
Synonymes : 1. *culat, tieuleu.*

BARVI

Voir BREVI.

BASANE, n.f.

1. Tablier protégeant le devant du corps : « *Les forgerons, les marchands de vin... portaient une basane ; elle était en cuir ou en toile.* »
2. Pantoufle en peau que l'on mettait à l'intérieur des sabots : « *Ça fait mal aux pieds de mettre des sabots sans basane.* »
Emprunté au patois, c'est un mot d'origine orientale désignant la peau tannée.
Connu surtout dans le 1er sens au-dessus de 40 ans.

BAS-CULAT

Voir CULAT.

BASEU, BASO, n.m.

Personne molle, lente, niaise : « *Elle a mis au monde un vrai baseu.* » Emprunté au patois, ce mot est peut-être dérivé du prénom Basile, utilisé en ce sens dans diverses régions.
H.B. connu au-dessus de 60 ans, en déclin rapide au-dessous.
À rapprocher de : *bambane, besin, dordet, lanterne, panosse 2, pattet 2* (annexe), *soquant* (annexe), *traîne-groles.*

BASSIN, n.m.

Louche aplatie pour puiser l'eau dans la bouillote du poêle : « *Mon bassin est percé, je ne sais plus avec quoi prendre l'eau dans la bouillote.* » Ce mot a gardé en français régional le sens particulier qu'il avait en patois.
Connu au-dessus de 40 ans, ce mot est en voie de disparition comme l'objet qu'il désigne.

BASSINE, n.f.

Bassin ou vase plat qu'on passe sous le siège des malades alités : « *Il faut appeler l'infirmière pour qu'elle t'apporte la bassine.* »
Usuel.

BATAILLER, v.intr.

Faire un cauchemar : « *J'ai bataillé toute la nuit.* »
Usuel au-dessus de 40 ans, en déclin au-dessous.

BATARSE

Voir BOTARSE.

BATILLON, n.m.

1. Battoir à linge : « *D'ici, les autrefois*, on entendait les batillons des laveuses.* »
2. Langue de femme (ironique) : « *Elle fait marcher son batillon.* »
Emprunté au patois, ce mot, de la famille de *battre*, est plutôt lyonnais. B.V. attesté chez quelques personnes âgées, ce mot disparaît avec l'objet qu'il désignait. H.B. connu au-dessus de 40 ans, en déclin rapide au-dessous.

BATTANDIER, n.m.

1. Personne utilisant un fléau : « *Les battandiers travaillaient à quatre, chacun son tour.* »
2. Querelleur : « *C'est un battandier, partout où il va, il faut qu'il se batte.* »
Voir le verbe *battandier*.
H.B. bien connu au-dessus de 60 ans, inconnu au-dessous.

BATTANDIER

1. v.intr. Battre au fléau : « *Les hommes sont après* battandier.* »
2. emploi pron. Se battre : « *C'est qu'il aime se battandier, ce gamin.* » Dérivé du latin *battuere* « battre ». H.B. connu au-dessus de 60 ans, inconnu au-dessous.

BAUCHE, n.f.

Fane de pommes de terre : « *Les truffes* ont de belles bauches cette année, la récolte sera bonne.* »
D'un mot patois (issu du gaulois *balcos* « fort ») connu en Provence, en Lyonnais, en Dauphiné et en Savoie. B.V. attesté au-dessus de 20 ans. H.B. bien connu au-dessus de 60 ans, en déclin rapide au-dessous.
Synonyme : *bro* 3.

BAYARD, n.m.

Civière pour le transport des charges : « *À la cave, tu trouveras un vieux bayard qui pourra nous servir à transporter ces caisses pleines de fruits.* » D'un mot patois issu du latin *bajulus* « instrument pour transporter ». Cité par Robert 85 et TLF avec la mention « régional ».
Connu au-dessus de 40 ans, en déclin rapide au-dessous.

BÉAL, n.m.

1. Retenue d'eau : « *Le béal du moulin est bien bas.* »
2. Ruisseau, rivière : « *Il est tombé dans le béal en rentrant chez lui.* »
Emprunté au patois, du gaulois **bedu* « canal ».
H.B. bien connu au-dessus de 60 ans, en déclin rapide au-dessous.

BECHOUILLER, v.intr.

Manger du bout des dents.
Du latin *beccus* « bec ».
B.V. peu attesté. H.B. usuel au-dessus de 60 ans, en déclin rapide au-dessous. Synonymes : *guignocher 3, pechouiller.*

BEDOULE, n.f.

Bosse, kyste : « *Il a une bedoule sur le front.* »
Emprunté au patois, dérivé de la racine **bod-* « boudin, ventre, vessie ».
H.B. usuel au-dessus de 20 ans, en déclin au-dessous.

BELEUTER

Voir BELOTER.

BELI 1, BELIN

1. n.m. Agneau : « *Regarde les belis comme ils sont mignons.* »
2. loc.verb. *Faire un beli*, faire un caprice : « *Le bébé fait un beli parce que le biberon ne vient pas assez vite.* »
3. interjection. Cri pour appeler les chèvres ou les moutons : « *Beli ! beli ! crie la fermière pour faire rentrer ses chèvres.* »

Emprunté au patois, du germanique *belle* « clochette ».
B.V. attesté au-dessus de 20 ans, inconnu au-dessous. H.B. bien connu.

BELI 2

Voir BALOU.

BELI 3, adj.

1. Battu, refait : « *J'ai perdu mon pari, je suis beli.* »
2. Ratatiné, pourri : « *Ces fruits sont belis.* »

Emprunté au patois, probablement du germanique *blettian* « blesser ».
H.B. bien connu au-dessus de 20 ans, connu au-dessous.

BELINE, n.f.

1. Agnelle : « *J'ai deux belins* et six belines.* »
2. Personne bête, entêtée : « *Cette fille est une vraie beline.* »
3. Pomme de pin : « *Je vais chercher des belines pour éclairer* le feu.* » Emprunté au patois, féminin de *belin*. B.V. connu au-dessus de 40 ans, inconnu au-dessous. H.B. usuel au-dessus de 60 ans, en déclin rapide au-dessous.

Synonymes : *cacotte, coquille.*

BELOTER, BELEUTER, v.intr.

Trépigner d'impatience : « *Le gamin regarde l'assiette de bonbons, c'est qu'il en belote.* »
Emprunté au patois où le mot est dérivé du latin *bellus* « beau ». H.B. connu au-dessus de 20 ans, attesté au-dessous.

BELU, BRELU, n.m.

1. Point en ignition (qui court sur la suie déposée sur le fond de l'âtre) : « *Le soir, quand la lumière est éteinte les enfants s'amusent à suivre les belus qui courent dans la cheminée.* »
2. Reste de braise : « *Le feu est éteint, mais il reste encore un belu.* »
3. Saleté : « *J'ai soufflé sur ce belu, il est parti.* »
Emprunté au patois, c'est un mot d'origine obscure, connu aussi en domaine occitan.
B.V. attesté, ce mot est en voie de disparition. H.B. bien connu au-dessus de 60 ans, en déclin rapide au-dessous.

BEN

1. adv. Vraiment : « *Il est ben bien, le jeune* de la Marie.* »
2. loc.adv. *Que si ben*, bien sûr : « *Que si ben, qu'il va mieux travailler à l'école !* »
H.B. usuel.

BENILLON, n.m.

Ventre, nombril : « *J'ai mal au benillon.* » « *Les jeunes veaux ont souvent le benillon sensible.* »
Emprunté au patois, ce mot provient du croisement de deux mots désignant le nombril *berion* et *ambegnon* (du latin **umbiliculus* « nombril »).
H.B.connu au-dessus de 60 ans, en déclin rapide au-dessous.
Synonymes : *ambegnon* (annexe), *berion, bouton du ventre.*

BENNE, BANE, n.f.

1. Récipient de bois servant au transport de la vendange (fait de douves, de forme ovale et comportant deux poignées latérales) : « *Avant de vendanger, il faut étuer* les bennes (faire gonfler le bois).* »
2. Dans l'expression *mettre quelqu'un huit jours sous une benne*, priver de nourriture quelqu'un qui est trop difficile pour lui faire apprécier ce qu'on lui donne à manger : « *Il est trop difficile, il aurait besoin qu'on le mette huit jours sous une benne.* »
Le sens 1 est celui du mot patois auquel il est emprunté, mot de l'ouest du francoprovençal, notamment du Lyonnais (voir PUITSPELU) (du latin *benna* d'origine gauloise). Il est signalé en ce sens par Robert 85 avec la mention « technique ou régional » et par TLF sans mention. En Haut-Beaujolais, on emploie aussi la forme *bane*.
Usuel.

BENON, n.m.

1. Baquet en bois (servant pour la lessive, la toilette,

pour donner la nourriture aux cochons...) : « *Va remplir le benon des cochons.* »
2. Petite benne (utilisée pour les vendanges) : « *Les vendangeurs vident les benons dans la cuve.* »
3. Confessionnal ou chaire : « *Le curé montait dans le benon pour prêcher.* » Diminutif de *benne* (voir ce mot). B.V. connu au-dessus de 20 ans, inconnu au-dessous. H.B. bien connu au-dessus de 60 ans, en déclin au-dessous.

BENOT, n.m.

Petite benne pour le transport à dos de la vendange : « *Pour porter la vendange, on utilise le benot qu'on vide dans les bennes*.* »
Diminutif de *benne*.
B.V. usuel. H.B. connu au-dessus de 40 ans, inconnu au-dessous.

BENOUILLER

1. v.tr. Baigner : « *Quand il fait très chaud, il n'est pas mauvais de benouiller souvent les enfants.* »
2. v.intr. Jouer avec l'eau : « *Je benouille dans l'eau.* »
3. emploi pron. Se laver sommairement, se tremper : « *Les gamins vont se benouiller dans la rivière.* » Emprunté au patois, ce mot est formé sur *benne*, avec adjonction du suffixe expressif *-ouiller*.
B.V. attesté au-dessus de 60 ans. H.B. connu au-dessus de 60 ans, en déclin rapide au-dessous.

BÉRAGNON, BALAGNON, BARAGNON, n.m.

1. Petit talus de terre qui borde latéralement la vigne (employé surtout dans l'expression *faire les béragnons* « nettoyer à la pioche les bords d'une vigne ») : « *Il a laissé la bouteille sur le béragnon.* »
2. Partie basse d'une vigne laissée non plantée pour y faire tourner la charrue : « *Je vais aller tailler dans le béragnon, là où se trouve la cadole*.* » Emprunté au patois, lui-même dérivé du mot germanique **baran* « stérile », ce mot désigne d'abord les bords de la vigne qui ne sont pas plantés. De ce premier sens, on glisse à celui de « parcelle de vigne entre deux talus ». B.V. usuel au-dessus de 40 ans, en déclin au-dessous.

BERCHE 1, n.f.

Ébréchure : « *Mon verre a une berche, il faudra le changer.* » Emprunté au patois, du germanique **brekan* « casser, briser ».
B.V. peu attesté. H.B. usuel au-dessus de 60 ans, en déclin rapide au-dessous.

BERCHE 2, adj.

À qui il manque une dent : « *Tu le reconnaîtras facilement, il est berche.* » Voir *berche* 1.
Synonymes : *berche-dent, berchu.*

BERCHE-DENT

Voir BERCHE 2.

BERCHU, adj.

1. Ébréché : « *Ce vieux couteau est berchu.* »
2. Qui a perdu une dent : « *Sa dent vient de tomber, il est berchu.* » Voir *berche.*
Connu au-dessus de 40 ans.
Synonymes : *berche, berche-dent.*

BERION, BEURAILLON, BORION, n.m.

Nombril (d'un animal).
Emprunté au patois, continuateur du latin **umbiliculus.*
B.V. bien connu au-dessus de 20 ans, attesté au-dessous.
H.B. peu attesté au-dessus de 60 ans, inconnu au-dessous.
Synonymes : *ambegnon* (annexe), *benillon, bouton du ventre.*

BERTHE, n.f.

1. Grand pot en grès pour le lait ou la crème : « *Quand on faisait le beurre, on mettait le lait et la crème dans les berthes.* »
2. Marmite métallique pour le transport du lait : « *Les berthes sont aujourd'hui en métal.* »
D'un mot patois peut-être issu du latin **barrum* « terre glaise ». Ce terme paraît propre à la région lyonnaise. Il est signalé par Robert 85 avec le sens 2 sans mention, mais avec un renvoi au mot régional de même sens *bouille.* TLF le signale aussi comme synonyme de *bouille* « bidon à lait ».
B.V. usuel au-dessus de 40 ans.
H.B. usuel au-dessus de 60 ans, en déclin au-dessous.

BESILLON, adj.

Qui mange lentement et peu : « *Que ce gamin est besillon ! S'il continue, il va rester chti*.* »
Emprunté au patois, probablement à rapprocher de *besin.*
H.B. connu au-dessus de 40 ans, en déclin au-dessous.
Synonymes : *buson, pechouillon, pignoche, regretteux.*

BESIN, n.m.

1. Travail minutieux et agaçant : « *Ça va être un travail long, un vrai besin.* »

2. Individu hésitant, mou au travail : « *Je ne crois pas qu'il faut choisir cet homme comme commis, il a la réputation d'un besin.* »
Formé sur le verbe *besiner* « courir çà et là » d'où « importuner, tracasser », et par dérivation « ne pas avancer dans son travail » (d'un verbe germanique **bisôn* « courir çà et là »). B.V. bien connu au-dessus de 20 ans, attesté au-dessous.
À rapprocher de : *bambane, baseu, dordet, lanterne, panosse 2, pattet 2* (annexe), *soquant* (annexe), *traîne-groles.*

BESOGNES, n.f.pl.

1. Habits : « *J'ai rangé tes besognes dans l'armoire.* »
2. Sac, valise : « *Il est parti avec ses besognes.* »
Régionalisme sémantique emprunté au patois.
B.V. attesté. H.B. connu au-dessus de 60 ans, en déclin rapide au-dessous. Le sens 2 est peu attesté.

BESOIN (AVOIR DE-), loc. verb.

Avoir besoin : « *Range ta casserole, si tu n'en as plus de besoin.* »
H.B. usuel au-dessus de 40 ans, bien connu au-dessous.

BEUGNE, n.f.

Coup, bosse : « *Il a fait une beugne à son vélo.* » « *Il a reçu une beugne pendant la récréation.* »
Probablement issu du latin **bunia* « souche d'arbre » (voir *bugne*).
TLF signale, sous *beigne*, cette prononciation.
B.V. connu au-dessus de 20 ans, inconnu au-dessous. H.B. usuel.
Synonymes : *dorgne 2, poque.*

BEUGNER, BEURGNER, v.tr.

Heurter, frapper : « *Il a beugné la voiture de son père.* » « *Il a beugné son copain à la sortie de l'école.* »
Formé sur *beugne.*
B.V. connu au-dessus de 20 ans, inconnu au-dessous. H.B. usuel.

BEURAILLON

Voir BERION.

BEURGNER, v.intr.

Beugler, crier, ronfler : « *La vache a beurgné toute la nuit.* » « *Le tracteur beurgne dans la côte.* »
Emprunté au patois, ce verbe provient du croisement des verbes patois *borlo* (issu du latin **bragullare* « crier »), et *mugni* (issu de **muginare*) « mugir ».
B.V. peu attesté. H.B. connu au-dessus de 60 ans, attesté au-dessous.

BEURLER, v.intr.

Pousser des cris de détresse : « *Il s'est mis à beurler dès qu'on a voulu le toucher.* »
Emprunté au patois, du latin **bragullare* « crier ».
Bien connu au-dessus de 40 ans, en déclin rapide au-dessous.

BEURRETTE, n.f.

1. Babeurre : « *Quand on sort le beurre de la baratte, il reste la beurrette.* »
2. Baratte : « *On met la crème dans la beurrette pour faire le beurre.* » Emprunté au patois, du latin *butyrum* « beurre ».
B.V. peu attesté. H.B. bien connu au-dessus de 60 ans, en déclin rapide au-dessous.

BEURRÉE

Voir BOURRÉE.

BEURRI, BEURRIER, n.m.

Baratte : « *Tourne la manivelle du beurri.* »
Emprunté au patois, du latin *butyrum* « beurre ».
Bien connu au-dessus de 60 ans, en déclin rapide au-dessous.

BEUTARON 1, n.m.

Muselière pour les veaux : « *Ce veau continue à téter, il faudra lui mettre un beutaron.* »
Emprunté au patois, dérivé de *bottet*. H.B. connu au-dessus de 60 ans, inconnu au-dessous.
Synonymes : *bottet, panier.*

BEUTARON 2, n.m.

Pierre d'achoppement : « *La roue du char a accroché le beutaron.* »
Emprunté au patois, d'un mot germanique *butr* « souche creuse ».
H.B.connu au-dessus de 60 ans, inconnu au-dessous.
Synonyme : *botte* 2 (annexe).

BEUTARON 3

Voir BOUTRON.

BEUTRON

Voir BOUTRON.

BIASSE

Voir BOYASSE.

BIÂTRE 1, n.f.

Bigote, fausse dévote : « *Les vieilles biâtres sont toujours fourrées à l'église.* »
Peut-être le même mot que *béate* qui, dans le sud du Massif Central, désigne la fille dévote et bigote.
B.V. peu attesté. H.B. connu au-dessus de 60 ans, en déclin rapide au-dessous.
Synonymes *: cacotte, catole.*

BIÂTRE 2, n.f.

Vieille maison sale, en ruine : « *Il habite une biâtre sous les bois.* »
Origine inconnue.
B.V. peu attesté. H.B. connu au-dessus de 60 ans, en déclin rapide au-dessous.

BICHÉE, n.f.

Petit morceau de nourriture : « *Il ne mange plus rien, juste quelques bichées de pain.* »
Emprunté au patois, où ce mot est dérivé du latin *beccus* « bec ».
B.V. peu attesté. H.B. connu.

BICHERÉE, n.f.

Surface d'environ 1 100 m^2 : « *Ce vigneron cultive cinq bicherées.* »
Ce mot est relevé par Robert 85 avec l'indication : « Une bicherée équivalait à 142 ares. » Il désignait en effet, une ancienne mesure qui variait selon les régions.
Dérivé de *bichet*, ancienne mesure de grains.
B.V. connu surtout au-dessus de 40 ans.

BICHO, n.m.

Myrtille : « *On va aller aux bichos pour faire de la confiture.* »
Emprunté au patois, ce mot, d'origine obscure, ne semble pas connu en dehors de cette région.
B.V. connu au-dessus de 60 ans, en déclin rapide au-dessous.
H.B. usuel.

BICHONI, n.m.

Vieux garçon : « *Le bichoni n'a pas fait ses Pâques.* »
Emprunté au patois, d'origine obscure, peut-être de la famille de *bichon, bichonner.*
H.B. connu au-dessus de 60 ans, en déclin rapide au-dessous.
Synonyme : *caribote* (annexe).

BIEN, adv.

Dans la locution *bien de,* beaucoup de : « *Il y a bien de monde à la fête.* »
Usuel au-dessus de 20 ans, bien connu au-dessous.

BILLE, n.f.

Bâton ou levier en fer (servant à actionner le treuil du char de façon à tendre les cordes qui lient le chargement) : « *Pour biller* le char, on utilisait autrefois des billes en bois ; maintenant elles sont en fer.* » Régionalisme sémantique ayant conservé le sens du patois. D'un mot latin **bilia* « tronc d'arbre ».
Signalé par Robert 85 avec la mention « technique » dans le sens : « rouleau, pièce de bois servant à biller, à serrer les ballots », et par TLF dans un sens

plus général : « Morceau de bois façonné ou de fer, servant à divers usages. »
Usuel.

BILLER, v.tr.

Serrer (un chargement avec une corde ou une perche) : « *Il faut bien biller ton char de foin, sinon tu en perdras la moitié en chemin.* »
Dérivé du précédent.
Bien connu au-dessus de 20 ans, inconnu au-dessous.

BILLON, n.m.

Petit morceau de bois (servant à faire le nœud du lien des gerbes) : « *C'est qu'il fallait avoir le coup de main pour passer le billon dans le lien.* » Emprunté au patois, diminutif de *bille* (voir ce mot).
B.V. connu au-dessus de 20 ans, inconnu au-dessous. H.B. connu au-dessus de 60 ans, en déclin au-dessous.

BISANGOIN (EN-), loc.adv.

De travers : « *Cette lingère ne travaille pas bien : elle a posé cette pièce tout en bisangoin.* »
Emprunté au patois, cette expression est répandue dans de nombreuses régions de l'est de la France (du latin *bis* + *cuneus* « coin »).
Bien connu au-dessus de 20 ans, en déclin au-dessous.

BISTANCLAQUE, n.m.

1. Métier à tisser à la main : « *On voyait beaucoup de bistanclaques dans la campagne, autrefois.* »
2. Bruit de ce métier : « *En été, en se promenant, on entendait bien le bistanclaque des métiers.* »
Origine onomatopéique.
B.V. attesté au-dessus de 20 ans, inconnu au-dessous. H.B. usuel au-dessus de 60 ans, en déclin rapide au-dessous.

BIVAQUE (À LA-), loc.adv.

N'importe comment : « *Ça vit à la bivaque, dans cette famille.* » « *Ces enfants sont élevés à la bivaque.* » Continuateur du germanique *bîwacht* « patrouille supplémentaire de nuit ». H.B. connu au-dessus de 60 ans, en déclin rapide au-dessous.

BIYOU, n.m.

Cuvier à lessive : « *Pour faire la lessive, on utilisait autrefois un biyou.* » C'est un dérivé du mot patois *buye* « lessive ».
B.V. connu au-dessus de 40 ans.
H.B. peu attesté au-dessus de 20 ans, inconnu au-dessous.
Synonymes : *bagnon, buyon* (annexe).

BLANC, n.m.

Chevesne : « *Aujourd'hui, j'ai attrapé trois blancs.* »
Blanc est signalé par Robert 85 dans le sens « petits poissons servant d'appât » et par TLF dans le sens « petit poisson ». B.V. connu au-dessus de 20 ans, inconnu au-dessous.
H.B. usuel au-dessus de 60 ans, en déclin au-dessous.

BLANCHE, n.f.

Eau-de-vie de marc de raisin : « *Je vais faire faire ma blanche demain.* » Mot relevé en ce sens par Robert 85 avec la mention « régional » et par TLF sans mention.
Bien connu au-dessus de 40 ans, en déclin rapide au-dessous.

BLAUDE, BLADE, n.f.

1. Blouse : « *Mets ta blaude pour peindre.* »
2. Vieux vêtement trop large : « *Dans sa blaude, on ne le voit même plus !* » Emprunté au patois, continuateur de **blidalt* « vêtement de dessus ». Signalé par TLF sous les formes *blaude* et *biaude* avec la mention « régional ». Robert 85 signale *blaude* avec la mention « vieux ou régional ». B.V. connu au-dessus de 20 ans, inconnu au-dessous. H.B. usuel.

BLIQUER, v.tr.

Gober : « *Il blique un œuf tous les matins.* »
Origine obscure.
H.B. connu au-dessus de 60 ans, en déclin rapide au-dessous.

BOBE, n.f.

1. au plur. Lèvres : « *Il a été piqué par une guêpe, il a les bobes très enflées.* »
2. au sing. dans la locution verbale *faire la bobe*, faire la moue : « *Je ne sais pas ce qu'elle a, depuis ce matin elle fait la bobe.* »
Emprunté au patois, mot d'origine onomotapéique (*bab-*).
Usuel au-dessus de 40 ans, en déclin rapide au-dessous.
A rapprocher de : 2. *faire le babian, faire le groin* (annexe), *faire la noque* (annexe), *faire la trogne.*

BOBINON, n.m.

Petite bobine ou petit peloton : « *Le chat joue avec le bobinon.* »
Emprunté au patois, diminutif de bobine.
B.V. peu attesté. H.B. usuel au-dessus de 40 ans, en déclin rapide au-dessous.

BOCON, n.m.

1. Puanteur : « *Ils ont vidangé la fosse, quel bocon !* »

2. Mauvaise maladie, souvent contagieuse : « *Cet hiver, j'ai attrapé le bocon !* »
3. Maladie des végétaux, spécialement le mildiou : « *Avec ce temps, la vigne va attraper le bocon !* »
Emprunté au patois, de l'italien *boccone* « morceau, bouchée », formé à partir de *bucca* « bouche ».
Robert 85 et TLF signalent ce mot sous la forme *boucon* avec le sens « morceau ou breuvage empoisonné » et la mention « vieux ».
Bien connu au-dessus de 40 ans, en déclin rapide au-dessous.

BŒUFS (VOULOIR LES-)

Voir VOULOIR.

BOGE, n.f.

1. Grand sac de jute : « *Il a ramassé une pleine boge de noix.* »
2. Cartable : « *Il a oublié sa boge à l'école, il ne pourra pas faire son travail.* »
Emprunté au patois, du gaulois **bulga* « sac de cuir ».
B.V. connu au-dessus de 20 ans, inconnu au-dessous. H.B. usuel.

BOIDON, BUIDON, n.m.

Mue (cage pour faire couver les poules) : « *C'est le moment de faire couver les poules, on va les laisser sous le boidon.* »
Largement attesté en patois dans tout le domaine francoprovençal avec parfois des sens différents (écurie des porcs, cage à volailles, fromages ou poisson). Peut-être d'un mot burgonde **buwida* « demeure ».
B.V. connu surtout en milieu rural. Synonyme : *pillotière* (annexe).

BOIRE, v.intr.

1. Être entourée d'un halo (en parlant de la lune) : « *La lune boit, il va pleuvoir.* »
2. Sortir des limites du jeu (terme du jeu de boules) : « *Ce terrain est tellement en pente que presque toutes les boules vont boire.* »
Bien connu dans le sens 1, attesté dans le sens 2.

BOIS, n.m.pl.

Porte-greffes (terme de culture de la vigne) : « *On fait venir du midi des bois ; on les achète en paquets pour y faire des greffes.* »
Relevé par Robert 85 avec la mention « régional » dans le sens « partie végétale lignifiée », et en Suisse comme terme de viticulture « sarment, pampre ».
B.V. usuel. H.B. attesté au-dessus de 20 ans, inconnu au-dessous.

BOIS FENDU, loc.nom.

Planche de chêne préparée pour faire des tonneaux ou merrain : « *Les bois fendus sont chez le tonnelier, il faudra qu'il fasse les tonneaux pour les prochaines vendanges.* »
B.V. connu. H.B. connu au-dessus de 60 ans en déclin rapide au-dessous.

BOÎTE, n.f.

Gros pêtard que l'on fait exploser : « *Ils commencent à sortir leurs boîtes pour le feu d'artifice du 14 juillet.* » Signalé en ce sens comme « vieux » par Robert 85 et comme terme de pyrotechnique par TLF.
B.V. connu au-dessus de 40 ans.

BOÎTER, v.intr.

Dans l'expression *ne pas faire boîter*, ne pas mettre dans la gêne (d'un point de vue pécuniaire) : « *Mes amis mènent la grande vie, ça ne les fait pas boîter.* »
Bien connu.

BON, n.m.

Bonbon : « *Si tu me donnes des bons, je te prête mon ballon.* »
Connu au-dessus de 40 ans, en déclin au-dessous.

BONBON, n.m.

Petit gâteau, biscuit : « *Si tu conservais tes bonbons dans une boîte en fer, ils ne se ramolliraient pas si vite.* »
Ce mot peut prendre un sens général « fruits secs, raisins etc. qu'on donne aux enfants en guise de gâteries ». Bien connu.
Synonyme : *pâte-sèche.*

BON GUI ! BON GO ! interj.

Juron assez violent : « *Bon gui de nom de gui* ! Que la terre est basse !* » Déformation du juron « bon Dieu ! » B.V. bien connu mais moins usité que *bon loup !*
H.B. bien connu au-dessus de 20 ans, inconnu au-dessous.

BON LOUP !

Juron modéré : « *Bon loup de bon loup ! Que j'ai eu chaud !* »
Usuel.

BOQUIN

Voir BOUQUIN.

BORCHE, n.f., **BORCHON,** n.m.

Pli : « *J'ai fait des borches en repassant les chemises.* »
Emprunté au patois, de la famille de *porcus* « porc ».
H.B. connu au-dessus de 60 ans, inconnu au-dessous.

BORCHER, v.intr.

Froisser, faire des plis : « *Cette robe borche sur le devant.* » Formé sur *borche*.
H.B. bien connu au-dessus de 60 ans, inconnu au-dessous.

BORCHON

Voir BORCHE.

BORGNAQUER, BORGNATER, BORGNICOTER, BORGNOTER, BORNIQUER, v.intr.

Voir mal à cause de l'obscurité : « *Il faudrait faire mettre l'électricité à la cave, on n'y voit rien, on ne fait que borgnaquer.* » Ce verbe, emprunté au patois, appartient à la même famille que le mot français *borgne* (continuateur de *brunna* « sombre, obscur »).
B.V. connu au-dessus de 40 ans.
H.B. usuel au-dessus de 40 ans, en déclin rapide au-dessous.
Synonyme : *faire la borgnelle* (annexe).

BORGNAQUIN, n.m. ou adj.

Personne qui louche ou qui a une mauvaise vue : « *Il est borgnaquin, on sera peut-être obligé de l'opérer.* » « *Il vieillit, il devient borgnaquin.* » Emprunté au patois. Voir *borgnaquer*. B.V. peu attesté. H.B. bien connu au-dessus de 60 ans, en déclin rapide au-dessous.

BORGNON, n.m.

1. Lampe qui éclaire mal : « *Dans l'écurie il n'y a qu'un borgnon.* »
2. loc.adv. *à borgnon*, à tâtons : « *Le matin quand je me lève, je prends mes affaires à borgnon, pour ne pas réveiller ma femme.* »
Emprunté au patois, de la même famille que *borgne*.
TLF cite l'expression *à borgnon* chez Molard et J.F. Rolland.
Le Larrousse XIXe donne l'expression *aller à borgnon* comme lyonnaise et populaire.
Robert 85 cite *borgnon* comme un mot d'argot.
Bien connu au-dessus de 60 ans, en déclin rapide au-dessous.

BORION

Voir BERION.

BORME

Voir BALME.

BOROUETTE

Voir BAROTE.

BORRON

Voir BOURRON.

BOSON, n.m.

1. Petit tas : « *Le long de la route, il y a des bosons de gravillons.* »
2. Terme d'affection désignant un enfant : « *Alors, petit boson, on a été sage ?* »
3. loc.adv. *à boson*, accroupi : « *Il s'est mis à boson derrière un buisson.* »
Emprunté au patois, diminutif de *bouse* (du latin **bovacea*).
B.V. sens 1 et 2 peu attestés, sens 3 bien connu au-dessus de 20 ans, inconnu au-dessous.
H.B. bien connu au-dessus de 60 ans, en déclin rapide au-dessous.
Synonymes : 2. *beutse* (annexe), *bourron 3, caqueleu, mami, pognon 2.* 3. *à cacaboson, à cacasson, à crapotons, à grapetons, à grobessons.*

BOTARSE, BATARSE, BOTASSE, n.f.

Sens latéral d'une vigne, ou alignement en diagonale des ceps : « *La vigne a été bien marellée*. la botarse est bien alignée.* »
Emprunté au patois, ce terme de viticulture est d'origine inconnue. On le trouve souvent dans la locution *mareller à la botarse* « tracer un terrain pour planter la vigne en quinconce » (voir *mareller*). B.V. bien connu chez les viticulteurs.

BOTTE, BOTTON, n.m.

Enfant de petite taille : « *Qui c'est ce petit botte qui arrive ?* »
Emprunté au patois où ce mot désigne souvent le crapaud, du germanique **butt* « émoussé ».
B.V. peu attesté. H.B. connu au-dessus de 60 ans, en déclin rapide au-dessous.
Synonyme : *graboton* 1.

BOTTET, n.m.

1. Muselière pour empêcher un veau de téter : « *J'ai mis le bottet au veau qui tète.* »
2. Nasse ou filet pour les poissons : « *Il a fait une bonne pêche, son bottet est plein.* »
Emprunté au patois, du latin *buttis* « tonneau ».
H.B. usuel au-dessus de 60 ans, en déclin rapide au-dessous.
Synonymes : 1. *beutaron, panier.*

BOTTON

Voir BOTTE.

BOU, n.m.

Bullition : « *J'entends l'eau qui commence à chanter, elle ne va pas tarder à prendre le bou.* »
Déverbal de *bouillir*.
Bien connu au-dessus de 40 ans, attesté au-dessous.

BOUCANER, v.tr.

Bousculer, gronder (un enfant en général) : « *Elle est toujours après* boucaner son gamin.* » Dérivé de *boucan* « tapage, vacarme ».
B.V. attesté. H.B. bien connu au-dessus de 40 ans, en déclin rapide au-dessous.

BOUCHARDE, n.f.

Mal sur les lèvres : « *Il a plein de bouchardes, c'est peut-être la fatigue qui lui fait ça.* »
Emprunté au patois, de la famille de *bucca* « bouche ».
B.V. connu au-dessus de 40 ans. H.B. attesté au-dessus de 60 ans, inconnu au-dessous.

BOUÈME, BOUÂME, adj.

Obséquieux : « *Avec son air bouème, il ferait un bon larbin.* » Variante du français *bohême*.
Connu au-dessus de 40 ans, en déclin au-dessous.

BOUGEON, adj.

Remuant, qui ne peut rester en place : « *C'est affreux ce que ce gamin est bougeon, on ne peut le tenir en place une minute.* »
Dérivé de *bouger*.
Usuel.

BOUGRASSER

1. v.tr. Fourgonner : « *Le feu chauffe mal, il faut le bougrasser.* »
2. v.intr. Tripoter : « *Il est après* bougrasser dans le moteur de sa voiture, je ne sais pas s'il arrivera à la faire marcher.* »
3. v.intr. Grommeler : « *Il est toujours en train de bougrasser dans son coin.* »
Emprunté au patois, dérivé de *bougre* issu de *bulgarus* « bulgare » d'où « hérétique, méchant ».
B.V. bien connu au-dessus de 40 ans, en déclin rapide au-dessous. H.B. usuel au-dessus de 20 ans, inconnu au-dessous.

BOULETTES, n.f.pl.

Préparation régionale à base de résidus de graisse et de blettes hachées : « *Ces boulettes sont un régal.* »
B.V. usuel. H.B.connu au-dessus de 40 ans, en déclin au-dessous.
Synonyme : *caillettes*.

BOULIGUER

1. v.tr. Bousculer : « *Cet homme me boulique sans arrêt.* »
2. v.intr. Avoir beaucoup de travail : « *Cette année, on a bouligué sans arrêt.* »
3. *Être bouligué*, se faire du souci : « *Mon mari est malade, je suis bouliguée.* »

Emprunté au patois (malgré sa phonétique occitane, ce mot est connu dans l'est de la France), de **bullicare* « bouillonner ». Bien connu au-dessus de 60 ans, en déclin rapide au-dessous.

BOULON, n.m.

But (au jeu de boules) : « *Allez, à toi l'honneur, lance le boulon.* » Emprunté au patois, de *bulla* « bulle ».
B.V. connu au-dessus de 40 ans, inconnu au-dessous. H.B. attesté au-dessus de 60 ans, en déclin au-dessous.

BOUQUET, n.m.

1. Plante fleurie, d'extérieur ou d'intérieur : « *Les chats ont abîmé tous mes bouquets.* »
2. Fête à la fin des vendanges : « *Dimanche, ce sera le bouquet.* »
3. Dans l'expression *avoir le bouquet*, être le vigneron qui a fait le plus de vin : « *C'est X qui a eu le bouquet cette année.* »

B.V. usuel. H.B. attesté au-dessus de 40 ans, inconnu au-dessous.

BOUQUIN, BOQUIN, n.m.

1. Bouc : « *Y a un bouquin dans cette maison, ça se sent.* »
2. Se dit d'un enfant qui n'en fait qu'à sa tête : « *C'est un petit bouquin.* »

Emprunté au patois, dérivé de **bucco* « bouc ».
B.V. connu surtout en milieu rural au-dessus de 40 ans, en déclin au-dessous. H.B. usuel au-dessus de 40 ans, en déclin rapide au-dessous.

BOURRAILLER, v.intr.

Faire de l'écume (en parlant du vin dans la cuve ou de la confiture qui est en train de cuire) : « *Quand la cuve n'est pas encore prête à pressurer, ça se voit à l'écume qui est sur le vin et qui est longue à partir : elle bourraille encore.* »
Dérivé de *bourre*.
B.V. usuel au-dessus de 40 ans, en déclin au-dessous. H.B. attesté au-dessus de 60 ans, en déclin au-dessous.

BOURRE, n.f.

Écume du lait : « *Quand on vient de traire, le lait est plein de bourre.* » Emprunté au patois, du latin *burra* « étoffe à longs poils ».
Usuel au-dessus de 40 ans, en déclin rapide au-dessous.

BOURREAUDER, v.tr.

Martyriser, faire souffrir : « *Cette femme est méchante, elle bourreaude ses enfants.* »
Dérivé de *bourreau*.

Connu au-dessus de 40 ans, en déclin rapide au-dessous.

BOURRÉE, BEURRÉE, n.f.

Pluie d'orage : « *On voit venir une bonne bourrée.* »
Emprunté au patois où ce mot désigne soit une petite pluie soit un gros nuage, soit une grosse averse (du latin *burra* « étoffe à longs poils »).
Bien connu au-dessus de 40 ans, en déclin rapide au-dessous.

BOURRON, BORRON, n.m.

1. Botte faite avec des débris de paille : « *Quand on fait le bourron, c'est la fin de la moisson.* »
2. Agglomérat de matières pouvant rester fixées les unes aux autres (par exemple matières textiles, herbes...) : « *Quand on fait de la couture, on trouve toujours des bourrons de fils qui traînent.* »
3. Terme d'affection pour désigner un enfant : « *Alors, petit borron, on est venu voir la tatan* ? »
Emprunté au patois, dérivé de *bourre*. Usuel au-dessus de 20 ans pour le sens 2, usuel au-dessus de 60 ans pour 1 et 3, en déclin rapide au-dessous.
Synonymes : 3. *beutse* (annexe), *boson 2, caqueleu, mami, pognon 2.*

BOURRU, adj.

Maussade, froid, pluvieux (en parlant du temps) : « *Cet après-midi le temps est bourru.* »
De la famille de *bourre* (issu du latin *burra*).
Usuel.

BOUTASSE, n.f.

Mare : « *Il faut empêcher les enfants de jouer près de la boutasse.* » Emprunté au patois, du latin *buttis* « tonneau ».
Signalé par TLF avec la mention « régional » au sens de « pièce d'eau ».
Usuel au-dessus de 20 ans, en déclin au-dessous.
Synonyme : *serve.*

BOUTIQUE, n.f.

Partie de la cave où se trouvait, autrefois, le métier à tisser : « *Aujourd'hui, la boutique sert à mettre les patates.* » Bien connu au-dessus de 60 ans, en déclin au-dessous.

BOUTON DU VENTRE, loc. nom.

Nombril : « *Habille-toi comme il faut, on voit ton bouton du ventre.* » B.V. attesté au-dessus de 40 ans, inconnu au-dessous.
H.B. usuel au-dessus de 20 ans, bien connu au-dessous.
Synonymes : *ambegnon* (annexe), *benillon, berion.*

BOUTONNER, v.intr.

Bouillonner tout doucement : « *Il faut que la compote boutonne bien doucement.* »
Emprunté au patois, du germanique **botan* « pousser, frapper ». B.V. connu au-dessus de 20 ans, disparaît au-dessous.

BOUTRON, BEUTARON, BEUTRON, n.m.

1. Gros crapaud : « *Les boutrons chantent, il va pleuvoir.* »
2. Personnage petit, gros, rondelet : « *Il a trop mangé ce boutron.* » Emprunté au patois, du germanique **butt* « émoussé ».
B.V. attesté au-dessus de 40 ans.
H.B. connu au-dessus de 40 ans, inconnu au-dessous.

BOYASSE, BIASSE, n.f.

1. Entrailles, boyaux : « *Je n'aime pas enlever la boyasse des poulets, mais il faut bien le faire.* »
2. Grosse femme sans tenue, déformée : « *Elle était mince autrefois, mais elle est devenue une vraie biasse.* »
Emprunté au patois, dérivé péjoratif de *boyes* « boyaux ».
Bien connu au-dessus de 40 ans, inconnu au-dessous.

BOYASSERIE, n.f.

Gros ventre, bedaine : « *Il a grossi, il ne pourra bientôt plus traîner sa boyasserie.* »
Formé sur *boyasse*. Bien connu au-dessus de 40 ans, inconnu au-dessous. Synonyme : *bendouillard* (annexe).

BOYES, n.f.pl.

Boyaux : « *Quand on tue le cochon, ce que j'aime le moins, c'est laver les boyes.* »
De la même famille que le français *boyau* (du latin *botellus*). B.V. peu attesté. H.B. bien connu au-dessus de 60 ans, en déclin rapide au-dessous.

BOYON, n.m.

Petit veau : « *Depuis ce matin, la vache nous a fait un joli boyon.* »
Emprunté au patois, dérivé de *boye* « génisse » (du latin *bocula* « génisse »).
Bien connu.
Synonyme : *bodeau.*

BRAISE, n.f.

Petite miette : « *Ce pain est trop sec, il fait plein de braises.* »
Emprunté au patois où ce mot est bien connu en ce sens (du latin **brisiare* pour *brisare* « briser », avec l'influence du germanique **bras* « braise »).

Connu au-dessus de 40 ans, en déclin au-dessous.

BRANDE, n.f.

Branche, fagot : « *On va ramasser des brandes pour les chèvres.* »
Emprunté au patois, du germanique *brand* « épée ».
Connu au-dessus de 60 ans.

BRANDICOLER, BRANDIGOLER, BRANDOUILLER, BRANLICOTER, v.intr.

1. Branler (quand une partie d'un objet est mal fixée à l'ensemble) : « *Cette pioche a un manche qui brandicole.* »
2. Marcher d'un pas hésitant : « *Regarde comme il est saoul, il brandigole.* »
Emprunté au patois, ce mot est de la même famille que le français *brandir* et *branler* (du germanique *brand* « épée »).
Bien connu au-dessus de 40 ans, disparaît au-dessous de 20 ans. Synonymes : 2. *chambiller* 1 (annexe), *dordiller, guignocher, jambiroter* (annexe), *trampaler* (annexe), *trebiller* (annexe), *trimbaler*.

BRANDILLON, n.m.

Brindille, branche morte : « *J'ai éclairé ma chaudière avec des brandillons.* »
Emprunté au patois, voir *brande*.
B.V. connu au-dessus de 20 ans, inconnu au-dessous. H.B. usuel au-dessus de 60 ans, en déclin rapide au-dessous.
Synonymes : *bro 2, bronde, ragote 2.*

BRANDON, n.m.

1. Torche de paille, petit fagot : « *Mets des brandons dans la cheminée.* »
2. Feu du premier dimanche de Carême ou, aujourd'hui, de la Saint-Jean, ou feu de joie en général : « *Autrefois les brandons se faisaient dans tous les villages, aujourd'hui, ça s'est perdu.* »
Emprunté au patois, dérivé de *brande*. Robert 85 et TLF signalent *brandon* « torche de paille », *dimanche des brandons* « premier dimanche de Carême », avec la mention « vieux ». B.V. connu au-dessus de 20 ans, en déclin rapide au-dessous. H.B. usuel au-dessus de 60 ans, en déclin rapide au-dessous.
Synonyme : 2. *râli* 1.

BRANDOUILLER

Voir BRANDICOLER.

BRANLICOTER

Voir BRANDICOLER.

BRASSE (TENIR À LA-), loc. verb.

Tenir (quelqu'un) dans ses bras, embrasser : « *Quand il l'a revu après 20 ans, il le tenait à la brassée et il ne le lâchait plus.* »
Bien connu au-dessus de 40 ans, peu attesté au-dessous.

BRAVE, n.f.

Génisse : « *J'ai huit vaches à traire et quatre braves au pré.* »
Emprunté au patois, du latin *barbarus* « sauvage ».
H.B. connu au-dessus de 60 ans, en déclin rapide au-dessous.

BREDIN, n.m. et adj.

Simple d'esprit, nigaud : « *Celui-là, c'est un vrai bredin.* » « *Cet homme est tout bredin, il ne comprend rien, et quand il fait quelque chose, c'est tout à refaire.* »
Emprunté au patois, de *brittus* « breton ».
Usuel.
Synonymes : *bagain 2* (annexe), *baleuset, belot* (annexe), *benoni 2* (annexe), *brelot, grobi* (annexe), *caque-nano* (annexe), *laleu.*

BREDINERIE, n.f.

Bêtise : « *Il est tellement niais qu'il fait que des bredineries.* »
Formé sur *bredin.*
Usuel au-dessus de 20 ans, disparaît au-dessous.

BRELOT 1, BRELAT, n.m.

Râteau à dents courtes et droites pour râtisser le sable : « *Dimanche c'est la vogue*, on va danser sur la place, on a donné le brelot au garde champêtre pour râtisser la place.* »
Emprunté au patois, ce mot est probablement de la même famille que *branler* « balancer, faire un mouvement de va-et-vient » (le mouvement du râteau).
B.V. connu au-dessus de 40 ans, en déclin au-dessous.

BRELOT 2, BRELEU, n.m.

1. Petit berger : « *Quand j'étais brelot, je menais les vaches sur la montagne.* »
2. Personne un peu niaise : « *Avec un brelot pareil, le travail ne sera pas fait.* »
Emprunté au patois où ce mot désigne souvent le petit valet (d'un mot germanique **brelling* « jeu », d'où la dérivation « celui qui s'amuse, qui perd son temps »).
Connu au-dessus de 40 ans.
Synonymes : *baleuset, benoni* (annexe), *bredin, caque-nano* (annexe), *caqueret* (annexe), *grobi* (annexe).

BRELOTTER 1, v.intr.

Secouer, tressauter : « *Ta voiture brelotte beaucoup.* »
Emprunté au patois, ce verbe est dérivé de *brelot* 1.
B.V. peu attesté. H.B. connu au-dessus de 40 ans, inconnu au-dessous.

BRELOTTER 2, v.intr.

Travailler lentement : « *Depuis ma maladie, je brelotte.* »
Emprunté au patois, dérivé de *brelot* 2.
B.V. peu attesté. H.B. connu au-dessus de 40 ans, inconnu au-dessous.

BRELU

Voir BELU.

BRENASSER

Voir BRUINASSER.

BRETAGNE, n.f.

1. Placard derrière la cheminée : « *Autrefois on mettait la crème dans la bretagne.* »
2. Plaque en fonte au fond de la cheminée : « *Dans cette maison il y a une belle bretagne.* »
L'origine de ce mot emprunté au patois est obscure. Son emploi en ce sens paraît limité à la région lyonnaise en débordant sur le nord de la Haute-Loire.
Connu au-dessus de 20 ans.

BRETAILLON (COUPER LE-), loc.verb.

Délier la langue (en coupant le filet qui est dessous) : « *La sage-femme coupe parfois le bretaillon.* » « *On a pas oublié de lui couper le bretaillon à celle-ci !* »
Emprunté au patois, *bretaillon* appartient à la famille du latin *brittus* « breton ».
H.B. bien connu au-dessus de 60 ans, en déclin rapide au-dessous.

BREUILLÉE, n.f.

Cri : « *Quand il a su que sa fille était partie, il a fait de* breuillées, affreux !* »
Emprunté au patois, du latin **bragullare* « crier ».
B.V. peu attesté. H.B. bien connu.
Synonyme : *hurlée*.

BREUILLER, v.intr.

Beugler, crier : « *La vache a breuillé toute la nuit.* » « *Arrête donc de breuiller, ça n'arrange rien !* » Emprunté au patois, voir *breuillée*. B.V. peu attesté. H.B. bien connu.

BREUSSON

Voir BROSSON.

BREUSSILLER

Voir BROSSILLER.

BREUVAILLER, v.intr.

Passer son temps à boire : « *Elle n'aurait pas dû épouser ce fainéant qui passe son temps à breuvailler.* »
Emprunté au patois, du latin *bibere* « boire ».
H.B. bien connu au-dessus de 40 ans, peu attesté au-dessous.

BREVI, BARVI, BREVIER, n.m.

Barre de bois où l'on suspend, à l'aide de deux colliers en osier tressé, une benne pleine de raisin pour la porter de la vigne jusqu'au char : « *Il faut marcher à la même cadence quand on a le barvi sur l'épaule.* »
Emprunté au patois, d'origine inconnue.
B.V. bien connu.

BRICOLE (TRAVAILLER À LA-), loc.verb.

Faire de menus travaux : « *En attendant le régiment, il travaille à la bricole.* » TLF signale *travailler à la bricole*, avec la mention « argotique » dans le sens « travailler chez un petit joueur ». H.B. usuel au-dessus de 40 ans, connu au-dessous.

BRIFER, v.tr.

User, détériorer : « *Je ne sais pas ce qu'il fait mais il brife tous ses habits.* »
Emprunté au patois, origine onomatopéique.
B.V. bien connu au-dessus de 40 ans, disparaît au-dessous.
H.B. peu attesté.

BRILLER, v.intr.

Faire éclater les bourgeons (en parlant de la vigne) : « *La vigne brille au 1er mai.* »
B.V. usuel.

BRIN D'ÂNE, n.m.

Variété de pissenlit, à feuilles velues, qu'on donne à manger aux lapins : « *Je vais chercher des brins d'âne pour les lapins.* »
H.B. connu au-dessus de 60 ans, en déclin rapide au-dessous.
Synonyme : *groin d'âne*.

BRINGAILLER, v.intr.

Faire la noce : « *Il est fatigué, ça se comprend car il arrête pas de bringailler.* »
Dérivé de *bringue*.
Usuel.

BRINGAILLEUR, n.m.

Noceur : « *Cet homme n'est pas sérieux dans son travail ; il est couché à point d'heure** *et il se lève à midi : c'est un vrai bringailleur.* » Formé sur *bringailler*. Usuel au-dessus de 20 ans, disparaît au-dessous.

BRISEBILLE, n.f.

Bisbille, petite querelle pour un motif futile : « *Ils sont en brisebille du matin au soir sans savoir pourquoi.* » Régionalisme phonétique probablement influencé par le verbe *briser*. B.V. usuel. H.B. bien connu au-dessus de 40 ans, en déclin rapide au-dessous.

BRO, n.m.

1. Bonne pousse de vigne : « *On attache les bros de vigne avec des ambres*.* »
2. Brindille sèche : « *Va chercher une poignée de bros pour allumer le feu.* »
3. Fane de pommes de terre : « *Il va bientôt être temps de brûler les bros.* » Emprunté au patois, continuateur du germanique **brust* « pousse ».
B.V. bien connu au-dessus de 20 ans pour les sens 1 et 2, attesté au-dessus de 20 ans, inconnu au-dessous pour le sens 3. H.B. usuel au-dessus de 40 ans, en déclin rapide au-dessous pour le sens 3, inconnu pour les sens 1 et 2.
Synonymes : 2. *brandillon, bronde, ragote 2. 3. bauche.*

BROCHE, n.f.

1. Plant greffé : « *Quand les portegreffes et les greffes sont stratifiés* et soudés, ils sont appelés broches ou plants-greffés.* »
2. Trou du robinet du tonneau : « *Il faut bien fermer la broche.* » B.V. bien connu. H.B. peu attesté au-dessus de 40 ans.

BROGER, v.intr.

Ruminer une idée, être songeur : « *Il broge car il a de gros soucis.* » Emprunté au patois ce mot, issu du verbe germanique **brugdian* « penser », est plus connu en Lyonnais qu'en Beaujolais.
B.V. attesté au-dessus de 20 ans. H.B. connu au-dessus de 60 ans, en déclin rapide au-dessous.

BRONDE, n.f.

Brindille, petite branche : « *Va ramasser des brondes pour préparer le feu.* » Emprunté au patois où il est un collectif singulier désignant la ramure, ce mot vient du latin populaire **bronda* issu du croisement de *fronde* « feuillage » et de *branca* « branche ». B.V. connu au-dessus de 40 ans, en déclin au-dessous. H.B. bien connu au-dessus de 60 ans, en déclin rapide au-dessous.

Synonymes : *brandillon, bro 2, ragote 2.*

BROSÉE, BROSSÉE, n.f.

Averse courte et violente : « *Je n'avais pas pris de parapluie, je viens d'essuyer une de ces brosées !* » *Brosée* est emprunté au patois, d'origine inconnue ; *brossée* a probablement subi l'influence du verbe *brosser* pris au sens de « battre, rosser quelqu'un ».
B.V. bien connu. H.B. attesté au-dessus de 60 ans, inconnu au-dessous. À rapprocher de : *chiaquée, radée.*

BROSSILLER, BREUSSILLER, v.intr.

1. S'entrechoquer, faire du bruit : « *Les bouteilles sont mal calées : elles brossillent là-dedans.* »
2. Se disputer bruyamment : « *Quand il est rentré avec un accroc, ça a brossillé à la maison.* »
Probablement du germanique **bras* « braise ».
B.V. bien connu. H.B. attesté au-dessus de 40 ans, inconnu au-dessous.

BROSSON, BREUSSON, n.m.

1. Bec de pressoir : « *Après les vendanges n'oublie pas de nettoyer le brosson.* »
2. Bec d'un pot ou d'un seau : « *La teupine* n'est pas cassée, juste le breusson ébréché.* »
Emprunté au patois, ce mot est un terme de l'ouest du domaine francoprovençal (de l'adjectif *broccus* « qui fait saillie »).
B.V. bien connu au-dessus de 20 ans, mais disparaît au-dessous pour le sens 1. H.B. connu au-dessus de 60 ans, en déclin au-dessous pour le sens 2.
Synonyme : 1. *conche* 2 (annexe).

BROUETTE (TRAÎNER LA-), loc.verb.

Être le dernier des vendangeurs : « *Tu regardes tout le temps ta montre, pas étonnant que tu trames la brouette.* » TLF cite cette expression avec le sens « faire des travaux forcés, être forçat ». Ici l'expression s'applique au vendangeur qui travaille lentement. B.V. usuel. H.B. attesté au-dessus de 40 ans.

BROULLAISSEUX, adj.

Bruineux : « *Aujourd'hui, c'est brouillasseux mais ça va se lever.* » Dérivé régional du verbe

brouillasser relevé par TLF.
Bien connu au-dessus de 20 ans.

BROUILLOU, adj.

Couvert, brumeux (en parlant du temps) : « *Ce soir, le temps est brouillou, il va pleuvoir demain.* »
Emprunté au patois, ce mot est former sur *brouiller*.
H.B. bien connu au-dessus de 60 ans, peu attesté au-dessous.

BRUINASSER, BRENASSER, v.intr.

Bruiner : « *Il a bruinassé toute la journée.* »
Dérivé du verbe *bruiner* avec le suffixe péjoratif *-asser* (TLF indique le substantif *bruinasse*).
Bien connu au-dessus de 40 ans, en déclin au-dessous.
Synonyme : *mouillasser*.

BRÛLE (BOIS DE-), loc.nom.

Bois de chauffage : « *Ce bois-là n'est pas bon, on ne peut en faire que du bois de brûle.* »
Emprunté au patois, déverbal de *brûler*.
B.V. bien connu au-dessus de 60 ans, en déclin rapide au-dessous. H.B. usuel au-dessus de 40 ans, en déclin au-dessous.

BRUSSE, BRUTSE, n.f.

Poussière de bois, petits fragments de bois : « *Quand je casse mes corces* pour éclairer* le feu, ça fait combien* de brusses ! Ça salit toute ma maison.* »
Emprunté au patois, du gaulois **brusca* « miettes, débris » ou du latin **bruscia* « excroissance d'un arbre ». H.B. usuel au-dessus de 20 ans, attesté au-dessous.
Synonyme : *grabosserie* (annexe).

BÛCHE, n.f.

Brin de paille : « *On met une bûche dans les fromages de chèvre pour les distinguer des fromages de vache.* » C'est le même mot que le français *bûche* mais il a le sens qu'il a en patois « fétu, éclat de bois ».
Usuel au-dessus de 40 ans, en déclin rapide au-dessous.

BUCLER, v.tr.

Brûler les soies (du cochon) ou les duvets (d'une volaille) : « *Après l'avoir tué, on va bucler le cochon en faisant un feu de paille.* »
Emprunté au patois, ce mot, connu dans tout le domaine francoprovençal et une partie du nord de l'occitan, est issu du latin *ustulare* « brûler ». Usuel au-dessus de 20 ans.

BUGNE, n.f.

1. Sorte de beignet : « *Les bugnes se font surtout pour Mardi-Gras.* »
2. Personne maladroite : « *Elle ne rend pas service, c'est une vraie bugne.* »
3. Exclamation, zut ! : « *Bugne ! J'ai encore fait tomber ma tartine.* » Emprunté au patois, du latin **bunia* « tronc d'arbre, souche ».
Signalé par TLF (sens 1) avec la mention « spécialité lyonnaise » et par Robert 85 « régional » (sens 1 et 2). Usuel. Le sens 3 semble employé surtout au-dessous de 30 ans.
Synonymes : 2. *angoye, gnoche* (annexe), *quacuit, soquant* (annexe), *tortosse* (annexe), *tortosson* (annexe).

BUIDON

Voir BOIDON.

BUISSON, BUISSON BLANC, n.m.

Aubépine : « *Le printemps arrive, les buissons sont en fleurs.* »
Emprunté au patois.
B.V. connu au-dessus de 20 ans, inconnu au-dessous. H.B. usuel au-dessus de 40 ans, en déclin rapide au-dessous.

BUSON, *adj. et n.m.*

Personne qui mange lentement, qui est difficile pour la nourriture : « *Qu'est-ce qu'il est buson, ce gamin, on croirait qu'on veut l'empoisonner.* » Emprunté au patois, du latin *buteo* « buse ». Le verbe *busonner* « manger lentement » s'entend aussi mais son emploi est plus rare.
H.B. usuel au-dessus de 20 ans, attesté au-dessous.
Synonymes : *besillon, pechouillon, pignoche, regretteux.*

BUTTE, n.f.

Gros tronc d'arbre abattu : « *Les forestiers ont entreposé les buttes sur le quai.* »
Emprunté au patois, du germanique *butr* « souche creuse ». B.V. attesté. H.B. connu au-dessus de 60 ans, attesté au-dessous.

BUYE, n.f.

Lessive : « *Aujourd'hui, il me faut faire la buye.* »
Emprunté au patois, du germanique **bukon* « faire la lessive ».
B.V. connu au-dessus de 40 ans, en déclin rapide au-dessous.
H.B. usuel au-dessus de 40 ans, en déclin rapide au-dessous.
Synonyme : *lavée.*

ÇA 1

Dans l'expression *c'est pas ça qui est ça,* c'est mieux, mais ce n'est pas encore parfait : « *Je vais mieux, mais c'est pas ça qui est ça.* »
Bien connu.

ÇA 2 (MIEN, TIEN), loc.pron.

Ce qui m'appartient : « *J'ai planté de la vigne dans ça mien, fais-le dans ça tien.* »
Cette locution est calquée sur le patois.
B.V. connu au-dessus de 20 ans. H.B. bien connu au-dessus de 60 ans, en déclin rapide au-dessous.

CABAN, n.m.

Sac, panier à provisions : « *Les cabans des grand-mères sont souvent noirs.* » Variante phonétique de *cabas* (du latin **capacium* « panier »).
B.V. connu au-dessus de 20 ans, inconnu au-dessous. H.B. usuel.

CABIOT, n.m.

Débarras, cagibi, pièce sombre : « *J'ai mis toutes mes aquilles* dans le cabiot.* »
Emprunté au patois, du latin *caveola* « petite cage ».
B.V. attesté au-dessus de 20 ans, inconnu au-dessous. H.B. bien connu au-dessus de 60 ans, en déclin au-dessous.
Synonyme : *trabion* (annexe).

CABIOTE, CABIOTON, n.f.

Petite cabane (souvent péjoratif) : « *On fera une cabiote pour ranger les outils.* »
Formé sur *cabiot*.
B.V. usuel. H.B. connu au-dessus de 40 ans, en déclin rapide au-dessous.

CABOCHER, v.intr.

Bouder, faire la tête : « *Elle caboche tout le temps.* »
Du mot familier *caboche*.
B.V. connu. H.B. bien connu au-dessus de 60 ans, en déclin rapide au-dessous.

CABOCHON, n.m. et adj.

Entêté : « *Cet enfant est difficile, il est cabochon.* » « *Oh ! quel cabochon, on ne peut pas le faire céder.* » Régionalisme sémantique dérivé de *caboche*. Usuel.

CABRILLON, n.m.

Fromage de chèvre : « *On trouve des cabrillons au marché.* » Dérivé de *cabre*, mot qui en occitan désigne la chèvre. Bien connu au-dessus de 20 ans. Synonyme : *rigotte*.

CABUCHER, v.intr.

Pommer : « *À ce temps, les salades ont bien cabuché.* » Emprunté au patois, de *caput* « tête ». H.B. usuel au-dessus de 60 ans, en déclin rapide au-dessous.

CACABOSON (À-), loc.adv.

En position accroupie (sur les talons) : « *Pour ramasser les pommes de terre, on se met souvent à cacaboson.* » Composé de *caca* et de *boson* (dérivé de *bouse*).
Bien connu au-dessus de 20 ans, inconnu au-dessous.
Synonymes : *à boson, à cacasson, à crapotons, à grapetons, à grobessons.*

CACASSON (À-), loc.adv.

En position accroupie : « *Quand on est longtemps à cacasson, c'est dur de se relever.* »
Emprunté au patois, formé de *caca* + *casson* « tas ». Voir *accasser*.
H.B. connu.
Synonymes : *à boson, à cacaboson, à crapotons, à grapetons, à grobessons.*

CACOTTE, n.f.

1. Pomme de pin : « *Je vais ramasser des cacottes pour éclairer* le feu.* » 2. Femme bavarde, coureuse ou bigote : « *Cette cacotte est toujours par les chemins.* »
Emprunté au patois, ce mot provient d'une onomatopée *kak-* imitant le cri des volailles. B.V. peu attesté. H.B. usuel au sens 1, attesté au sens 2.
Synonymes : *1. beline, coquille. 2. biâtre, catole.*

CACOTTER, v.intr.

Caqueter, bavarder : « *Les poules cacottent.* » « *Les enfants n'arrêtent pas de cacotter.* »
Variante phonétique de *caqueter*. B.V. peu attesté. H.B. bien connu au-dessus de 60 ans, connu au-dessous. À rapprocher de : *babeuter, bacholer, bagoler, bajafler (annexe), jappiller*.

CACOU, n.m.

Œuf (dans le langage enfantin) : « *La poule a fait son cacou.* »
Du latin *coccum* « œuf ».
B.V. connu au-dessus de 20 ans.
H.B. bien connu au-dessus de 60 ans, attesté au-dessous.

CADET, -ETTE, n.m. et f.

Garçonnet, fillette : « *Le cadet ne va pas tarder à rentrer de l'école.* »
Emprunté au patois où ce mot désigne d'abord le garçon en général, sans distinction d'ordre de naissance.
Bien connu.

CADOLE, n.f.

Cabane dans les vignes : « *Après les vendanges, il faudra penser à ranger la cadole.* »
Emprunté au patois (du latin *catabolus* « remise ») où ce mot, connu aussi dans le Lyonnais, paraît venir du midi. È. de Villié explique que la véritable cadole ne comportait pas de porte.
Signalé par TLF et Robert 85 avec la mention « régional ».
B.V. bien connu au-dessus de 20 ans, en déclin au-dessous.

CAFI, adj.

Plein à l'excès : « *Cette année, il y a des pommes, affreux ! C'en est cafi !* »
Emprunté au patois (du latin *clavo figere* « fixer avec des clous ») où ce mot se dit du pain mal levé.
Usuel.

CAILLETTES, n.f.pl.

Préparation de charcuterie régionale à base de résidus de graisse et de blettes hachées : « *J'aime bien les caillettes mais c'est un peu indigeste.* »
Probablement dérivé de *caille* qui en ancien français et dans certains parlers désignait l'estomac de veau ou de bœuf (dont on faisait la présure). B.V. connu au-dessus de 20 ans, en déclin rapide au-dessous. H.B. peu attesté.
Synonyme : *boulettes*.

CAILLI, n.m.

Lait caillé : « *En été, manger du cailli, ça rafraîchit.* »
Emprunté au patois, du latin *coagulare* « figer, épaissir ».
H.B. bien connu au-dessus de 60 ans, en déclin rapide au-dessous.

CAISSE, n.f.

Cercueil : « *On l'a mis dans la caisse.* »
Bien connu.

CAISSON

Voir CASSON.

CAMION, n.m.

Petit chariot à deux roues qu'on pousse : « *J'ai été chercher de l'herbe pour les lapins avec mon camion.* » C'est le sens ancien de *camion* conservé dans l'usage régional.
Connu au-dessus de 40 ans, en déclin au-dessous.
À rapprocher de : *baroton, caloubrette* (annexe).

CAMOTTER, v.intr.

Tomber en purée : « *Ces pommes de terre camottent tout de suite.* »
Emprunté au patois où l'on trouve plus souvent *décamotter* avec le sens « désagréger » (voir ce mot).
Du latin *squama* « écaille ».
B.V. connu.

CAMPER, v.tr.

Adosser, appuyer : « *Je ne peux pas camper ma tête dans ce fauteuil.* » Bien connu au-dessus de 60 ans, en déclin rapide au-dessous.

CANCORNE, CANCANE, n.f.

Radoteuse : « *Cette femme, c'est une cancorne, elle sait pas ce qu'elle raconte, elle rabâche toujours la même chose.* »
Ces mots sont probablement de la même famille que le français *cancan, cancaner.*
B.V. peu attesté. H.B. bien connu (*cancane*).

CANFOUINE, n.f.

Intérieur d'une maison (péjoratif) : « *Que fait-elle toute la journée dans sa canfouine ?* »
Origine inconnue. Peut-être déformation de l'argot *cambuse* avec l'influence de *fouiner* « fureter ». B.V. connu au-dessus de 40 ans. H.B. peu attesté.

CANELLE, n.f.

Canne à pêche en bambou : « *La cannelle est très flexible.* »
Du latin *canna* « roseau ».
H.B. usuel au-dessus de 60 ans, en déclin rapide au-dessous.

CANON (EN-), loc.adv.

Sur le fond (en parlant d'un tonneau) : « *Sur la remorque, mets le tonneau en canon.* »
Sans doute né de la comparaison avec le terme de canuserie (le canon est une bobine en forme de fuseau qu'on peut placer verticalement

sur son large pied).
B.V. connu au-dessus de 40 ans, en déclin au-dessous.

CANTINE, n.f.

Gros et large bocal de verre blanc : « *Ma cantine de cornichons est presque vide, je vais bientôt en refaire.* » Cet emploi métonymique de *cantine* se rencontre dans l'est de la France et en Suisse romande.
B.V. bien connu. H.B. peu attesté.

CANTON, n.m.

Hameau, groupe de maisons : « *Il habite un tout petit canton.* »
Connu.
Synonymes : *village, voisinée.*

CANTRE, n.m.

Cage qui supporte les bobines de l'ourdissoir : « *J'ai garni mon contre de bobines pour faire une chaîne.* » Origine obscure, peut-être du latin *canthus* « cercle de fer » (selon Robert 85).
Signalé par Robert 85 avec la mention « technique ».
H.B. connu au-dessus de 20 ans, inconnu au-dessous.

CAPELLON, n.m.

Chapeau : « *Avec un soleil pareil, n'oublie pas ton cappellon.* »
Du latin *cappellu* « chapeau ».
B.V. connu au-dessus de 40 ans.
H.B. attesté au-dessus de 40 ans, inconnu au-dessous.

CAQUE, n.f.

Fiente de poule : « *Ma cour est pleine de caques, je n'ai pas eu le temps de la balayer.* »
Du latin *cacare* « chier ».
H.B. usuel au-dessus de 20 ans, bien connu au-dessous.

CAQUELEU 1, n.m.

Petite casserole en terre : « *Les patates sont meilleures quand on les cuit dans un caqueleu.* »
Emprunté au patois, du germanique *kachel* « casserole ».
Signalé sous la forme *caquelon* par Robert 85 et TLF avec la mention « Région. (Suisse romande et Est de la France) ».
H.B. usuel au-dessus de 40 ans, en déclin rapide au-dessous.

CAQUELEU 2, n.m.

Terme d'affection désignant un petit enfant ou le dernier-né d'une famille : « *Qu'il est mignon, ce caqueleu !* » Emprunté au patois, c'est peut-être le même mot que *caqueleu* 1 pris dans un sens métaphorique.
H.B. usuel au-dessus de 40 ans, en déclin rapide au-dessous.
Synonymes : *beutse* (annexe), *boson 2, bourron 3, mami, pognon.*

CAQUER, v.intr.

Chier : « *J'ai besoin de caquer, je pars.* »
Indiqué par Robert 85 avec la mention « régional ».
Usuel.

CAQUILLE, n.f.

1. Petit tonneau de moins de 100 litres : « *J'ai acheté deux caquilles au voisin.* »
2. Tonnelet de 3 à 5 litres pour transporter la boisson aux champs : « *Avec cette chaleur, il faudra pas oublier la coquille.* »
Formé sur *caque* « barrique » avec le suffixe *-ille*. B.V. bien connu au-dessus de 40 ans, en déclin au-dessous.
H.B. usuel au-dessus de 60 ans, en déclin rapide au-dessous.
À rapprocher de : *baritet* (annexe), *barelet*.

CAQUILLON, n.m.

Petit tonneau de 2 à 50 litres : « *Je vais tous les mois chercher mon caquillon de Beaujolais.* »
Dérivé de *coquille*.
Usuel au-dessus de 20 ans, inconnu au-dessous.

CAQUILLER, v.tr.

Manger une nourriture craquante, grignoter : « *Les moineaux ont vite fait de caquiller les grains qu'on leur jette.* »
De l'onomatopée *kak-* imitant le cri de certains oiseaux.
B.V. connu au-dessus de 40 ans, en déclin au-dessous.

CARAILLER, v.tr.

Lancer, jeter violemment : « *Il a caraillé une bouteille de verre.* »
Emprunté au patois, du latin *quadrus* « carré ».
B.V. usuel au-dessus de 60 ans, en déclin rapide au-dessous.
H.B. connu au-dessus de 60 ans, inconnu au-dessous.
Synonyme : *laper*.

CARCAN, ARCAN, n.m.

1. Gros cheval : « *Ils ont acheté un sacré carcan, ils vont pouvoir travailler !* »
2. Personne grosse et difforme : « *Il s'est marié avec un carcan !* »
TLF signale ce mot dans des sens opposés : « 1. Cheval étique et rétif. 2. Personne maigre et acariâtre. » H.B. bien connu au-dessus de 40 ans, attesté au-dessous.

CARCASSE, n.f.

Toux : « *Je n'arrête pas de tousser, j'ai la carcasse.* »
Déverbal du verbe populaire *carcasser* « tousser d'une toux qui secoue toute la carcasse ».
Bien connu au-dessus de 40 ans, en déclin rapide au-dessous.

CARCELER, v.intr.

Être pris de quintes de toux : « *Tu n'as fait que carceler cette nuit.* »
D'une onomatopée *kra-, krak-*, avec peut-être l'influence de **crepicella* « crécelle » (d'après P. Gardette).
Usuel au-dessus de 40 ans, en déclin rapide au-dessous.
Synonyme : *raffeter* (annexe).

CARCELET, n.m.

Épervier : « *Le carcelet mange les poules.* »
Régionalisme phonétique (français *tiercelet*).
Connu au-dessus de 40 ans, inconnu au-dessous.

CARMENTRANT, CARIMENTRANT, n.m.

1. Déguisement : « *J'ai un carmentrant de Pierrot pour le Carnaval.* »
2. Personne mal habillée : « *Les romanichels sont de vrais carmentrants.* »
3. Objet encombrant : « *Dans cette petite cuisine, que veux-tu que je fasse de ce carmentrant ?* »
Emprunté au patois où ce mot désigne Mardi-Gras dans tout le francoprovençal *(carême-entrant*). Le souvenir de la fête au cours de laquelle on transportait en procession un mannequin de paille figurant Mardi-Gras explique les sens divers qu'a pris ce mot.
B.V. attesté au-dessus de 40 ans.
H.B. connu au-dessus de 60 ans, attesté au-dessous.

CAROTTE, CAROTTE ROUGE, n.f.

Betterave : « *Cette année, on pourra faire des salades de carottes parce qu'il y en a beaucoup.* » « *Les carottes rouges sont longues à cuire.* »
Régionalisme sémantique emprunté au patois.
L'utilisation de *carotte* avec le sens de « betterave » ne crée pas d'ambiguïté puisque la carotte se nomme en français régional comme en patois *racine** ou *racine jaune**.
Usuel.

CARPIGNER, v.tr.

1. Piétiner, tasser : « *Dans la grange, les enfants carpignent le foin.* »
2. Triturer, mettre en charpie : « *Ce chat a tout carpigné mon divan.* » Emprunté au patois, du latin *carpere* « cueillir, plumer », (voir le français *charpie*).
B.V. connu. H.B. bien connu au-dessus de 60 ans, en déclin rapide au-dessous.

CARPIGNON, n.m.

Cardeur : « *Mon grand-père était carpignon à l'usine de couvertures.* » Formé sur *carpigner*.
H.B. bien connu au-dessus de 40 ans, en déclin rapide au-dessous.

CARRICHON, n.m.

Gros morceau (de pain) : « *Je mets un bon carrichon de pain dans ma soupe.* »
Emprunté au patois, du latin *quadrus* « carré ».
H.B. bien connu au-dessus de 60 ans, inconnu au-dessous.
Synonyme : *boulet* (annexe).

CAS, n.m.

1. loc.conj. *Si au cas*, au cas où : « *J'ai acheté des gâteaux, si au cas il venait.* »
2. loc.adv. *Pour si au cas*, pour le cas échéant : « *J'ai pris de l'argent pour si au cas.* »
H.B. usuel au-dessus de 20 ans, connu au-dessous.

CASSE, n.f.

Poêle à frire : « *Il faut bien graisser la casse avant de la faire chauffer.* » Emprunté au patois, d'un mot grec *cyathion* « plat ».
Signalé par Robert 85 avec la mention « régional (Suisse) ».
TLF indique *casse à rôt* « lèche-frite ».
Bien connu au-dessus de 40 ans, en déclin au-dessous.

CASSÉ, adj.

Troublé (en parlant du vin, à cause de la maladie appelée *casse*) : « *Le vin est cassé, on aura du mal à le vendre.* »
B.V. usuel. H.B. attesté au-dessus de 40 ans, inconnu au-dessous.

CASSE-QUEUE, n.m.

Têtard : « *Il y a plein de casse-queues dans la bachasse*.* »
Régionalisme emprunté au patois.
H.B. connu au-dessus de 60 ans, en déclin rapide au-dessous.

CASSEU, n.m.

1. Petite poêle sans queue : « *Il a fait cuire les œufs dans le casseu.* »
2. Tête : « *Il a rien dans le casseu, stu* gamin !* »
Emprunté au patois, du grec *cyathion* « plat ». Voir *casse*.
B.V. peu attesté. H.B. usuel au-dessus de 60 ans, en déclin rapide au-dessous.

CASSON 1, CAISSON, n.m.

Tas (de foin ou de fumier) : « *Quand il va pleuvoir on met le foin en cassons.* »

Emprunté au patois, d'un verbe latin **coacticare* « presser, tasser ».
B.V. bien connu. H.B. usuel au-dessus de 40 ans, attesté au-dessous. Synonyme : *cuchon*.

CASSON 2, CAISSON, n.m.

Carré de légumes au jardin : « *Il a plu, je n'aurai pas besoin d'arroser mes cassons.* »
Du latin *capsa* « caisse ».
B.V. bien connu. H.B. attesté au-dessus de 40 ans.

CATAPLÂME, n.m.

Cataplasme : « *Autrefois, on soignait bien avec des cataplâmes, aujourd'hui, ça a disparu.* »
Régionalisme phonétique emprunté au patois.
TLF signale que cette prononciation ancienne est rejetée par Littré.
B.V. peu attesté. H.B. bien connu au-dessus de 60 ans, en déclin rapide au-dessous.

CATI, adj.

Qui n'a pas levé (en parlant d'une pâte) : « *Ce gâteau de Savoie est tout cati.* »
Emprunté au patois, du latin **coactire* « presser ensemble ».
B.V. attesté au-dessus de 40 ans. H.B. connu au-dessus de 60 ans, en déclin rapide au-dessous.
Synonyme : *laqué*.

CATOLE 1, n.f.

1. Capitule de la bardane : « *Ma veste est pleine de catoles.* »
2. Crotte de chèvre : « *C'est plein de catoles sur ce chemin.* »
Emprunté au patois, de la même famille que *caton* (voir ce mot).
Bien connu.
Synonymes : *gratton, grelote.*

CATOLE 2, n.f.

1. Femme lente au travail : « *Au travail, ça avance guère, c'est une vraie catole.* »
2. Femme médisante et bigote : « *Vous n'allez pas croire ce que raconte cette catole qui est toujours fourrée à l'église !* »
Emprunté au patois, du latin *catharina* « fille, servante », avec l'influence de « catholique ».
Bien connu.
Synonymes : *biâtre, cacotte.*

CATON, n.m.

Grumeau : « *Je crois que ta sauce va faire des catons.* »
Emprunté au patois, du verbe latin **coactitare* « presser ensemble ». Usuel.

CATONNER, v.intr.

Se mettre en grumeaux : « *Cette farine catonne, ça va pas.* »
Dérivé de *caton.*
Usuel.

CAUSE (À-QUE), loc.conj.

Parce que : « *Il est pas venu à cause qu'il est malade.* »
Archaïsme français (locution en usage en français classique).
Usuel.

CAUTÉRISER (SE), v.pron.

Se cicatriser (en parlant d'une plaie en voie de guérison) : « *Il s'était bien fait mal mais son genou se cautérise enfin.* »
Bien connu.

CAVALER (SE), v.pron.

Sauter sur la croupe de ses compagnes (en parlant d'une vache en chaleur) : « *Surveille la Rosette, elle se cavale un peu.* »
Régionalisme grammatical.
H.B. usuel au-dessus de 40 ans, en déclin au-dessous.

CAYE, n.f.

Truie : « *Cette caye doit peser lourd.* »
Emprunté au patois, féminin de *cayon*. B.V. bien connu au-dessus de 40 ans, disparaît au-dessous.
H.B. bien connu au-dessus de 60 ans, en déclin rapide au-dessous.

CAYON, n.m.

Cochon : « *Avec tous ces cayons, j'ai bien du travail quand il faut leur donner à manger.* »
Emprunté au patois, mot d'origine inconnue qu'on rencontre en ce sens dans tout le domaine francoprovençal.
B.V. usuel au-dessus de 20 ans, disparaît au-dessous. H.B. connu au-dessus de 60 ans, en déclin rapide au-dessous.

CAYONNI, n.m.

Tueur de cochon à domicile : « *Dès qu'on aura fixé une date pour tuer le cochon, il faudra prévenir le cayonni.* »
Dérivé de *cayon.*
B.V. bien connu au-dessus de 40 ans, disparaît au-dessous.

CELUI-CI, CELUI-LÀ, pron. démonstratif

Celui : « *Vous prendrez bien une goutte de café. Ce n'est pas celui-là de quatre heures qui empêche de dormir.* »
Régionalisme grammatical qui consiste dans l'emploi des particules *ci* ou *là* lorsque le pronom possède un complément.
H.B. bien connu.

CEMPOTE, n.f.

Tonneau d'une centaine de litres : « *Cette année, ma vigne m'a donné trois cempotes de vin.* » Formé de *cent pots*.
B.V. connu au-dessus de 40 ans, disparaît au-dessous. H.B. attesté au-dessus de 40 ans, inconnu au-dessous. Synonyme : *feuillette*.

CEPION, n.m.

Morceau de cep bon à brûler : « *On a brûlé tout le tas de cepions.* » Dérivé de *cep*.
B.V. bien connu.

CHAÎNE À MARELLER, loc. nom.

Chaîne spéciale utilisée dans la plantation de la vigne : « *Va chercher la chaîne à mareller pour mettre les marellons* dans la nouvelle vigne.* » B.V. bien connu. Synonyme : *mareller*.

CHA

1. Dans la loc.adv. *à cha peu*, peu à peu : « *Les autrefois* les grand'mères tricotaient les chaussettes des petits à cha peu.* »
2. Dans les expressions *à cha seau*, seau par seau, *à cha cuillère*, cuillère par cuillère : « *On a vidé la serve* à cha seau.* » « *Y a fallu donner à manger au petit à cha cuillère.* »
Cha correspond au distributif *chaque*. Bien connu au-dessus de 40 ans, en déclin rapide au-dessous.

CHAILLOTE, n.f.

Dent (surtout dent déchaussée ou dent de lait) : « *Il ne lui reste plus que deux ou trois chaillotes.* » Peut-être du germanique **kinni* « mâchoire, joue ».
B.V. usuel au-dessus de 20 ans, disparaît au-dessous.

CHAINTRE, n.f.

1. Fossé d'écoulement en bordure d'un champ : « *Il faudra remettre en état la chaintre qui a été engorgée lors du dernier orage.* »
2. Passage ou chemin privé entre deux parcelles de vignes : « *J'ai laissé mon barrelet* dans la chaintre.* » B.V. bien connu.
A rapprocher de : *charroir 1*, *fourrière 2* (annexe).

CHALÉE, n.f.

1. Passage ou trace dans la neige : « *Il a neigé cette nuit, va vite faire la chalée, pour que le facteur puisse arriver à la ferme.* »
2. Traînée (de gouttes, de cailloux...) : « *Chaque fois que le voisin remplit son poêle à mazout, il laisse derrière lui une chalée de gouttes.* » Emprunté au patois, du latin *callis* « sentier ».

B.V. usuel au-dessus de 40 ans, en déclin au-dessous. H.B. usuel (sens 1). Bien connu au-dessus de 60 ans, attesté au-dessous (sens 2).

CHAMOURE, n.f.

1. Repas des vendanges : « *Ils vendangent demain. Tout est prêt pour la chamoure.* »
2. Plat de courge : « *Pour les vendanges, il faut que je fasse une chamoure ; c'est toujours ce que l'on fait ici et qui se mange le mieux.* »
3. loc.adv. *En chamoure*, en purée : « *Les invités étaient tellement en retard que le civet était tombé en chamoure.* »
Emprunté au patois où ce mot désigne un plat servi habituellement aux vendanges autrefois. C'était une purée ou un soufflé de courge. Origine inconnue.
B.V. bien connu au-dessus de 40 ans, en déclin rapide au-dessous.

CHAMP (ALLER EN-), loc. verb.

Mener paître : « *Va voir ton frère, il est allé en champ les vaches.* »
Usuel.
Synonyme : *champir* (annexe).

CHAMPEYÉ, adj.

Qui a été pâturé : « *Les terres des Mollières sont toutes champeyées.* » Dérivé de *champ* au sens de « pâturage ».
Connu au-dessus de 40 ans.

CHANÉE, n.f.

1. Chéneau : « *Il pleuvait tellement fort que la chanée débordait dans la cour.* »
2. Rigole d'écoulement : « *Les chanées que l'on avait tracées dans la cour n'ont pas été assez profondes pour être efficaces après cette pluie.* »
3. Rigole d'écoulement du plateau du pressoir : « *Le vin commence à couler dans la chanée.* »
Emprunté au patois, du latin *canalis* « tuyau ».
B.V. connu. H.B. peu attesté.

CHAPEAU, n.m.

Masse de grappes flottant à la surface du moût dans la cuve en fermentation : « *Le chapeau de la cuve me semble plus abondant que les autres années.* »
B.V. bien connu en milieu viticole, disparaît au-dessous de 20 ans.

CHAPON, n.m.

Bois sélectionné pour la greffe de la vigne : « *Le porte-greffe est*

constitué par un plant américain sur lequel on a greffé un bois de gamay à jus blanc qu'on appelle greffon ou chapon.* »
Emploi technique du mot *chapon* « bouture de vigne ».
B.V. bien connu.

CHAPONAS, CHAPONAIS, n.m.

Parcelle de vigne plantée dans l'année ou depuis un an : « *Les lapins ont fait du mal à mon chaponas.* »
Dérivé de *chapon*.
B.V. connu, surtout en milieu viticole.

CHAPONIÈRE, n.f.

Rangée de ceps : « *C'est drôle mais cette chaponière ne me semble pas tout à fait droite.* »
Emprunté au patois, dérivé de *chapon*. B.V. bien connu au-dessus de 20 ans, disparaît au-dessous.

CHAPOTER

1. v.tr. Couper du bois en menus morceaux : « *Il est en train de chapoter sa branche.* »
2. v.intr. Hacher (en parlant de la grêle) : « *Ça a tout chapoté dans la vigne.* »
Emprunté au patois, du latin **cappare* « châtrer, tailler ».
B.V. usuel au-dessus de 20 ans.
H.B. usuel au-dessus de 60 ans, en déclin rapide au-dessous.

CHAPOTÉE, n.f.

Préparation à l'usage des poules : « *La chapotée consiste en un mélange haché d'orties, de pain mouillé, de son et autres...* »
Formé sur *chapoter*.
B.V. bien connu au-dessus de 20 ans. H.B. attesté.

CHAPOTEUSE, n.f.

Machine à hacher la nourriture des poules : « *Il faudra faire aiguiser la chapoteuse.* »
Dérivé de *chapoter*.
B.V. bien connu au-dessus de 20 ans.

CHARANSON, ÉCHARANSON, ÉCHARASSON, n.m.

Échelle qui n'a qu'un montant central, les barreaux étant situés de part et d'autre : « *Les charansons vont mieux que les échelles pour ramasser les cerises.* »
Emprunté au patois, du latin *charax* « échalas ».
Connu au-dessus de 40 ans, en déclin au-dessous.
Synonyme : *perroquet*.

CHARGER, v.tr.

Laisser des porteurs (en taillant la vigne) : « *Il a trop chargé sa vigne, elle ne tiendra pas le coup longtemps.* »
Régionalisme sémantique faisant partie du vocabulaire viticole.
B.V. bien connu.

CHARI, n.m.

Toile servant à transporter des grains, du foin, du fourrage : « *Le chari est tout percé, on perd du grain, je vais le remplacer.* »
Emprunté au patois où il est connu dans une grande partie de la France, ce mot est issu du grec *catharos* « propre » parce qu'il désignait le drap servant à la lessive.
Connu au-dessus de 40 ans, en déclin rapide au-dessous.

CHAROGNARD, n.m.

Marchand de viande avariée : « *Je crois bien que le boucher qui vient de s'installer est un vrai charognard.* » Bien connu.
Synonyme : *canichard* (annexe).

CHARRETTE, n.f.

1. Personne que l'on rencontre et avec laquelle on fait la causette : « *J'ai perdu tout mon temps avec cette charrette.* »
2. loc.verb. *Avoir sa charrette versée,* avoir du temps pour inviter quelqu'un à boire un verre : « *Eh ! voisin, j'ai ma charrette versée, viens donc me donner un coup de main !* »
Connu au-dessus de 20 ans.

CHARRIÈRE, CHARRÈRE, n.f.

1. Chemin à chars : « *Dans ce bois, il y a plusieurs charrières.* »
2. Rue : « *Ce matin, je l'ai aperçu dans la charrère.* »
Emprunté au patois, dérivé de *carrus* « char ».
Signalé par Robert 85 et TLF comme vieux ou régional.
Connu au-dessus de 40 ans, attesté au-dessous.

CHARROIR, CHARROI, n.m.

1. Chemin herbeux entre deux parcelles de vignes : « *Laisse le casse-croûte dans le charroir.* »
2. Petit fossé pour récupérer l'eau dans une vigne : « *Avec cette pluie, ça coule fort dans les charroirs.* » Dérivé de *char.*
B.V. usuel. H.B. peu attesté.
Le sens 1 est à rapprocher de : *chaintre 2, fourrière 2* (annexe).
Le sens 2 est à rapprocher de : *fourrière* 1 (annexe), *glacier, traversier.*

CHATILLE, n.f.

Sorte de charbon en petits morceaux utilisé par les cuisinières : « *Quand le feu sera pris, n'oublie pas de mettre un peu de chatille.* »
Peut-être dérivé de *chat*.
Connu au-dessus de 40 ans, inconnu au-dessous.

CHÂTRON, n.m.

Jeune bœuf : « *J'ai vendu mon châtron un bon prix.* »
Signalé par Robert 85 avec la mention « régional ».
H.B. usuel au-dessus de 40 ans, en déclin au-dessous.

CHAUSSONS

Voir PIEDS.

CHAVASSE, n.f.

1. Fane (de rave, de carotte) : « *Ne tire pas trop fort sur les chavasses de carottes car elles se cassent facilement.* »
2. Amas de feuilles : « *Ne laisse pas traîner cette chavasse dans la cour, mets-là dans la charrette.* »
Emprunté au patois, dérivé du latin *caput* « tête ».
Connu au-dessus de 40 ans, en déclin rapide au-dessous.

CHAVASSERIE, n.f.

Nom donné aux légumes verts qui ont des fanes, des feuilles : « *L'hiver, on se lasse de la soupe de pommes de terre. Vivement le printemps, qu'il y ait des chavasseries, pour changer un peu.* »
Emprunté au patois, dérivé de *chavasse* (voir ce mot).
B.V. peu attesté. H.B. connu au-dessus de 40 ans, en déclin rapide au-dessous.

CHEMIN À TALON

Voir TALON.

CHEMIN DE SAINT-JACQUES, loc.nom.

Voie lactée : « *Dans les nuits du mois d'août, on voit bien le chemin de Saint-Jacques.* »
Signalé par Robert 85.
Bien connu au-dessus de 60 ans, en déclin rapide au-dessous.

CHENILLE, n.f., **CHENILLON,** n.m.

Personne taquine et maligne : « *Il est difficile de faire des affaires avec cet homme-là. Ce n'est qu'une vieille chenille.* »
Connu au-dessus de 40 ans.

CHEVILLON, n.m.

Petit piquet (qui indique l'emplacement du futur plant de vigne) : « *Prends des chevillons pour mareller* la vigne.* »
Dérivé de *cheville*.
Terme technique usuel en milieu viticole, attesté ailleurs.

CHÈVRE, n.f.

Trépied sur lequel on posait le cuvier à lessive : « *Quand on faisait la buye*. on posait le buyon* sur une chèvre.* » Emploi métaphorique de *chèvre*. Connu au-dessus de 40 ans, en déclin rapide au-dessous.

CHI

Voir TCHI.

CHIAQUE, adj.

Blanc, bien frais (en parlant du fromage).
Voir *chiaquer*.
Connu.

CHIAQUÉE, n.f.

1. Averse brutale : « *On vient de prendre une chiaquée. Les cultures en avaient besoin.* »
2. Fessée, correction : « *Une bonne chiaquée, ça ne lui ferait pas de mal, à ce gamin.* »
Emprunté au patois, voir *chiaquer*.
H.B. usuel au-dessus de 40 ans, attesté au-dessous.
Le sens 1 est à rapprocher de : *brosée, radée*. Le sens 2 est à rapprocher de : *abadée* (annexe), *dorse* (annexe), *égramelée* (annexe), *petassée, ratichon, ruissée, sigrolée, tatouille, trivaste.*

CHIAQUER

1. v.tr. Lancer contre une paroi : « *Le maçon a chiaqué son mortier sur le mur.* »
2. v.intr. Claquer, tomber en faisant du bruit : « *Le matefaim a chiaqué sur la poêle.* »
D'une racine onomatopéique *klakk-* exprimant un claquement.
Bien connu.
Synonyme : 1. *diauter* (annexe).

CHIASSE, adj.

Insupportable, pénible (en parlant d'un enfant) : « *J'aimerais mieux avoir un petit frère, plutôt qu'une petite sœur, parce que les filles, c'est trop chiasse.* »
De la famille de *chier*.
B.V. peu attesté. H.B. usuel.

CHIBRELI, n.m.

1. Danse : « *Quand on danse le chibreli, on a la tête qui tourne.* »
2. Personne remuante, agitée : « *Que ce gamin est bougeon*, un vrai chibreli.* »

Emprunté au patois, de *capra* « chèvre ».
Signalé par Robert 85 avec la mention « régional, didact. (folklore) », dans le sens « Danse populaire de Bourgogne, du Nivernais ».
B.V. bien connu au-dessus de 20 ans, inconnu au-dessous. H.B. usuel au-dessus de 40 ans, en déclin rapide au-dessous.

CHICORÉE, n.f.

Pissenlit : « *Je vais chercher des chicorées pour les lapins.* »
B.V. connu. H.B. usuel au-dessus de 20 ans, bien connu au-dessous.

CHIRAT, n.m.

Tas de pierres : « *De cette maison, il ne reste plus qu'un chirat.* »
Emprunté au patois, du latin **carra* « pierre ».
B.V. bien connu au-dessus de 40 ans, inconnu au-dessous. H.B. attesté au-dessus de 20 ans, inconnu au-dessous.

CHIRONNÉ, adj.

Vermoulu : « *J'ai une poutre toute chironnée.* » Emprunté au patois, du germanique **seuro* « ciron ».
H.B. connu au-dessus de 60 ans, inconnu au-dessous.

CHOISIR, v.tr.

Préparer (les légumes) :
1. Écosser (les petits pois) : « *Quand je choisis les petits pois, je donne les cosses aux lapins.* »
2. Effiler (les haricots) : « *Les haricots sont longs à choisir, ils ont beaucoup de fils.* »
3. Trier et laver (la salade) : « *C'est toujours moi qui choisis la salade en arrivant.* »
B.V. usuel. H.B. usuel au-dessus de 40 ans, en déclin rapide au-dessous. Synonyme : 1. *dorser* (annexe).

CHOU (HUILE DE-)

Voir HUILE.

CHOUCHOTER, v.tr.

Chouchouter, choyer : « *Le tieuleu* est toujours le plus chouchoté.* » Régionalisme phonétique.
H.B. usuel au-dessus de 60 ans, en déclin rapide au-dessous.

CHOUGNER, CHOUINER, v.intr.

Grogner, pleurnicher : « *Qu'est-ce qu'il a donc à toujours chougner comme ça ?* » « *Tu vas pas chouiner pour ça !* »
Emprunté au patois, de l'onomatopée *win-*.
Usuel.
Synonymes : *gnouler, mornicher.*

CH'TIT

1. adj. Chétif, frêle : « *J'ai acheté des plançons de bégonias, mais ils sont trop ch'tits.* »
2. n.m. ou f. Petit : « *Marius a deux filles. La ch'tite lui ressemble beaucoup.* »
Usuel.

CIGOGNER, v.tr.

Secouer : « *Ne me cigogne pas tout le temps, j'en ai mal à la tête.* » « *Il a tellement cigogné cette porte que la serrure a lâché.* »
Emprunté au patois, ce verbe est dérivé du nom de la cigogne qui, dans certains parlers, désigne une bascule ou un levier, avec l'influence d'un verbe *gigogner*, synonyme de *gigotter*, largement attesté dans les dialectes. Usuel au-dessus de 40 ans, en déclin au-dessous.
À rapprocher de : *sargnoter, sargogner, groler, gueniller, sigroler 1*.

CIME, CEME, n.f.

Partie supérieure, sommet : « *Il était à la cime de l'échelle lorsqu'il est tombé.* » « *J'ai laissé mon casse-croûte à la ceme (de la vigne).* »
B.V. usuel. H.B. usuel au-dessus de 60 ans, en déclin rapide au-dessous.

CINQ SOUS (FAIRE-), loc. verb.

Donner une poignée de mains (en parlant d'un enfant) : « *Cette petite fille n'est pas sauvage, elle fait cinq sous quand on vient chez son papa et sa maman.* »
M. Gonon, dans *Le français parlé à Poncins en 1984*, explique qu'au Moyen Âge on donnait cinq sous par testament aux personnes appartenant à la famille, geste qui était perçu comme une marque d'amitié. Usuel au-dessus de 40 ans, en déclin au-dessous.

CLASSARD, n.m.

Conscrit de l'année : « *Entre classards, on se tutoie tous.* »
Dérivé du mot *classe* « catégorie de jeunes gens appelés chaque année au service militaire. »
Bien connu au-dessus de 40 ans, en déclin au-dessous.

CLAT

Voir CULAT.

COCARDE (PRENDRE LA-), loc.verb.

Accepter la cocarde offerte par les conscrits (le jour de la fête des conscrits) : « *Elle a pris la cocarde, c'est tout ce qu'elle a vu de la fête, elle était trop enrhumée pour sortir.* » B.V. usuel. H.B. bien connu au-dessus de 20 ans, inconnu au-dessous.

COCHE 1, n.f.

Haricot vert : « *Les coches sont bonnes en salade.* »
Variante de *cosse* (c'est en effet la cosse que l'on mange).
B.V. usuel.
Synonyme : *pois*.

COCHE 2, n.f.

Truie : « *La coche vient de faire dix cochons.* »
Signalé par TLF avec la mention « vieux » et par Robert 85 avec la mention « vieux ou régional ».
B.V. attesté. H.B. connu au-dessus de 60 ans, en déclin rapide au-dessous.

COCHON DE MER, loc.nom.

Cobaye : « *Mes enfants veulent un cochon de mer.* »
L'origine de cette locution tient probablement à la rareté de cet animal en Beaujolais (le cochon de mer désigne en français le marsouin).
Usuel au-dessus de 40 ans, attesté au-dessous.

COCU, n.m.

Primevère des prés : « *J'ai vu les premiers cocus, c'est le printemps.* » Emprunté au patois, du latin *cuculus* « coucou ».
Connu au-dessus de 40 ans, en déclin au-dessous.
Synonyme : *cucumelle* (annexe).

CŒUR (BAQUET À-), loc. nom.

Petit baquet en forme de cœur contenant environ 4 litres et demi, qu'on met sous la bouteille pour recueillir le vin qui s'échappe quand on met le robinet au tonneau : « *Pour le midi, va tirer le vin à la cave mais n'oublie pas de mettre le baquet à cœur sous la bouteille.* »
Ce régionalisme s'explique par la forme en cœur de ce petit baquet. B.V. usuel au-dessus de 40 ans, en déclin au-dessous.

CŒUR (DONNER AU-), loc. verb.

Provoquer un écœurement : « *Cette salle de café malpropre et surchauffée, ça vous donne au cœur dès qu'on y entre.* »
Usuel.

COIN (METTRE À-), loc.verb.

Mettre de côté : « *Il ne faut pas jeter ces livres, il faut les mettre à coin pour quand tu seras grand.* »
Usuel.

COINCHE, n.f.

Variante du jeu de belote où l'on doit annoncer son contrat : « *Le dimanche matin, après la messe, les hommes vont au café jouer à la coinche.* » Déverbal de *coincher*, forme régionale de *coincer*.
TLF et Robert 85 signalent *coincher, coinchée* avec la mention « régional ». B.V. usuel au-dessus de 20 ans, inconnu au-dessous. H.B. bien connu au-dessus de 60 ans, usuel au-dessous.

COINDURE, CONDOURE, CONDURE, n.f.

Matière grasse employée pour la cuisson des aliments : « *Je mets de la coindure pour faire des frites.* » Emprunté au patois, du latin *condire* « assaisonner ».
H.B. connu au-dessus de 60 ans, en déclin rapide au-dessous.

COLÈRE, adj.

En colère : « *Je suis colère après les petits qui m'ont cassé une vitre avec leur ballon.* »
TLF indique l'adjectif colère comme vieilli. Robert 85 l'indique aussi comme vieilli et régional.
Usuel.

COLLINE, n.f.

Vallon : « *J'ai vu passer un lièvre dans la colline, près de la rivière.* » Régionalisme sémantique emprunté au patois.
Le mot ne désigne pas, comme en français courant, une éminence du terrain, mais au contraire une dépression. B.V. attesté. H.B. usuel au-dessus de 60 ans, connu au-dessous.

COLOURE, n.f.

Couloir à lait : « *Je n'ai plus de filtres pour ma coloure.* »
Emprunté au patois, du latin *colare* « passer, filtrer ».
H.B. connu au-dessus de 40 ans, en déclin rapide au-dessous.

COMBIEN, adv.

Beaucoup, très, trop : « *Il a combien souffert avant de mourir.* » « *Son gamin a bien profité, mais il est combien gros maintenant.* » Bien connu.

COMMISSION (ÊTRE FAIT À LA-), loc.verb.

Être docile, calme, (en parlant d'un enfant) : « *Ce gamin est fait à la commission, on ne le sait * pas.* »
B.V. usuel au-dessus de 40 ans, inconnu au-dessous. H.B. bien connu au-dessus de 20 ans, attesté au-dessous.

COMPRENDRE, v.tr.

Reconnaître : « *On comprend bien sa voiture, elle mène* de* bruit.* »
H.B. usuel au-dessus de 40 ans, bien connu au-dessous.

CONFIGNON, n.m.

Cerise noire, sauvage : « *Le meilleur pour faire des clafoutis, c'est les confignons.* »
Il s'agit probablement de *cafignon* « fruit malingre », du germanique *kaf* « gousse, cosse » (voir annexe), avec l'influence de *confit.*
H.B. usuel au-dessus de 40 ans, en déclin rapide au-dessous.

CONFLE, GONFLE, adj.verb.

Ballonné, météorisé : « *Cette vache a trop mangé de foin humide ; ce soir elle va être confle.* »
Emprunté au patois, formé sur *gonfler*. Usuel au-dessus de 40 ans, en déclin rapide au-dessous.
A rapprocher de : *atteubé* (annexe), *ouille, rabondé, teube.*

CONNAISSANCE, n.f.

Vivacité d'esprit (en parlant d'un enfant) : « *Pour son âge, ce bébé a déjà bien de* connaissance.* »
B.V. connu au-dessus de 20 ans, inconnu au-dessous. H.B. bien connu.

CONNAÎTRE, v.tr.

1. S'apercevoir (de quelque chose), s'(en) rendre compte : « *Ma mère est tombée, je l'ai menée au docteur, elle avait une foulure, il y* a pas seulement connu.* »
2. Reconnaître : « *Si vous ne m'aviez pas parlé, je ne vous aurais pas connu.* »
Signalé par Robert 85 et TLF comme vieilli ou littéraire.
Usuel.

CONQUET, n.m.

Cuve souterraine en ciment de 50 à 100 hectolitres placée devant le pressoir pour recevoir le vin : « *La pressurée a bien rendu, le conquet est plein.* »
Ce mot, dérivé du latin *concha*, est probablement importé du midi.
B.V. bien connu.

CONSCRIT, -TE, n. ou adj.

1. Personne ayant 20,30,40... ans dans l'année : « *Le voisin a soixante ans, il va être conscrit cette année.* »
2. loc.verb. *Faire les conscrits*, faire la fête des classes : « *Au mois d'Avril, on va faire les conscrits.* »
3. Personne née la même année : « *Son père est mon conscrit.* »

4. Petite grappe de raisin qui vient sur une pousse tardive ou qui a été oubliée : « *Avec les conscrits, on ne fait pas de bon vin.* » Usuel.
Synonymes : *aigrets*, *chèvres* (annexe), *grèsemottes*, *grumettes* (annexe), *revenus* (annexe).

CONSENT, adj.verb.

Consentant, d'accord : « *Il m'a demandé si j'étais consent pour faire partie de leur groupe.* » H.B. bien connu au-dessus de 40 ans, attesté au-dessous.

CONSULTE, n.f.

Ordonnance du médecin : « *Pour aller chercher les médicaments, il ne faut pas que tu oublies la consulte.* » Déverbal de *consulter*. B.V. bien connu au-dessus de 40 ans, en déclin rapide au-dessous. H.B. bien connu.

CONTE (FAIRE UN-) ou (FAIRE DE-), loc.verb.

1. Bavarder, discuter : « *J'ai rencontré le Joseph et on a fait de contes pendant plus d'une heure.* »
2. Babiller (en parlant d'un enfant) : « *C'est affreux ce qu'il fait de contes pour son âge, ce gamin. Il est bien éveillé.* » Usuel au-dessus de 20 ans, bien connu au-dessous.

CONTRARIER, v.tr.

Rendre malade en entraînant une mauvaise digestion (se dit d'un repas ou d'un mets) : « *Je ne pourrai pas sortir cet après-midi, mon repas m'a contrarié.* » Usuel.

CONTRE, prép. et adv.

1. Vers, du côté de : « *Dorénavant, on va contre les beaux jours.* »
2. emploi adv. Dessus : « *Quand j'étais bonne, on me faisait plumer les canards sans les ébouillanter. Ça allait mal et j'ai souvent pleuré contre.* » TLF signale le sens 1 : « On rencontre en Suisse romande contre indiquant le moment où se déroule une action : « *Contre le soir...* » (...) et dans certaines expressions à valeur temporelle : *Aller contre* (une saison), avancer dans la saison. » B.V. attesté. H.B. bien connu au-dessus de 20 ans, attesté au-dessous.

CONTREPASSER, v.tr.

Dépasser, croiser : « *Quand je l'ai contrepassé, je l'ai entendu m'appeler, mais je ne l'avais pas reconnu.* » Signalé par TLF avec la mention « vieilli » et par Robert 85, dans le sens « croiser », avec la mention « vieux ».

B.V. connu au-dessus de 20 ans, inconnu au-dessous. H.B. usuel au-dessus de 60 ans, en déclin rapide au-dessous.

COQUATI, n.m.

1. Coquetier (marchand d'œufs et de volailles en gros) : « *Le coquati est passé ce matin, il m'a acheté tous mes poulets.* »
2. Homme aimant rester à la maison et s'occuper du ménage : « *Le coquati fait la vaisselle.* »
Variante phonétique de *coquetier* empruntée au patois.
B.V. attesté au-dessus de 20 ans, inconnu au-dessous. H.B. connu au-dessus de 60 ans, peu attesté au-dessous.

COQUELLE, n.f.

Cocotte en fonte : « *As-tu mis la coquelle sur le feu ?* »
Du latin *cucuma* « chaudron ».
Signalé par Robert 85 et par TLF avec la mention « régional (Centre, Franche-Comté, Francoprovençal) » et le sens « casserole, cocotte en fonte avec ou sans pied ». Usuel.

COQUELUCHONNER, v.tr.

Remplir : « *J'ai coqueluchonné ce plat de friandises.* »
H.B. connu au-dessus de 60 ans, en déclin rapide au-dessous.

COQUILLE, COQUILLON, n.f.

Pomme de pin : « *Le grand-père est après* ramasser des coquilles pour éclairer* le poêle.* »
Régionalisme sémantique emprunté au patois.
H.B. usuel au-dessus de 40 ans, inconnu au-dessous.
Synonymes : *beline, cocotte.*

COQUILLON (FAIRE LE-), loc.verb.

1. Faire la culbute en roulant (en parlant des enfants) : « *Regarde les enfants qui font le coquillon dans l'herbe.* »
2. Se tourner vers le sol (en parlant des grappes de raisin qui mûrissent) : « *Dans quelques jours, les raisins vont faire le coquillon.* »
De *coquille* + suffixe diminutif.
B.V. usuel pour le sens 2. H.B. attesté au-dessus de 60 ans, en déclin au-dessous pour le sens 1.
Synonymes : 1. *baroulette, cuplette, giguelette.*

CORCE, n.f.

Écorce : « *Les petites corces servent à éclairer* le feu.* »
Régionalisme phonétique venant du patois. B.V. peu attesté. H.B. usuel au-dessus de 60 ans, en déclin rapide au-dessous.

CORCER, v.tr.

Écorcer : « *Le garçon est après* corcer les douglas qu'il a abattus ce matin.* »
Emprunté au patois, dérivé de *corce*. B.V. connu au-dessus de 20 ans, inconnu au-dessous. H.B. usuel au-dessus de 60 ans, en déclin rapide au-dessous.

CORCEUSE, n.f.

Écorceuse (mécanique) : « *Il faudra porter la corceuse à Cublize, elle ne marche plus.* »
Formé sur *corce*.
B.V. attesté au-dessus de 20 ans, inconnu au-dessous. H.B. connu au-dessus de 60 ans, en déclin rapide au-dessous.

ÇORÇOU, n.m.

Écorçoir : « *Autrefois, on passait du temps à corcer* au corçou. Maintenant, avec la corceuse*, ça va vite.* » Emprunté au patois, dérivé de *corce*. B.V. peu attesté. H.B. bien connu au-dessus de 60 ans, en déclin rapide au-dessous.

CORDER, n.m.

Collier en osier tressé (pour porter la *benne** avec le *brevier**) : « *On enfile le brevier* dans deux cordets auxquels la benne* est suspendue.* »
Emprunté au patois où ce mot, dérivé du latin *chorda* « corde », désigne aussi les anneaux du joug.
B.V. bien connu au-dessus de 20 ans.

CORÉE, n.f.

Abats (principalement poumon, cœur, foie, accommodés avec de la sauce au vin) : « *Nos vendangeurs ont bien aimé la corée.* »
Terme collectif emprunté au patois où il désigne les viscères (du latin populaire *coratum* « viscères »).
B.V. connu. H.B. bien connu au-dessus de 60 ans, inconnu au-dessous.

CORGNOLE, n.f.

Gosier, gorge : « *Aujourd'hui, j'ai mal à la corgnole, je dois couver une angine.* »
Emprunté au patois, de l'adjectif latin *corneolus* « cartilagineux ».
B.V. usuel, mais employé surtout dans le langage familier. H.B. bien connu au-dessus de 40 ans, en déclin rapide au-dessous.
Synonymes : *corgnolon, golaillon* (annexe).

CORGNOLON, CORGNOULON, CROGNOLON, n.m.

1. Gosier, gorge des animaux ou des hommes : « *Il se râcle le corgnolon avant de chanter.* »
2. Petit bébé grognon : « *C'est un vrai corgnolon, il n'arrête pas de gnouler*. »
Emprunté au patois, dérivé de *corgnole*. Connu au-dessus de 60 ans, en déclin rapide au-dessous. Synonymes : *corgnole, golaillon* (annexe).

CORNE, n.f.

1. Branche de ramification du cep de la vigne : « *Quand on taille la vigne, il ne faut pas laisser plus de trois ou quatre cornes.* »
2. Poignée de la *benne** :
« *Quand la benne est pleine, il faut la tenir fermement par les cornes avant de la soulever, autrement elle a tendance à verser.* »
B.V. usuel.
Synonyme : *cornière* (annexe).

CORNER, v.intr.

Klaxonner : « *Pour arriver à la maison, la route est étroite et tout en tournants, n'oublie pas de corner à chaque tournant.* »
Signalé par Robert 85 et TLF avec la mention « vieilli ».
Usuel au-dessus de 40 ans, en déclin rapide au-dessous.

CORNET, n.m.

Tuyau (en parlant du poêle) :
« *Il faut faire ramoner ses cornets comme on fait ramoner sa cheminée.* »
Dérivé de *corne* (*en forme de corne*). Usuel au-dessus de 20 ans, inconnu au-dessous.

CÔTÉ, n.m.

Dans les loc.adv. :
1. *De suite à côté*, presque, à peu près : « *S'il n'est pas un honnête homme, c'est de suite à côté.* »
2. *Par côté*, de côté : « *Vous pouvez venir chercher votre paquet quand vous voudrez, je l'ai mis par côté.* » 1. Connu au-dessus de 20 ans, inconnu au-dessous. 2. B.V. bien connu au-dessus de 40 ans, en déclin rapide au-dessous.

COTER, ÉCOTER, v.tr.

Couper les branches (d'un arbre) : « *Cet arbre a pris la maladie, on pourrait essayer de le coter pour le faire repartir.* »
« *Quand on a coupé l'arbre, il faut l'écoter.* »
Emprunté au patois, du germanique **skot* « tronc d'arbre ».
Bien connu au-dessus de 40 ans, en déclin rapide au-dessous.
Synonyme : *écoffier* (annexe).

COTILLON, n.m.

Jupon : « *Elle est venue à la fête avec une belle robe et son beau cotillon.* » Signalé par TLF avec la mention « vieilli » et par Robert 85 avec la mention « vieux ».
Usuel au-dessus de 20 ans, connu au-dessous.

COTIVET, n.m.

Nuque, cou : « *Le taureau a un de ces cotivets !* »
Emprunté au patois, du grec *kotte* « tête, nuque ».
B.V. connu au-dessus de 60 ans, en déclin rapide au-dessous.
H.B. attesté au-dessus de 60 ans, inconnu au-dessous.

COUARNER, v.intr.

Grincer : « *Mets de la graisse à la porte, elle n'arrête pas de couarner.* » Variante de *corner* « faire du bruit ». B.V. usuel. H.B. attesté au-dessus de 20 ans, inconnu au-dessous.

COUATI, COUETI, n.m.

Coffin : « *Chaque faucheur avait autrefois son couati attaché à la ceinture.* » Emprunté au patois, dérivé du latin *cauda* « queue ».
B.V. usuel au-dessus de 40 ans, en déclin rapide au-dessous.
Synonymes : *botte* 1 (annexe), *partuselle* (annexe).

COUENNE (FAIRE SA-), loc. verb.

Faire son câlin, son enjôleur : « *Ce gamin n'arrête pas de faire sa couenne. Il a quelque chose à se reprocher.* » Emprunté au patois, du latin populaire **cutina* « peau ». Connu au-dessus de 60 ans, attesté au-dessous.

COULOIR, n.m.

1. Grande pelle à petit manche pour ramasser les grains : « *N'oublie pas de prendre le couloir pour apporter des grains.* »
2. Pelle à poussière : « *Je viens de balayer, mais j'ai perdu le couloir, je ne peux ramasser le tas de poussière.* »
3. Glissière en planches pour faire tomber les raisins dans le pressoir : « *Va doucement, les raisins sont bourrés dans le couloir.* »
Usuel au-dessus de 60 ans, en déclin rapide au-dessous.

COUNAILLER (SE), v.pron.

Se frotter en cherchant les caresses : « *Ce chat ! Toujours à venir se counailler.* »
Peut-être formé sur *connil* « lapin ». B.V. connu.

COUP, n.m.

1. Fois : « *J'ai été trois coups chez le dentiste.* »

2. Dans l'expression *il faut que ça fasse son coup*, il faut que ça dure un certain temps : « *Quand on est enrhumé, quoi que l'on prenne, il faut que ça fasse son coup.* »
3. loc.adv. *Tout par un coup*, tout d'un coup : « *Tout par un coup, il s'est mis à tonner, on s'est dépêché à rentrer la récolte.* »
B.V. bien connu. H.B. usuel au-dessus de 40 ans, en déclin rapide au-dessous.

COUPÉE, n.f.

Ancienne mesure de surface pour les terres (correspondant à ce que l'on peut ensemencer avec une mesure de grains appelée coupe) : « *Vers Mâcon, j'ai acheté une coupée, elle vaut, m'a-t-on dit 7 ares 25 ca, c'est pas très grand mais ça me permettra d'ensemencer une coupe de grains.* »
En Beaujolais cette mesure s'applique surtout aux terrains plantés en vigne et a des dimensions variées.
B.V. usuel au-dessus de 40 ans, en déclin au-dessous. H.B. attesté au-dessus de 20 ans, inconnu au-dessous.

COUPON, n.m.

1. Récipient servant de mesure pour donner du grain aux volailles : « *J'ai donné deux coupons de blé aux volailles.* »
2. Biberon du veau : « *J'ai préparé le coupon du veau, tu lui donneras.* » Emprunté au patois, du latin *cuppa* « vase, récipient ».
B.V. peu attesté. H.B. usuel au-dessus de 40 ans, en déclin rapide au-dessous.

COURATE, n.f.

1. Personne qui ne reste pas en place : « *Celle-là, elle arrête pas, c'est une courate.* »
2. Femme peu sérieuse : « *Sa femme est une vraie courate.* »
3. Ouvrier qui bâcle son travail : « *Ce morceau de mur, ça a été fait par une courate.* »
4. loc.verb. *Avoir la courate*, avoir envie de bouger sans cesse, de voyager souvent : « *Elle est jamais chez elle, elle a la courate.* »
Dérivé péjoratif et fréquentatif de *courir*.
Usuel au-dessus de 20 ans, inconnu au-dessous.
Synonyme : 1. *couratière*. Le sens 3 est à rapprocher de : *barraque, gabouillard, ganache, gavagne, gaveux, goujat, sabraque.*

COURATER, v.intr.

1. Être toujours en route : « *Il est toujours après* courater.* »
2. Avoir de nombreuses aventures sentimentales,

s'amuser : « *Elle a fini par se marier après avoir bien couraté dans sa jeunesse.* »
Usuel au-dessus de 20 ans, inconnu au-dessous.

COURATIER

1. n.m. Jeune porc de 50 kilos : « *Cet après-midi, il ne faudra pas oublier d'ouvrir la porte du couratier pour qu'il aille manger.* »
2. n.m. ou f. *Couratier, couratière,* personne peu sérieuse : « *Des couratiers comme ça ne devraient jamais se marier.* »
Emprunté au patois, dérivé du verbe *courir.*
B.V. 1. attesté au-dessus de 40 ans, inconnu au-dessous. 2. usuel. H.B. usuel au-dessus de 60 ans, en déclin rapide au-dessous.
Synonyme : 2. *Courate* 2.

COURSE (DE-), loc.adv.

Rapidement : « *J'ai été surpris, la pluie est arrivée de course.* »
Emprunté au patois où cette locution est très vivante.
B.V. bien connu au-dessus de 40 ans, attesté au-dessous. H.B. peu attesté au-dessus de 40 ans.

COURSIÈRE, n.f.

Raccourci : « *Je prends toujours la coursière, ça me gagne un bon kilomètre.* »
Emprunté au patois, dérivé de *course.* Usuel au-dessus de 20 ans.

COUTEAU, n.m.

Rayon de miel : « *J'ai vérifié les couteaux de la ruche. On pourra bientôt les prendre.* »
Régionalisme sémantique emprunté au patois.
B.V. connu au-dessus de 60 ans, en déclin rapide au-dessous.
H.B. usuel au-dessus de 40 ans, attesté au-dessous.

COUTRIRE, n.f.

Ancienne charrue : « *Autrefois, on labourait à la coutrire, c'était mieux que l'araire.* »
Emprunté au patois, formé sur *coutre.* Connu au-dessus de 60 ans, en déclin rapide au-dessous.

COUVERTE, n.f.

Couverture : « *Il fait froid. Il va falloir sortir les couvertes de l'armoire.* » Emprunté au patois, du latin *cooperire* « couvrir ».
Bien connu au-dessus de 20 ans, attesté au-dessous.

CRÂ (À LA-), loc.adj.

Sale et en mauvais état (en parlant d'un terrain ou d'une maison) : « *Il ne travaille plus*

guère, ses terres sont toutes à la crâ. »
Emprunté au patois, du germanique *crasen* « écraser ». B.V. bien connu au-dessus de 40 ans, en déclin rapide au-dessous. H.B. connu au-dessus de 60 ans, en déclin rapide au-dessous.

CRAILLÉE, n.f.

Cassure des fils au cours du tissage. Voir *crailler*. H.B. usuel. Synonyme : *écrasée*.

CRAILLER, v.tr.

1. Écraser : « *Il s'amuse à crailler les escargots.* »
2. Déchirer : « *Il a craillé sa culotte dans les ronces.* »
Emprunté au patois, du latin *craticula* « petite grille ».
B.V. peu attesté. H.B. usuel.

CRAMIOT, n.m.

Crachat épais : « *Il est toujours après* cracher ; ces cramiots, c'est pas appétissant et c'est pas bon signe.* » Emprunté au patois, probablement dérivé de *crama* « crème, écume ». B.V. usuel. H.B. bien connu au-dessus de 60 ans, connu au-dessous. Synonyme : *penaillon*.

CRAMIOTTER, v.intr.

Cracher : « *Ce vieux n'arrête pas de cramiotter.* »
Dérivé de *cramiot*.
Bien connu.
Synonyme : *grailler* (annexe).

CRAPAUD-SABOTIER, n.m.

Gros crapaud qu'on trouve dans les champs : « *La pluie a fait sortir les crapauds-sabotiers.* »
Sabotier est peut-être né d'une confusion avec *bot* mot, qui, en patois, désigne le crapaud (du germanique **butt* « émoussé, arrondi »).
B.V. connu.

CRAPOTONS (À-), CROPETONS (À-), loc.adv.

À quatre pattes, accroupi : « *Il marche encore à crapotons.* »
Variante du français *à croupetons* (dérivé du germanique **kruppa* « croupe »).
B.V. bien connu au-dessus de 20 ans. H.B. usuel au-dessus de 60 ans, en déclin au-dessous.
Synonymes : *à boson, à cacaboson, à cacasson, à grapetons, à grobessons.*

CRASSE, n.f.

Dépôt à la surface du beurre fondu ou de la confiture : « *Autrefois, on mangeait des tartines de crasse de beurre, c'était délicieux.* » « *Je vais faire un gâteau avec la crasse de la confiture.* » Usuel au-dessus de 20 ans, connu au-dessous.

CRÊT, n.m.

Sommet, hauteur, mont : « *Il est parti chercher des champignons là-haut, sur le crêt.* »
Emprunté au patois, ce mot masculin vient du latin *crista* « crête ». Fréquemment employé en toponymie, ce mot est signalé par TLF avec la mention « régional (Suisse, Savoie, Jura) ». Usuel au-dessus de 20 ans, connu au-dessous.

CRETU, n.m. ou adj.

Personne un peu querelleuse mais vive et espiègle : « *Quand ce petit cretu est là, on s'amuse bien.* »
Formé sur *crête* (« qui hérisse sa crête »).
B.V. connu.

CREUSE, n.f.

Fond du thalweg : « *On ne plantera pas de la vigne dans la creuse.* » Emprunté au patois. c'est le féminin de *creux*.
B.V. connu. H.B. attesté au-dessus de 40 ans, inconnu au-dessous.

CREUSSET, n.m.

Petit enfant ou dernier né d'une famille : « *Tiens, voilà le creusset, sa mère ne doit pas être bien loin.* » Emprunté au patois, dérivé du latin *crescere* « croître ».
H.B. usuel au-dessus de 40 ans, en déclin rapide au-dessous.

CREUTON, n.m.

Trou d'eau dans un pré : « *On va mettre les vaches dans ce pré, il y a un creuton, elles pourront boire.* » Emprunté au patois, de *crypta* « allée couverte, grotte ». H.B. connu au-dessus de 60 ans, en déclin rapide au-dessous.

CREVER, v.intr.

S'éteindre (en parlant du feu) : « *Attention, le feu va crever.* »
Usuel.

CREVOGNON, n.m.

Personne souffreteuse : « *Cet enfant là est un crevognon.* »
Formé sur *crevogner* (annexe), (dérivé de *crever*).
B.V. connu. H.B. attesté au-dessus de 40 ans.

CRIER, v.tr.

Appeler : « *Je vais monter tant* qu'au fond de sa cour pour la crier.* » Régionalisme emprunté au patois. Bien connu au-dessus de 60 ans, en déclin rapide au-dessous.

CRINCIR, v.tr.

Brûler légèrement, roussir : « *Il a crinci la nappe avec son mégot.* » Au participe passé employé comme substantif : « *Ça sent le crinci* ». Emprunté au patois, étymologie obscure, peut-être du gaulois *crienta* « balle (d'avoine) » selon P. Gardette.
B.V. connu au-dessus de 40 ans, en déclin au-dessous. H.B. usuel au-dessus de 60 ans, en déclin rapide au-dessous.

CRIQUET, n.m.

Cliquet : « *Maintenant que les billes du char sont en fer, il faut un criquet pour les maintenir.* »
Régionalisme phonétique.
B.V. usuel.

CROPETONS (À-)

Voir CRAPOTONS (À-).

CROTTELLE, n.f.

Petite crotte : « *Il y a plein de crottelles de lapin dans la vigne.* »
Dérivé de *crotte*.
B.V. connu. H.B. attesté au-dessus de 40 ans, inconnu au-dessous.

CROÛTON, n.m.

Garçon qui sera conscrit l'année suivante : « *Cette année les croûtons seront plus nombreux que les conscrits.* »
Ce mot provient de l'usage qui imposait aux conscrits de porter un pain à ceux qui seront conscrits l'année suivante.
B.V. connu au-dessus de 20 ans.

CROÛTONNIER, adj.

Qui sera conscrit l'année suivante : « *Mon frère est croûtonnier cette année.* »
Dérivé de *croûton*.
B.V. connu au-dessus de 20 ans.

CRUCHES, n.f.pl.

Déchets (noyaux, épluchures...) : « *Débarrassez-vous de vos cruches dans ce bol.* »
Emprunté au patois, d'un mot préroman **crusca* « son ».
B.V. bien connu au-dessus de 40 ans, connu au-dessous.

CRUSON, n.m.

Tas de 12 ou 15 gerbes (disposées en croix, dans les champs) : « *Pendant la moisson, on liait les gerbes et on les mettait en crusons, les épis au centre.* »
Emprunté au patois, du latin *crux* « croix ».
B.V. connu au-dessus de 40 ans, inconnu au-dessous. H.B. bien

connu au-dessus de 60 ans, en déclin rapide au-dessous.

CRUZU, CRÉZU, CRUZIER, n.m.

Lampe à huile : « *Autrefois on se *servait de cruzus pour s'éclairer dans l'étable.* »
Emprunté au patois, du latin **croceolus* « lampe ».
Connu au-dessus de 20 ans, inconnu au-dessous.
Synonyme : *chelu* (annexe).

CUCHON, n.m.

Tas, amoncellement : « *Autrefois, on faisait des cuchons de foin.* » « *Il a posé ses vêtements tout en cuchon.* »
Emprunté au patois, du gaulois **kukka* « sommet ».
B.V. usuel au-dessus de 20 ans.
H.B. usuel au-dessus de 60 ans, en déclin rapide au-dessous.
Synonyme : *casson*.

CUEUILLER, n.m.

Cuillère : « *Passe-moi un cueuiller, tu as oublié de m'en mettre un.* »
Régionalisme phonétique et grammatical.
B.V. attesté au-dessus de 40 ans, inconnu au-dessous. H.B. bien connu.

CUEUILLÈRE, n.f.

Cuillère : « *Tu ne sais pas manger convenablement, depuis le temps qu'on te dit de tenir ta cueuillère comme il faut.* »
Régionalisme phonétique.
Usuel au-dessus de 20 ans.

CUIT, adj.

Dans l'expression *ne pas être bien cuit*, être simplet : « *Tu ne vois pas que tu fais une bêtise ? Ce n'est pas possible, tu n'es pas bien cuit.* »
Usuel au-dessus de 20 ans, inconnu au-dessous.

CUITE n.f.

Dans les loc.verb. :
1. *Prendre cuite de*, avoir besoin, envie de : « *Quand il a pris cuite de manger, il faut pas tarder à le servir.* »
2. *Avoir la cuite*, avoir envie d'uriner : « *Il a la cuite depuis un quart d'heure.* »
3. *Faire la cuite*, uriner : « *Il faut qu'il aille faire la cuite.* »
Cuite est emprunté au patois et vient du latin **coctare* « presser ».
H.B. connu au-dessus de 60 ans, en déclin au-dessous.

CUL, n.m.

1. loc.verb. *Lever le cul*, disparaître, aller s'amuser, aller au bal : « *Quand il a compris qu'on lui demandait de l'argent, il a levé le cul et on ne l'a plus revu.* » « *Les jeunes ont levé le cul, vous ne les reverrez pas avant dimanche.* »
2. loc.nom. *Tire à cul*, tire au flanc : « *Elle est mariée à un tire à cul, elle s'en voit, il faut qu'elle fasse tout.* » Usuel au-dessus de 60 ans, en déclin rapide au-dessous.

CUL D'AIL, loc.nom.

Imbécile : « *Oh ! sacré cul d'ail, tu n'en feras pas d'autres !* » Connu au-dessus de 20 ans, inconnu au-dessous.

CUL DE LUNE, loc.nom.

Dernier quartier de la lune : « *On dit qu'il faut toujours que les pommes de terre soient plantées au cul de lune.* » B.V. bien connu. H.B. connu au-dessus de 60 ans, en déclin rapide au-dessous.

CULAT, BAS-CULAT, CLAT, n.m.

Dernier-né ou le plus chétif (de la nichée ou de la famille) : « *Pour un petit culat, il ne se laisse pas battre par les autres.* » « *C'est le bas-culat de la nichée, il grandira comme les autres.* » Emprunté au patois, dérivé de *culus* « cul ».

B.V. connu au-dessus de 40 ans. Synonymes : *bartieulon, tieuleu.*

CULOTTE, n.f.

Jeu de marelle : « *Autrefois, on jouait bien à la culotte ou à l'avion*.* » H.B. bien connu au-dessus de 60 ans, en déclin rapide au-dessous.

CUL-PLAT (À), loc.adv.

Assis sur le derrière : « *J'ai glissé et je me suis trouvé à cul-plat.* » B.V. connu au-dessus de 40 ans. H.B. bien connu au-dessus de 40 ans, en déclin rapide au-dessous.

CUPLETTE, n.f.

Culbute : « *Les enfants ont passé leur temps à faire la cuplette dans le pré.* » Emprunté au patois, formé avec *cul* et une désinence qu'on retrouve dans de nombreux mots désignant la *culbute* (à Lyon : la *combeletta*). Connu au-dessus de 40 ans, en déclin rapide au-dessous. Synonymes : *baroulette, coquillon, giguelette.*

DAILLE, DÔILLE, n.f.

Faux : « *Avec une serpe, tu vas mettre cent sept ans pour couper cette herbe : prends la dôille, ça ira mieux.* »
C'est le nom de la faux dans une grande partie du domaine gallo-roman (du latin **daculu*, -a « faux »). Signalé par Robert 85 et par TLF (*dail*) avec la mention « régional ». Usuel au-dessus de 60 ans en milieu agricole, en déclin rapide au-dessous.

DAILLON, n.m.

Doigtier en cuir pouvant s'attacher au poignet : « *Je lui ai mis un pansement au doigt avec un daillon pour le protéger.* »
Du latin *digitale* « doigtier ».
B.V. connu au-dessus de 40 ans, en déclin au-dessous. H.B. peu attesté au-dessus de 40 ans.

DÂLER, v.intr.

Prendre la mouche, en parlant des vaches : « *Il va faire de l'orage, les vaches dâlent.* »
Emprunté au patois, peut-être de la même famille que *daille* « faux ».
H.B. usuel au-dessus de 40 ans, attesté au-dessous.

DAME, n.f.

Dans les locutions :
1. *Pressoir à dame*, pressoir fonctionnant avec un treuil en bois : « *Y a plus de pressoir à dame maintenant.* »
2. *Raisin de dame*, raisin dont le grain est fort petit : « *Le raisin de dame est très sucré et très doux.* »
3. *Se placer à dame*, se mettre à distance : « *Je ne la vois plus guère, elle est allée se placer à dame.* »
Le sens 1 est en voie de disparition comme l'objet qu'il désigne. Le sens 2 est lié à la qualité sucrée du « vin de dame » tiré de ce raisin. Le sens 3 est sans doute à rapprocher de l'expression française *aller à dame* utilisée dans le jeu de dames.

B.V. Connu au-dessus de 40 ans (pour 1 et 2), en déclin au-dessous.

DAMERETTE, DAMOCHE, DAMIOCHE, n.f.

Femme simple qui se prend pour une grande dame : « *Elle s'en croit, ce n'est qu'une damerette.* »
Dérivé péjoratif de dame.
B.V. attesté au-dessus de 40 ans. Ce mot paraît plus lyonnais que beaujolais. H.B. connu au-dessus de 60 ans, en déclin rapide au-dessous.

DARBON, n.m.

Taupe, rat ou courtilière : « *Les darbons ont envahi le jardin. Il faudra mettre des pièges.* »
Emprunté au patois, du gaulois **darbo* « taupe ».
Usuel au-dessus de 60 ans, en déclin rapide au-dessous.

DAUBE, n.f.

Nourriture de mauvaise qualité : « *Les autrefois* on vendait des produits de bonne qualité ; maintenant ce n'est plus que de la daube.* »
Usuel.

DAUBER, v.intr.

Tourner, se gâter (en parlant d'une nourriture) : « *Le congélateur est tombé en panne, tout a daubé dedans.* »
H.B. usuel.

DE, article partitif ou indéfini.

Du, de la, des : « *Je vais chercher de pain au bourg.* » « *Reprends donc de salade.* » « *On mange de treuffes* quasi* toute la semaine.* »
Régionalisme grammatical emprunté au patois. *De* est partitif au singulier, partitif ou indéfini au pluriel.
B.V.connu au-dessus de 60 ans, en déclin rapide au-dessous.
H.B. bien connu.

DÉ, n.m.

Moût entassé sur le pressoir (on donne à cet amas la forme d'une pyramide quadrangulaire tronquée) : « *Les autrefois*, au sommet des pressoirs on faisait des dés.* »
Régionalisme sémantique dû à la forme quadrangulaire de cet amas. B.V.connu au-dessus de 40 ans en déclin au-dessous.

DÉBACANER

Voir DÉCABANER
B.V. connu. H.B. bien connu au-dessus de 60 ans, peu attesté au-dessous.

DÉBARMER

1. v.tr. Élaguer les haies : « *Il a débarmé le tour des prés toute la journée.* »
2. v.intr. Dépasser les limites, déborder : « *En labourant, mon père a débarmé dans le champ du voisin.* » Emprunté au patois, du gaulois *balma* « grotte ».
H.B. connu au-dessus de 60 ans, en déclin rapide au-dessous.

DÉBAROULER, v.intr.

Tomber en roulant : « *J'ai débaroulé dans les escaliers.* » Signalé avec la mention « régional » par Robert 85. Usuel.
Synonyme : *barouler*.

DÉBARRASSER, v.tr.

Livrer (un animal mort de maladie) à l'équarissage : « *Ils n'ont pas de chance, les G. Ils ont encore débarrassé une vache. C'est la deuxième en 18 mois.* » Bien connu.

DÉBOGER, v.tr.

1. Vider (le contenu d'un sac) : « *Le fermier déboge son grain.* »
2. Vêler : « *La vache a débogé cette nuit.* »
3. Débrailler (en parlant de vêtements) : « *Ta chemise dépasse, tu es tout débogé.* » Emprunté au patois, du gaulois *bulga* « sac de cuir ». B.V. peu attesté. H.B. usuel au-dessus de 20 ans, inconnu au-dessous.

DÉBORDÉ, adj.

Exagéré (en parlant d'un prix...) : « *J'ai acheté cette robe au marché. Elle n'était pas donnée, mais j'ai trouvé que c'était pas débordé.* » B.V. connu au-dessus de 20 ans, inconnu au-dessous. H.B. connu au-dessus de 60 ans, en déclin au-dessous.

DÉBUTTER, v.intr.

Enlever la terre autour du pied de vigne : « *C'est le printemps, on va débutter.* »
Formé sur le verbe *butter*. Larousse 1928 indique le substantif *débuttage* synonyme de *déchaussement*.
B.V. usuel. H.B. connu au-dessus de 60 ans, en déclin rapide au-dessous.

DÉCABANER

1. v.tr. Déloger : « *Attends voir, on va bien décabaner cet animal de son trou.* »
2. v.intr. Partir : « *Quand il a vu son père, il a décabané sans attendre.* » Formé sur *cabane*.
B.V. bien connu. H.B. usuel au-dessus de 40 ans, en déclin rapide au-dessous. Synonyme : *débacaner*.

DÉCAMOTTER

1. v.tr. Désagréger, démêler : « *J'ai passé toute mon après-midi à décamotter la laine de ce matelas.* »
2. emploi pron. Se désagréger, se dissoudre : « *Il y a un mois que je traîne ce rhume, maintenant ça se décamotte.* »
Emprunté au patois, du latin *squama* « écaille ».
B.V. bien connu au-dessus de 40 ans, en déclin rapide au-dessous. H.B. connu au-dessus de 60 ans, inconnu au-dessous.
Synonyme : *camotter.*

DÉCAQUOILLER, v.tr.

Écaler, enlever la coquille d'un œuf, d'une noix... : « *Décaquoille l'œuf du gamin, parce que s'il le fait lui-même, il va manger de la coquille.* » Emprunté au patois, du latin *cuscolium* « coquille ».
B.V. peu attesté. H.B. usuel au-dessus de 60 ans, en déclin au-dessous.

DÉCESSER, v.tr.

Cesser : « *Depuis qu'ils sont entrés, ils ne décessent pas de se chamailler.* » Relevé par Robert 85 avec la mention « Vieux ou littér. (d'abord fam.) ».
Connu au-dessus de 40 ans.

DÉCIZE, n.f.

Pente, écoulement : « *Nos rases* n'ont pas assez de décize.* »
Emprunté au patois, du latin *descensa* (participe passé du verbe *descendere*). Signalé par Robert 85 et TLF avec la mention « régional » et des exemples lyonnais.
B.V. connu au-dessus de 40 ans, en déclin au-dessous.

DÉCOCONNER, v.intr.

Déraisonner : « *On ne peut pas raisonner avec lui, il n'arrête pas de décoconner.* »
Probablement fréquentatif de *déconner*. Bien connu au-dessus de 60 ans, en déclin rapide au-dessous.

DÉCOMPASSER, v.tr.

Dépasser, passer par dessus : « *En dâtant*, les vaches ont décompassé la barricade*.* »
Signalé par TLF dans le sens « croiser, outrepasser » avec la mention « vieilli ».
H.B. bien connu au-dessus de 60 ans, en déclin rapide au-dessous.

DÉCRASSOIR, n.m.

Serviette de toilette : « *Ne te lave pas tout le temps avec le même coin du décrassoir.* »

Bien connu au-dessus de 60 ans, en déclin au-dessous.

DÉDITE, n.f.

Congé d'un logement : « *Quand on laisse son logement, il faut donner sa dédite trois mois d'avance.* » Régionalisme grammatical. Usuel.

DÉFIGURER, v.tr.

Dévisager : « *Je ne sais pas ce que ce type a à me défigurer comme ça.* » B.V. connu. H.B. usuel.

DÉFUNTER, v.intr.

1. Mourir : « *Son père a défunté depuis longtemps.* »
2. Devenir hors d'usage : « *Cette année, j'ai plusieurs tonneaux qui ont défunté.* »
Ce dérivé de *défunt* est signalé dans le sens 1 par Robert 85 et TLF avec la mention « familier et régional ». B.V. connu, surtout dans le sens 1. H.B. bien connu au-dessus de 20 ans, inconnu au-dessous.

DÉGÂILLER, v.tr.

Imiter, singer : « *Il passe son temps à dégâiller son frère et ça l'énerve.* »
Emprunté au patois, origine obscure, peut-être du germanique **dwaligôn* « tromper ».
H.B. connu au-dessus de 60 ans, en déclin rapide au-dessous.

DÉGOLAILLÉ, adj.

Qui a des vêtements exagérément ouverts sur la gorge : « *Sortir par ce froid, tout dégolaillé par-dessus le marché ! Tu as envie d'attraper du mal !* »
De la famille de *golaillon* « gosier » (annexe).
B.V. attesté. H.B. bien connu au-dessus de 60 ans, en déclin rapide au-dessous.

DÉGOGNANCHER

1. v.tr. Démolir, abîmer : « *Il a dégognanché sa voiture.* »
2. part.passé en emploi adjectival. Mal bâti, boiteux : « *Ce bonhomme est tout dégognanché.* »
Emprunté au patois, de la racine *gon-* « cochon ».
B.V. attesté au-dessus de 20 ans, inconnu au-dessous. H.B. connu au-dessus de 60 ans, en déclin au-dessous.

DÉGRAILLER, v.tr.

Enlever le tartre qui se dépose sur les parois des fûts : « *Demain, on ira dégrailler les feuillettes*.* »
Emprunté au patois, dérivé du mot *graya* qui désigne le tartre (du latin *creta* « craie »).
B.V. usuel.

DÉGRANMELER, v.tr.

Enlever le chiendent : « *Il va falloir dégranmeler cette terre.* » Emprunté au patois, de *gromelle, granmeleu* (voir ces mots). Connu au-dessus de 20 ans, inconnu au-dessous. Synonyme : *égrameler*.

DÉGRANMELEUSE, n.f.

Extirpateur : « *Je vais passer un coup de dégranmeleuse dans ce champ.* » B.V. attesté. H.B. connu au-dessus de 40 ans, en déclin rapide au-dessous. Synonymes : *gribolon, griffon*.

DÉGRAVER, v.intr.

Dégager le pied du cep à la pioche : « *Toutes les feuilles sont tombées, on pourra dégraver.* » B.V. usuel.

DÉGRENER, v.tr.

Désamorçer (une pompe) : « *La pompe est dégrenée, il y a longtemps qu'elle n'a pas servi.* » C'est le contraire de *engrener* « amorcer » (étymologiquement « mettre en grain »). B.V. usuel au-dessus de 40 ans, en déclin rapide au-dessous. H.B. connu au-dessus de 20 ans. Synonyme : *désengrener*.

DÉGRENÉS (POIS -), n.m.pl.

Petits pois : « *Les pois dégrenés sont longs à choisir*, mais c'est ceux que je préfère.* » Ce sont les pois que l'on « dégraine ». Usuel au-dessus de 40 ans, en déclin rapide au-dessous.

DÉGRUMER

1. v.tr. Égrener (les raisins) : « *On peut faire un gâteau avec ces raisins, mais il faut les dégrumer avant.* »
2. emploi pron. S'égrener (en parlant des raisins) : « *A la cave, j'ai mis les raisins sécher, mais il ne faut pas les laisser trop longtemps parce qu'en se desséchant, ils se dégrument.* » Dérivé de *grume* (voir ce mot).

B.V. connu au-dessus de 20 ans. H.B. attesté au-dessus de 40 ans, inconnu au-dessous.

DÉGUILLER

1. v.tr. Découvrir, trouver : « *Où est-ce que tu as déguillé ces chaussures ?* »
2. v.intr. Tirer au sort (en posant alternativement un pied devant l'autre) : « *Il faut d'abord déguiller pour savoir qui va commencer.* »
3. v.impers. Tomber une grosse pluie : « *Qu'est-ce qu'il a déguillé aujourd'hui !* »

Emprunté au patois, dérivé de *quille* (jeu où l'on fait tomber des quilles en bois).

Connu au-dessus de 60 ans, peu attesté au-dessous.
Synonymes : 1. *démariner* (annexe). 2. *piéder*.

DÉHORS, adv.

Dehors : « *J'ai oublié de prendre mes clés et maintenant je me trouve fermé déhors.* »
Régionalisme phonétique.
Bien connu au-dessus de 20 ans, connu au-dessous.

DÉJEUNER, v.intr.

Prendre le repas du matin : « *L'été on déjeune de bonne heure, avant que la chaleur vienne.* »
Relevé par TLF en ce sens avec la mention « Vx, region ».
Usuel

DÉLADER, v.tr.

Changer de côté : « *Prenez donc votre place habituelle, sinon, ça va vous délader.* »
Emprunté au patois où le verbe *délado* (du latin *latus* « côté ») signifie « changer une bête de côté, sous le joug ».
H.B. connu au-dessus de 60 ans, en déclin rapide au-dessous.

DÉMANGONÉ, adj.

1. Démanché : « *Le râteau a son manche tout démangoné.* »
2. Démis : « *Mon genou est tout démangoné.* »
Emprunté au patois, du grec *manganon* « mauvais tour » (avec l'influence du mot patois *mango* « manche »). B.V. bien connu. H.B. connu au-dessus de 40 ans, en déclin rapide au-dessous.

DÉMANGONER (SE), v.pron.

Se démettre, se fouler (un membre ou une articulation) : « *J'ai glissé sur le verglas et je me suis démangoné un genou.* »
Bien connu.

DÉMARIER (SE), v.pron.

Divorcer, se séparer : « *Il paraît que les voisins se sont démariés.* »
Signalé par Robert 85 avec la mention « vieux » et par TLF avec la mention « vieilli ».
H.B. bien connu au-dessus de 20 ans, inconnu au-dessous.

DEMI-HEURE (DANS - OU POUR -)

On note l'absence de l'article indéfini après les prépositions dans, pour : « *Il viendra dans demi-heure.* » « *J'en ai pour demi-heure* ».
Signalé par TLF avec la mention « vieilli ». Bien connu au-dessus de 40 ans, en déclin au-dessous.

DÉNOURRI (FAIRE LE -), loc.verb.

Être dégoûté : « *J'espère que devant ce bon plat tu ne vas pas faire le dénourri.* »
Dérivé du verbe *nourrir.*
Bien connu au-dessus de 40 ans, en déclin rapide au-dessous.

DENT (GROSSE -), n.f.

Molaire : « *Le gamin doit avoir mal. Il met une grosse dent.* »
B.V. bien connu au-dessus de 60 ans, en déclin rapide au-dessous. H.B. usuel au-dessus de 20 ans, connu au-dessous.

DÉPATROUILLER (SE), v.pron.

Se dépatouiller, se débrouiller : « *J'ai eu du mal pour me dépatrouiller dans tous ces soucis.* »
Dérivé du mot patois *patrolli* « boue », de *patt-* « patte ».
Bien connu au-dessus de 40 ans, attesté au-dessous.

DÉPENDU, n.m.

Homme grand et maigre : « *T'as vu ce grand dépendu, il mesure au moins deux mètres.* » Bien connu au-dessus de 40 ans, attesté au-dessous.

DÉPORTER (SE), v.pron.

Se détacher (de quelqu'un, de quelque chose) : « *Depuis qu'il travaille en ville on ne le voit plus guère ; il s'est déporté du pays.* »
B.V. connu au-dessus de 40 ans, attesté au-dessous. H.B. bien connu au-dessus de 60 ans, en déclin rapide au-dessous.

DÉPOUPONNER (SE), v.pron.

Perdre son visage de bébé (en parlant des enfants) : « *Cette année, il devient grand, il s'est dépouponné.* »
Dérivé de *poupon.*
Bien connu.

DÉPRENDRE, v.tr.

Soulager (quelqu'un dans son travail) : « *Ma belle-mère me garde le gamin, ça me déprend un moment.* »
Bien connu au-dessus de 20 ans, inconnu au-dessous.

DÉPUSAILLER, v.tr.

Ôter les puces : « *Il faut dépusailler le chien, on voit les puces qui courent sur lui.* »
Emprunté au patois, dérivé du mot patois *puzi* « puce » + suffixe *-ailler*. B.V. connu. H.B. usuel au-dessus de 60 ans, en déclin au-dessous.

DÉRHUMER, v.intr.

Uniquement dans une phrase négative : *Ne pas dérhumer*, être continuellement enrhumé : « *Il n'a pas dérhumé de tout l'hiver.* » B.V. attesté au-dessus de 40 ans, inconnu au-dessous. H.B. bien connu au-dessus de 40 ans, en déclin rapide au-dessous.

DES, pron.indéf.

Dans la locution *il y en a des qui*, il y en a certains qui : « *Y en a des qui ne sont pas d'accord avec toi.* » Bien connu.

DESCIER, v.tr.

Scier, refendre : « *L'hiver va arriver et il est temps de faire descier le bois qui est sous la remise.* »
Dérivé de *scier*.
B.V. connu au-dessus de 40 ans, en déclin au-dessous. H.B. usuel au-dessus de 40 ans, en déclin rapide au-dessous.

DÉSENGRENER, v.tr.

Désamorcer (une pompe) : « *Quand il n'y a pas assez d'eau, la pompe se désengrène.* »
B.V. usuel au-dessus de 20 ans, inconnu au-dessous. H.B. usuel au-dessus de 60 ans, en déclin rapide au-dessous.
Synonyme : *dégrener*.

DESSAILLER, v.intr.

Désaltérer : « *L'été, pendant les foins, un peu de vin dans de l'eau, c'est ce qui dessaille le mieux.* »
Emprunté au patois, du latin *sitis* « soif ».
B.V. peu attesté. H.B. usuel au-dessus de 60 ans, en déclin rapide au-dessous.

DESSAMPILLER, v.tr.

1. Gâcher (un travail) : « *Il a dessampillé tout ce que j'avais fait.* »
Formé sur *sampiller* (voir ce mot).
Bien connu au-dessus de 60 ans, en déclin rapide au-dessous.
2. part.passé en emploi adjectival, *dessampillé*, déguenillé : « *Cette femme n'a pas d'ordre, ses gamins sont toujours dessampillés.* »
B.V. attesté. H.B. bien connu au-dessus de 40 ans, en déclin rapide au-dessous.
Synonyme : 1. *sampiller*.

DÉTOURNER (SE), v.pron.

1. Se retourner : « *Je me suis détourné pour le voir, mais je l'ai à peine reconnu.* »
2. part.passé. *Détourné*, changé, détraqué (en parlant du temps) : « *Le temps est détourné après les orages.* » B.V. usuel au-dessus de 60 ans, en déclin rapide au-dessous. H.B. usuel au-dessus de 20 ans, connu au-dessous.

DÉTRANCANER, v.tr.

Dérégler : « *Il a détrancané ma montre au lieu de la réparer ; c'est du beau travail.* »
Ce terme de la Fabrique lyonnaise signifie d'abord « dévider la soie au moyen d'un trancanoir ». Le sens *dérégler* est probablement issu d'un rapprochement de ce verbe avec *détraquer*.
B.V. connu au-dessus de 40 ans, en déclin au-dessous. H.B. bien connu au-dessus de 60 ans, en déclin rapide au-dessous.

DÉTROIT, n.m.

Travail pour ferrer les bêtes : « *Le maréchal mettait la vache dans le détroit pour la ferrer. Ça n'allait pas toujours tout seul.* »
Emprunté au patois, du latin *districtus* « resserré ».
Connu au-dessus de 60 ans, inconnu au-dessous.

DÉTUÉ, adj.

Disjoint (en parlant d'un tonneau) : « *Le fût est détué, il faut l'étuver.* » Formé sur le verbe patois *étuo* « combuger » (du grec *typhein* « fumer ») parce que les douves du fût se disjoignent si elles sont trop sèches.
B.V. bien connu au-dessus de 40 ans, en déclin rapide au-dessous.

DEUBER, v.intr.

1. Être fatigué, gonfler, mal digérer (en parlant de bovins) : « *La vache deube, elle a mangé trop de trèfle.* »
2. Être oisif, immobile : « *Les vieux deubent sur les bancs du jardin public.* »
Emprunté au patois, d'origine obscure.
H.B. sens 1 : attesté au-dessus de 20 ans. Sens 2 : usuel au-dessus de 20 ans, connu au-dessous.

DEUX-TROIS, DEUX-QUATRE, adj. ou pron. en emploi indéfini

1. Quelques : « *Je ne suis pas riche, y a plus que deux-trois pièces dans ma poche.* » « *Il y a deux-quatre jours qu'il est venu.* »
2. Quelques-un(e)s : « *Y a pas eu beaucoup de lièvres cette année ; j'en ai vu seulement deux-trois pendant toute la saison.* » « *Il a encore beaucoup de vaches ?*
— Oh ! deux-quatre. »
Bien connu.

DÉVALÉE, DÉVALIRE, n.f.

Descente : « *Il a pris la dévalire, mais avec le verglas, il n'a pas pu s'arrêter au fond.* » Emprunté au patois, du latin *vallis* « vallée. »
B.V. connu au-dessus de 20 ans, inconnu au-dessous. H.B. usuel au-dessus de 20 ans, connu au-dessous.

DEVANTI, n.m.

Tablier : « *Avant d'essuyer la vaisselle, mets donc ton devanti, sinon ta robe sera toute mouillée, t'as point* d'idée.* »
Emprunté au patois (« ce qui est devant »).
Bien connu au-dessus de 20 ans.

DÉVERMINER, v.tr.

Nettoyer (un terrain sale) : « *Il faut déverminer cette troussée*.* »
Dérivé de *vermine* « tout insecte et toute plante nuisible » (É. de Villié). Bien connu au-dessus de 40 ans, attesté au-dessous.

DÉVERSER, v.tr.

Vider le contenu de... : « *Quand je suis arrivé chez moi, je me suis aperçu que les cambrioleurs avaient déversé toutes les armoires.* »
Usuel.

DIABLE, n.m.

Pioche plate se terminant par trois ou quatre dents triangulaires : « *Dans une vigne travaillée, autrefois, le diable servait à ameublir la terre entre les ceps.* »
Dans de nombreuses régions, le mot *diable* désigne un instrument crochu : la herse ou la pioche à dents (FEW).
Bien connu au-dessus de 60 ans, peu attesté au-dessous.

DINDE, n.m.

Dindon, dinde : « *À Noël, on mange toujours un dinde.* »
Emprunté au patois où le mot est souvent masculin, comme il l'a été en français.
Bien connu au-dessus de 20 ans, connu au-dessous.

DÎNER, v.intr.

Prendre le repas de midi : « *C'est midi, viens dîner avec nous.* » Signalé en ce sens par Robert 85 et TLF avec la mention « vieux ou régional ».
Usuel.

DINDIN, n.m.

Cérémonie de bénédiction des enfants, le Jeudi Saint : « *Aujourd'hui, il n'y a plus qu'à Cours qu'on fait encore le dindin, mais on ne donne plus de médailles aux gamins.* »
Probablement issu de l'onomatopée *dind-* évoquant le son des cloches qui annoncent l'office.
H.B. usuel au-dessus de 20 ans, attesté au-dessous.

DISPUTER, v.intr.

Se mettre en colère : « *Rentre vite, sinon la maman va disputer.* » Régionalisme grammatical.
H.B. usuel au-dessus de 20 ans, bien connu au-dessous.

DIT, n.m.

Dans les locutions :
1. *Pour le dit*, pour cette raison : « *Il est malade, c'est pour le dit qu'il ne viendra pas.* »
2. *Être le dit*, être un fait connu : « *Il a bien vieilli, mais il ne veut pas que ce soit le dit.* »
B.V. bien connu, mais peu employé. L'expression 2 est plus vivante. H.B. attesté au-dessus de 20 ans.

DÔILLE

Voir DAILLE.

DONNER, v.intr. ou pron.

1. Suppurer : « *La plaie de sa jambe donne toujours.* »
2. v.intr. ou pron. S'étendre, s'élargir : « *Ces souliers te serrent un peu, quand ils auront donné (ou) se seront donnés, ça ira mieux.* »
3. Donner à manger (aux bêtes) : « *C'est l'heure d'aller donner aux vaches.* »
Usuel dans les trois sens.

DORDET, n.m.

Garçon mou, apathique, un peu niais : « *Regardez-moi ce grand dordet, il a besoin d'être secoué.* »
Emprunté au patois, du latin *dormitare* « s'endormir ».
H.B. usuel.
À rapprocher de : *bambane, baseu, besin 2, lanterne, panosse 2, pattet 2* (annexe), *soquant* (annexe), *traîne-groles.*

DORDILLER, v.intr.

Tituber, zigzaguer : « *Il dordille bien, ce soir. Il est encore soûl.* »
Emprunté au patois, du germanique **daroth* « javelot ».
H.B. usuel au-dessus de 20 ans, attesté au-dessous.
Synonymes : *brandicoler 2, branlicoter, chambiller 1* (annexe), *guignocher* 2, *jambiroter* (annexe), *trampaler* (annexe), *trebiller* (annexe), *trimbaler.*

DORGNE 1, n.f.

Racine de genêt : « *Le terrain est plein de dorgnes.* »
Emprunté au patois, peut-être du germanique *dorn* « épine ».
H.B. connu au-dessus de 60 ans, en déclin rapide au-dessous.

DORGNE 2, n.f.

Coup, bosse : « *Il a reçu une bonne dorgne au bal.* »
Emprunté au patois, du

germanique **darn* « ébahi, ahuri ».
H.B. connu au-dessus de 60 ans, en déclin rapide au-dessous.
Synonymes : *beugne, poque.*

DORGNON 1, n.m.

Échantillon de bourre (industrie textile) : « *Le représentant passait avec ses dorgnons.* »
Dérivé de *dorgne* 1.
B.V. peu attesté. H.B. bien connu au-dessus de 40 ans, en déclin rapide au-dessous.

DORGNON 2, n.m.

Coup de poing : « *J'ai reçu un bon dorgnon.* »
Dérivé de *dorgne* 2.
B.V. peu attesté. H.B. bien connu au-dessus de 20 ans, attesté au-dessous.

DOUBLETTE, n.f.

Groupe de deux joueurs associés : « *Aux boules, c'est une bonne doublette, ils gagnent toujours.* »
Bien connu.

DOUCETTE, n.f.

Mâche : « *Y a tant de doucette cette année que nous en mangerons à tous les repas.* »
Relevé par Robert 85 avec la mention « régional » et par TLF sous la rubrique : Bot. et usuel : « Nom vulgaire de la mâche ».
Usuel.
Synonyme : *salade de levrette.*

DROGAILLER, v.intr.

Passer son temps au café : « *Elle n'a pas de chance, elle s'est mariée à un homme qui ne fait que drogailler.* » Emprunté au patois, de la famille de *drogue* (de l'arabe *durawa* « balle d'avoine »).
H.B. usuel au-dessus de 40 ans, en déclin rapide au-dessous.
Synonyme : *drogasser.*

DROGASSER, v.intr.

1. Flâner : « *La vieille dame drogasse dans le parc.* »
2. Passer son temps au café.
3. emploi pron. Prendre des remèdes inutilement : « *Elle se drogasse trop, elle va finir par se rendre malade.* » Emprunté au patois, même origine que *drogailler*, avec un suffixe péjoratif différent.
B.V. peu attesté. H.B. usuel au-dessus de 60 ans, en déclin rapide au-dessous.
Synonyme : 2. *drogailler.*

DRÔLE, n.m. ou f.

Enfant, adolescent : « *Il y a une bande de drôles qui mène bien de* bruit sur la place.* »
Emprunté au patois, du germanique *drolle* « lutin, petit bonhomme ». Signalé par Robert 85 et TLF avec la mention « régional ».
H.B. bien connu au-dessus de 20 ans, connu au-dessous.

DROUILLES, DRAILLES, n.f.pl.

Vieux objets, vieux vêtements inutiles : « *J'ai trouvé ces drouilles au grenier.* » Emprunté au patois, du germanique *drollen* « chier ». B.V. peu attesté. H.B. connu au-dessus de 60 ans, en déclin rapide au-dessous.
Synonymes : *gaune, harpes.*

DRU, adj.

Plein de vie (en parlant d'un être humain) : « *A cet âge, les gamins, c'est dru.* »
Signalé par TLF avec la mention « vieux ». B.V. usuel au-dessus de 60 ans, en déclin rapide au-dessous. H.B. usuel au-dessus de 20 ans, bien connu au-dessous.

DRUSER, v.intr.

1. Courir, s'amuser : « *Les gamins sont partis druser dans les bois.* »
2. Être fier, fringant : « *Le cheval druse après sa toilette.* »
Emprunté au patois où ce mot est issu du gaulois **druto-* « fort ».
B.V. connu au-dessus de 60 ans, en déclin rapide au-dessous.
H.B.1. Usuel. 2. Usuel au-dessus de 60 ans, en déclin au-dessous.

DUBELLOIRE, n.f.

Cafetière à deux corps, généralement en tôle émaillée : « *On gardait souvent le café au chaud dans la dubelloire.* »
Déformation du nom de l'inventeur, l'abbé du Belloy (voir TLF *débéloire* avec la mention « région »).
B.V. connu au-dessus de 40 ans, en déclin au-dessous. H.B. connu au-dessus de 20 ans.

DUELLE, n.f.

1. Douve : « *Il faudra remplacer les duelles de ce tonneau.* »
2. loc.verb. *Tomber en duelle,* s'effondrer, se défaire (en parlant d'un tonneau dont les douves sont disjointes) : « *Ce tonneau va tomber en duelle.* » Régionalisme phonétique emprunté au patois (du latin *doga* « douve »). B.V. bien connu au-dessus de 60 ans, en déclin rapide au-dessous.
H.B. usuel.

DURAND (LE PÈRE-), n.m.

Le soleil : « *On était en plein midi ; le père Durand nous tapait dans l'œil et on n'y voyait rien.* »
Usuel au-dessus de 40 ans, en déclin rapide au-dessous.

DZISE, GISE, n.f.

1. Grand aiguillon (utilisé pour labourer) : « *La dzise servait quand on labourait, pour conduire l'attelage.* »

2. Fille grande et maigre : « *Elle n'a que 14 ou 15 ans, mais ça fait déjà une grande dzise.* »
Emprunté au patois, du germanique **wîsarm* « hallebarde ».
B.V. peu attesté. H.B. connu au-dessus de 60 ans, en déclin rapide au-dessous.

ÉBARBLUSER, v.tr.

1. Éblouir : « *Le soleil m'a ébarblusé.* »
2. Étonner, abasourdir : « *Quand il m'a appris cette nouvelle, j'en ai été tout ébarblusé.* »
Emprunté au patois. Origine obscure, de la même famille que le français *éberluer*.
B.V. peu attesté. H.B. usuel au-dessus de 40 ans, attesté au-dessous.

ÉBISAILLÉ, ÉBISÉ

Voir EMBISSÉ.

ÉBORASSI, ÉBOURASSÉ, adj.

Ébouriffé : « *Avec ce vent, je suis tout éborassi.* »
Emprunté au patois, du latin *burra* « cheveux, poils ».
H.B. connu au-dessus de 60 ans, en déclin rapide au-dessous.

ÉBORGNER

1. v.tr. Casser par maladresse (les bonnes pousses de la vigne) : « *Fais attention de ne pas éborgner les paraisons* ! »
2. v.intr. Enlever les mauvaises pousses (qui sont sur le porte-greffe) : « *Éborgner est un travail délicat.* » Mot du vocabulaire viticole, formé sur *borgne* (les bonnes pousses sont issues des yeux qu'on a laissés).
B.V. bien connu. H.B. attesté au-dessus de 60 ans, en déclin rapide au-dessous.

ÉBRAVAGER, v.tr.

Effrayer : « *Quand on dressait les vaches, il fallait faire attention de ne pas les ébravager.* »
Emprunté au patois, dérivé de *barbarus* « farouche, rude ».
B.V. peu attesté au-dessus de 40 ans, inconnu au-dessous. H.B. connu au-dessus de 60 ans, en déclin rapide au-dessous.

ÉCALER, v.tr.

Dépouiller (un lapin) : « *Va tuer le lapin, je l'écalerai si tu n'as pas le temps.* »
B.V. connu au-dessus de 20 ans, inconnu au-dessous. H.B. usuel

au-dessus de 40 ans, bien connu au-dessous.

ÉCARCAILLÉE, n.f.

Éclat de rire très bruyant : « *La Francine pousse de ces écarcaillées à donner envie de rire à tout le monde.* » Dérivé expressif de mots désignant le gosier, de l'onomatopée *garg-*. Connu au-dessus de 40 ans. Synonyme : *rifolée*.

ÉCARRIS, n.m.pl.

Coins des murs des bâtiments (maisons, dépendances) : « *Il n'en fait pas lourd : on le voit plus souvent le tour* des écarris que dans ses vignes.* » Emprunté au patois, dérivé de *quarre* « coin, angle » (du latin *quadrare* « donner une forme carrée »).
B.V. bien connu au-dessus de 40 ans, attesté au-dessous.
H.B. connu au-dessus de 20 ans, inconnu au-dessous.

ÉCARTER, v.tr.

Étendre, défaire les tas : « *Aujourd'hui j'ai fini d'écarter mon fumier.* »
Signalé par TLF avec la mention « spécialement par extension ou par métaphore » et le sens « éparpiller, étendre ».
B.V. attesté au-dessus de 40 ans.
H.B. bien connu au-dessus de 60 ans, en déclin rapide au-dessous.

ÉCHAPPE, adj.verb.

Qui a échappé (à une mauvaise chose) : « *Sur les trois petits chats, deux ont crevé de la maladie, le troisième a l'air d'en être échappe.* » Participe tronqué *d'échapper*.
Bien connu au-dessus de 40 ans, en déclin rapide au-dessous.

ÉCHARANSON, ÉCHARASSON

Voir CHARANSON.

ÉCHARNE, n.f.

Écharde, épine : « *J'ai une écharne dans le doigt.* »
Emprunté au patois, du latin *caro* « chair ».
H.B. bien connu au-dessus de 40 ans, connu au-dessous.
Synonymes : *échiffre, jiatte* (annexe).

ÉCHIFFRE, n.f.

Écharde, épine : « *Je me suis enfoncé une échiffre dans le doigt.* » Emprunté au patois, mot d'origine burgonde (*skifra* « éclat de bois ou de pierre »).
Usuel. Synonyme : *écharne*.

ÉCLAIRER, v.tr.

Allumer (un feu ou une lampe) : « *Aujourd'hui il fait humide, on va éclairer le feu.* »
Usuel.

ÉCOIN 1, n.m.

1. Angle d'un champ : « *En Beaujolais, on ne voit pas de terres bien carrées, mais il y a des écoins dans toutes les parcelles.* »
2. Rangée d'une vigne plus courte que les autres parce qu'elle est plantée dans l'angle de la parcelle : « *On perd du temps dans les écoins avec l'enjambeur.* »
Emprunté au patois, du latin *cuneus* « coin ».
B.V. usuel. H.B. attesté au-dessus de 60 ans, inconnu au-dessous.

ÉCOIN 2, n.m.

Dosse : « *Les écoins, on s'en sert pour faire des clôtures.* »
Emprunté au patois, du latin **cutina* « peau ».
Signalé par Robert 85 avec la mention « technique » et le sens « planche non équarrie utilisée dans les mines ». B.V. usuel. H.B. attesté au-dessus de 60 ans, inconnu au-dessous.

ÉCOLER, v.intr.

Égrener : « *Le vent a fait écoler le blé.* »
Emprunté au patois où ce verbe continue le latin *excolare* « écouler ». B.V. peu attesté. H.B. usuel au-dessus de 60 ans, en déclin au-dessous.

ÉCOLES (ALLER AUX-), loc. verb.

Poursuivre ses études dans des écoles secondaires ou supérieures : « *Maintenant les jeunes vont presque tous aux écoles.* »
Bien connu.

ÉCORNAILLER, v.intr.

Couper les cornes* (de la vigne) : « *Avec ma grosse cisaille, je vais écornailler par là.* »
Dérivé de *corne*. Voir ce mot.
B.V. connu en milieu viticole au-dessus de 40 ans, attesté au-dessous. À raprocher de : *écepionner* (annexe).

ÉCOSSEU, ÉCOSSOU, ÉCOSSU, n.m.

Fléau : « *Je ne me sers plus de l'écosseu que pour battre le colza.* » Emprunté au patois, continuateur du latin *excussorius* « qui sert à secouer ».
H.B. usuel au-dessus de 60 ans, en déclin rapide au-dessous.

ÉCOTER

Voir *coter*.

ÉCOUTER, v.tr.

Entendre : « *On écoute beaucoup d'avions à réaction en ce moment.* »
« *J'ai écouté dire qu'il allait se marier.* »
B.V. attesté. H.B. usuel au-dessus de 20 ans, bien connu au-dessous.

ÉCRASÉE, n.f.

Cassure des fils au cours du tissage : « *J'ai eu deux écrasées cette nuit.* » Emprunté au patois, du germanique *crasen* « écraser ».
H.B. usuel.
Synonyme : *craillée*.

ÉCUELLE, n.f.

Faisselle : « *Aujourd'hui, les écuelles en plastique sont bien pratiques.* » Régionalisme sémantique emprunté au patois. Usuel au-dessus de 20 ans, connu au-dessous.

ÉCURIE, n.f.

Étable : « *On trait les vaches à l'écurie.* »
Signalé en ce sens par Robert 85 avec la mention « régional, notamment Suisse : impropre dans l'usage normal », et par TLF avec la mention « par extension, régional (notamment Suisse) ».
Usuel.

ÉGAMBILLÉ, adj.

Étiré, déformé (en parlant d'un vêtement) : « *A force de tirer dessus, sa veste est tout égambillée.* »
Emprunté au patois, du latin *camba* « jambe ».
H.B. usuel.

ÉGRAFFIGNER, GRAFFIGNER

1. v.tr. Griffer, égratigner : « *Il faut se méfier de ce chat : hier, sans que je sache pourquoi il s'est jeté sur moi et m'a égraffigné.* »
2. emploi pron. : « *Je me suis égraffigné les genoux en tombant.* » Emprunté au patois, du germanique *krafla* « gratter ».
B.V. connu au-dessus de 40 ans, disparaît au-dessous. H.B. usuel au-dessus de 60 ans, en déclin rapide au-dessous.

ÉGRAMELER, v.tr.

Sarcler, enlever le chiendent : « *J'ai égramelé la terre.* »
Emprunté au patois, dérivé de *gramelle* « chiendent ».
B.V. peu attesté. H.B. bien connu au-dessus de 60 ans, en

déclin au-dessous. Synonyme : *dégranmeler*.

ÉGREDON, n.m.

Édredon : « *L'hiver arrive, il va falloir sortir les égredons.* »
Régionalisme phonétique emprunté au patois.
B.V. peu attesté. H.B. connu au-dessus de 60 ans, en déclin rapide au-dessous.

ÉLARDER (S'), v.pron.

S'étendre, tomber de tout son long : « *Il s'est élardé sur l'herbe toute la soirée* », « *Il s'est élardé au beau milieu du chemin.* »
Emprunté au patois, du latin *largus* « large ».
H.B. usuel au-dessus de 40 ans, en déclin rapide au-dessous.

ÉLOURDI, adj.

Abruti, étourdi : « *Je me suis levé de ma prenière* tout étourdi.* »
D'un ancien verbe *étourdir* « assommer, étourdir » (du latin *luridus* « lourd »).
Bien connu au-dessus de 40 ans, attesté au-dessous.

ÉLOURDIR (S'), v.pron.

S'assommer : « *Le rat s'est étourdi en tombant.* »
Voir *élourdi*.
Connu au-dessus de 20 ans.

ÉLUIDE, ÉLOIDE, n.f.

Éclair : « *Il fait des éluides ce soir, pourvu qu'on n'ait pas de grêle.* »
Emprunté au patois, du gaulois **leuxos* « brillant ».
Usuel au-dessus de 60 ans, en déclin rapide au-dessous.

ÉLUIDER, v.impers.

Faire des éclairs : « *Y éluide bien, ce soir, il va faire d'*orage cette nuit.* » Voir *éluide*.
Usuel au-dessus de 60 ans, en déclin rapide au-dessous.

ÉMARVELER

1. v.tr. Abîmer, blesser : « *Il a tout émarvelé son pantalon.* »
2. emploi pron. Se blesser : « *Il s'est émarvelé en tombant.* »
3. part.passé. Couvert de plaies, sale : « *Ta tête est tout émarvelée, qu'est-ce qui t'est arrivé ?* » « *La cuisine est tout émarvelée.* »
Emprunté au patois. Origine obscure, peut-être du germanique **worm* « pus ».
B.V. peu attesté. H.B. usuel au-dessus de 40 ans, en déclin rapide au-dessous.

EMBADROUILLER, v.tr.

Badigeonner, enduire : « *Si tu embadrouilles de moutarde les cuisses du lapin à faire rôtir, elles ne seront pas fades.* » « *Il est revenu de sa promenade à vélo,*

les jambes tout embadrouillées de cambouis. »
Ce verbe expressif est probablement le mélange de *empatrouiller* « empêtrer » (d'une racine *patt-* « pied ») et de *barbouiller*.
B.V. attesté. H.B. bien connu au-dessus de 60 ans, inconnu au-dessous.

EMBARRAS (À L'-), loc.adv.

À une mauvaise place, à un endroit gênant : « *Ce tabouret est à l'embarras, on va s'entraver dedans.* »
B.V. connu. H.B. attesté.

EMBERLIFIQUETER, EMBRELIFIQUETER, v.tr.

Embrouiller, emmêler : « *La laine est emberlifiquetée.* »
Variantes phonétiques de *emberlificoter*.
B.V. peu attesté. H.B. connu au-dessus de 20 ans, inconnu au-dessous.

EMBISSÉ, EMBISÉ, ÉBISAILLÉ, ÉBISÉ, adj.

Irrité, infecté (sous l'effet d'un frottement, du soleil, de la sueur ou du vent, en parlant de la peau) : « *J'ai les lèvres embissées.* », « *La peau du bébé est embissée.* »
Emprunté au patois, du germanique **bîsjo* « bise, vent du nord. »
H.B. connu au-dessus de 20 ans, inconnu au-dessous.

EMBOCONNER, v.tr. ou intr.

1. Puer, empuantir : « *Quand on brûle des cheveux ou des poils, ça emboconne.* », « *La fumée du voisin nous emboconne.* »
2. Embarrasser, envahir : « *Ma vigne est emboconnée par les millasses*.* » Dérivé de *bocon*. Voir ce mot.
Usuel au-dessus de 40 ans, en déclin au-dessous.

EMBOGER

VOIR ABOGER.

EMBOIRE, v.tr.

1. S'imbiber de, absorber : « *Le gâteau de foie a embu toute la sauce tomate que j'avais mise autour.* »
2. Dans la locution *faire emboire*, donner de la souplesse (en parlant de couture) : « *J'ai bien recommandé à la couturière de faire emboire les coutures des épaules du manteau.* »
Du latin *imbibere* « boire, absorber ».
B.V. connu au-dessus de 40 ans, en déclin rapide au-dessous.
H.B. bien connu au-dessus

de 60 ans, en déclin rapide au-dessous.

EMBOQUER, v.tr.

Gaver : « *Son gosse est trop gros, c'est pas étonnant comme elle l'emboque.* »
De *bucca* « bouche ».
Signalé par Robert 85 avec la mention « régional ».
B.V. usuel au-dessus de 20 ans.
H.B. bien connu au-dessus de 60 ans, inconnu au-dessous.
Synonyme : *embosser.*

EMBORMER (S'), v.pron.

S'enliser, s'embourber : « *Il s'est emborné avec son tracteur dans un pré humide.* »
Emprunté au patois, du gaulois *borvo-* « boue ».
H.B. connu au-dessus de 60 ans, en déclin rapide au-dessous.
Synonymes : *se borber* (annexe), *embotter.*

EMBOSSER, v.tr.

Gaver : « *On a fait un de ces repas, elle nous a embossés comme des canards.* »
Emprunté au patois où ce mot est dérivé de *bota* « tonneau » (le substantif *embossou* désigne l'entonnoir). B.V. attesté au-dessus de 20 ans. H.B. connu au-dessus de 60 ans, en déclin rapide au-dessous.
Synonyme : *emboquer.*

EMBOTTER, v.intr.

S'enfoncer (en marchant dans une matière molle : boue, neige, fumier frais, etc.) : « *J'ai embotté dans la terre glaise.* »
Emprunté au patois, du germanique **butt* « émoussé ».
B.V. bien connu au-dessus de 40 ans, attesté au-dessous.
H.B. connu au-dessus de 60 ans, en déclin rapide au-dessous.
Synonymes : *se borber* (annexe), *s'embormer.*

ÈME (AVOIR POINT D'-), loc.verb.

Ne pas avoir de jugeotte : « *C'est difficile de s'entendre avec lui. Il a point d'ème.* »
Emprunté au patois, du latin *aestimare* « estimer ».
B.V. attesté au-dessus de 40 ans.
H.B. usuel au-dessus de 60 ans, en déclin rapide au-dessous.

ÉMENUSER, v.tr.

1. Émietter (le fumier en l'étendant) : « *Avant de labourer, j'ai émenusé le fumier.* »
2. part.passé en emploi adjectival. Mince : « *Elle est émenusée, cette gamine.* »
Emprunté au patois, du latin *minutiare* « diminuer, amoindrir ».
H.B. bien connu au-dessus de 60 ans, en déclin rapide au-dessous.

ÉMEUTE, n.f.

Agitation confuse (bruit et mouvement de foule) : « *Elle a versé* pendant la messe, ça a fait une émeute.* »
Ce sens, moins fort que celui du français courant, est signalé par Robert 85 avec la mention « vieux » et par TLF avec la mention « vieilli ».
H.B. connu.

EMPATTER, v.tr.

Entourer d'une bande (après une blessure) : « *Marie est tombée, j'ai empatté son genou.* »
Formé sur *patte* « chiffon ».
B.V. connu. H.B. bien connu au-dessus de 40 ans, en déclin rapide au-dessous.

EMPEILLONÉ, adj.

Envahi de mauvaises herbes (en parlant d'un terrain) : « *G. n'a pas besoin de tant se vanter. Ses vignes sont tout empeillonnées.* »
Dérivé de *peillon* « touffe d'herbe ». Voir ce mot.
B.V. bien connu au-dessus de 40 ans, attesté au-dessous.
H.B. peu attesté au-dessus de 40 ans.

EN-BAS, EN-BOS, n.m.

Bas : « *Tu as fait un accroc dans l'enbas de ta robe.* » « *Ça a gelé dans les en-bos de la vigne.* »
Usuel au-dessus de 40 ans, connu au-dessous.

ENCAFOURNER, v.tr.

Enfermer : « *Il faudra encafourner toutes ces vieilleries dans le grenier.* »
Variante de *enfourner* comprenant le préfixe péjoratif *ca-*. B.V. attesté au-dessus de 40 ans. H.B. connu au-dessus de 60 ans, inconnu au-dessous.

ENCAISSONNER

Voir ACCAISSONNER.

ENCHAPLE, n.f.

Enclumette sur laquelle on bat la faux : « *On enchaple* la faux en posant la lame sur une enchaple.* » Déverbal de *enchapler*.
Connu au-dessus de 40 ans, attesté au-dessous.

ENCHAPLER, ÉCHAPLER, v.tr.

Battre (la faux) : « *Pour enchapler une faux, il faut être patient et adroit.* » Emprunté au patois où ce verbe est connu dans tout le domaine francoprovençal (du latin **cappulare* dérivé de **cappare* « frapper »).
Bien connu au-dessus de 20 ans, attesté au-dessous.

ENCROIRE v.tr.

Dans l'expression *faire encroire*, faire croire : « *Tu m'y* dis pour m'y* faire encroire.* »
C'est le sens du français *accroire*. Bien connu au-dessus de 40 ans, attesté au-dessous.

ENCROTTER, v.tr.

Enterrer (un animal) : « *La chatte avait apporté un rat fruitier* énorme à son petit dans sa corbeille. Qu'est-ce qu'on pouvait en faire ? On n'a eu qu'à l'encrotter.* »
Formé sur *croute* qui, dans certains dialectes, signifie « grotte » (du latin *crypta*). Bien connu au-dessus de 40 ans, attesté au-dessous.

ENCUCHONNER

Voir ACCUCHONNER.

ENDORSE, n.f.

Planche amovible formant les côtés de la brouette : « *Pour mettre les feuilles dans la brouette, remets les endorses.* »
Emprunté au patois où ce mot désigne les ridelles du char (dérivé d'une forme *dors* « dos », du latin *dorsum*). Connu au-dessus de 20 ans.

ENDROIT (À POINT D'-), loc.adv.

Nulle part : « *Il est malade et pourtant il a mal à point d'endroit.* » Usuel.

ENDURER, v.tr.

Supporter avec plaisir : « *Avec ce drôle de temps, je ne savais comment m'habiller. J'avais mis mon gros manteau. Il n'a pas été de trop. Je l'ai bien enduré.* »
Régionalisme sémantique : le verbe français ne s'emploie qu'avec des compléments désignant quelque chose de douloureux.
Usuel.

ENFLE, adj.verb.

Enflé(e) : « *Mon doigt est tout enfle, ça me fait mal.* »
Emprunté au patois.
Connu au-dessus de 40 ans, en déclin au-dessous

ENGOBILLER (S'), v.pron.

1. S'entraver : « *Il s'est engobillé dans les bottes de foin.* »
2. Se laisser entraîner : « *Je me suis fait engobiller pour aller boire.* »
Du gaulois **gobbo-* « bec, bouche ». B.V. peu attesté. H.B. usuel au-dessus de 40 ans, en déclin rapide au-dessous.
Synonymes : 1. *s'encoubler* (annexe), *s'entrâchier* (annexe).

ENGRENER, v.tr.

Amorcer une pompe : « *Il a engrené sa pompe, il va pouvoir arroser.* » Usuel au-dessus de 20 ans, connu au-dessous.

ENGRETS

Voir AIGRETS.

EN HAUT, n.m.

Haut : « *Regarde la photo des classes dans le journal, elle est dans l'en haut de la deuxième page.* »
Usuel au-dessus de 40 ans, connu au-dessous.

EN PAS... + part.présent (la négation est placée devant le verbe)

En ne... pas : « *Il s'est mis dans son tort en pas venant.* »
C'est la place de la négation *pas* qui semble être un régionalisme. B.V. attesté au-dessus de 20 ans. H.B. bien connu au-dessus de 60 ans, en déclin rapide au-dessous.

ENQUILLER (s'), v.pron.

S'engager (dans un mauvais chemin, dans une mauvaise affaire) : « *Pourquoi s'est-il enquillé dans ce chemin ?* », « *Il s'est enquillé dans une drôle d'histoire en fréquentant* cette fille.* »
Du germanique *kegil* « quille ». Signalé au sens 1 par Robert 85 et TLF avec la mention « arg. vieux ». H.B. usuel au-dessus de 20 ans, bien connu au-dessous.

ENRAYER (S'), v.pron.

Se mettre au travail : « *Ça me coûte de plus en plus de m'enrayer le matin.* ».
Emprunté au patois où ce mot signifie « faire la première raie de labour ». Signalé par TLF dans le sens initial « faire le premier sillon de labour ». H.B. usuel au-dessus de 40 ans, en déclin rapide au-dessous.

ENRHUMÉ (PARLER L'-), loc.verb.

Parler du nez ou du fond de la gorge : « *Il y a longtemps que tu parles l'enrhumé, il faudrait te soigner.* » B.V. connu au-dessus de 40 ans, attesté au-dessous. H.B. bien connu au-dessus de 60 ans, en déclin au-dessous.

ENSAIGNANTER (S'), v.pron.

Se tacher de sang : « *Je n'ai pas vu tout de suite que je m'étais coupé, je me suis tout ensaignanté la chemise.* » De la famille de *saigner*.
B.V. attesté au-dessus de 20 ans, inconnu au-dessous. H.B. connu

au-dessus de 20 ans, inconnu au-dessous.

ENSAUVAGER, v.tr.

Effrayer, effaroucher : « *Quand il y a un nid d'oiseau, il faut bien faire attention de ne pas ensauvager la mère.* »
Dérivé de *sauvage*.
Mentionné par Robert 85 dans le sens « rendre sauvage » avec la mention « littér. et rare ».
Connu au-dessus de 40 ans, attesté au-dessous.

ENSAUVER (S'), v.pron.

Se sauver, s'en aller : « *C'est bien tard, je vais vite m'ensauver.* »
Signalé par Robert 85 avec la mention « régional (emploi rural ou plaisant) » et par TLF comme « vieux, régional ».
Connu au-dessus de 40 ans, en déclin au-dessous.

ENTREMI, prép.

Au milieu de, entre : « *Je me suis mis entremi eux car ils se battaient.* » « *On a semé des raves entremi deux rangs de patates.* »
Emprunté au patois, du latin *intermedius* « au milieu de ».
B.V. connu au-dessus de 60 ans, en déclin rapide au-dessous.
H.B. bien connu au-dessus de 60 ans, en déclin rapide au-dessous.

ENTREPRIS, adj.

Embarrassé : « *Devant une telle situation, j'étais bien entrepris.* »
Signalé en remarque par TLF avec ce sens, dans le *Dictionnaire de l'Académie de 1878* et dans *Littré* (1874).
Usuel.

ENVENIR (S'), v.pron.

Venir, revenir : « *Je dormais déjà lorsqu'il s'est envenu, ça devait être tard.* »
Connu au-dessus de 40 ans, attesté au-dessous.

ENVERJURE, n.f.

Mode de croisement des fils de la chaîne sur l'ourdissoir ou le métier à tisser : « *Son enverjure est embrouillée.* », « *J'ai passé les enverjures dans mon rouleau.* »
Du latin *virga* « verge, baguette ». H.B. connu au-dessus de 20 ans, inconnu au-dessous.

ENVERMINÉ, adj.
Qui est envahi de mauvaises herbes : « *La vigne du voisin est tout enverminée.* »
Formé sur *vermine* dont l'extension du sens aux mauvaises herbes se retrouve dans de nombreux dialectes.
Bien connu au-dessus de 40 ans, attesté au-dessous.

ENVERS (À L'-), loc.adv.

À la renverse, sur le dos : « *J'ai glissé dans la boue et je me suis fiché à l'envers au milieu de la cour.* »
Du latin *inversus*.
B.V. bien connu. H.B. connu au-dessus de 20 ans, peu attesté au-dessous.

ÉPALAILLER, v.tr.

Écorcher (avec déchirure) : « *J'ai voulu retenir mon chien, le mousqueton de chaîne m'a épalaillé un doigt.* » Emprunté au patois, de *spatula* « épaule » (*épalailler* en patois signifie d'abord « déboîter l'épaule, disloquer »).
B.V. attesté au-dessus de 40 ans. H.B. bien connu au-dessus de 40 ans, en déclin rapide au-dessous.

ÉPIOUILLER (S')

Voir PIOUILLER (SE).

ÉQUEVILLES, n.f.pl.

Ordures : « *Dans mon quartier, on ramasse les équevilles trois fois par semaine.* »
Emprunté au patois, continuateur du latin tardif *scopiliae*, lui-même dérivé de *scopa* « balai ».
Usuel au-dessus de 40 ans, en déclin rapide au-dessous.

ÉQUEVILLEUR, n.m.

Éboueur : « *Si les équevilleurs sont passés, remonte donc la poubelle.* » Dérivé de *équevilles* (voir ce mot). Bien connu au-dessus de 40 ans, en déclin rapide au-dessous.

ÉRIDELLE

Voir ARIDELLE.

ESCAILLERS, n.m.pl.

Escalier : « *Le père arrive. Je l'entends monter les escaillers.* » Régionalisme phonétique et grammatical. L'emploi du pluriel est signalé par TLF comme familier ou populaire. Bien connu au-dessus de 60 ans, en déclin rapide au-dessous.

ESPRIT DE BOIS, loc.nom.

Alcool à brûler : « *J'ai nettoyé ma lampe à l'esprit de bois, elle est comme neuve.* »
Signalé par Robert 85 avec la mention « régional » et par TLF avec la mention « vieux ».
H.B. connu au-dessus de 20 ans, inconnu au-dessous.

ESSABOUI, adj.

Écervelé, étourdi, sans goût : « *Essabouie comme elle est, je ne lui donnerais pas mon bébé à garder.* » Peut-être à rapprocher

de *étsabuter*. Voir ce mot.
B.V.bien connu au-dessus de 40 ans, attesté au-dessous.
H.B. attesté au-dessus de 60 ans, inconnu au-dessous.

ESSARMENTER v.intr.

Ramasser les sarments coupés lors de la taille : « *On va essarmenter et tout brûler dans les charrois*. »
Dérivé de *sarment*.
B.V. usuel au-dessus de 40 ans, attesté au-dessous. H.B. attesté.

ESSEMENT, n.m.

Plants de reproduction des pommes de terre : « *On va pas tarder à planter les pommes de terre, faudra penser à sortir les essements de la cave.* » Variante de *semence* qu'on trouve en patois dans le domaine francoprovençal.
Connu au-dessus de 20 ans, inconnu au-dessous.

ESTRANGOUILLER (S'), v.pron.

S'étrangler : « *Il s'est estrangouillé en mangeant.* »
Dérivé expressif de *étrangler* signalé par TLF comme un mot d'argot mais non cité par les dictionnaires d'argot. Bien connu au-dessus de 60 ans, en déclin au-dessous.

ÉTALER, v.tr.

Fendre et débiter le bois : « *J'avais de grosses grumes* de fayard* à étaler.* » Emprunté au patois, continuateur du latin *astella* « éclat de bois ».
B.V. bien connu au-dessus de 40 ans, attesté au-dessous.

ÉTAMPER, v.tr.

Étayer, consolider à l'aide d'étais : « *Cette année, on a mis dans le grenier trop de grains, on avait peur que le plancher s'effondre, on a été obligé de l'étamper*. »
Emprunté au patois, du germanique **stampôn* « écraser ».
Usuel au-dessus de 20 ans, inconnu au-dessous.

ÉTANG, n.f.

Étang : « *Il y a une belle étang dans le creux.* »
Régionalisme grammatical.
Usuel au-dessus de 40 ans, en déclin rapide au-dessous.

ÉTARGNER, ÉTARNIR, ÉTERNIR, v.tr.

Faire la litière : « *Il étargne ses lapins avec son vieux foin.* »
Emprunté au patois, continuateur du latin *sternere* « étendre ».
B.V. connu au-dessus de 60 ans,

en déclin rapide au-dessous.
H.B. usuel au-dessus de 60 ans, en déclin rapide au-dessous.

ÊTRE

Employé comme auxiliaire de *être* signifiant aller : « *Dimanche dernier, il faisait beau, je suis été à la fête avec les enfants.* »
Régionalisme grammatical. Connu au-dessus de 40 ans.

ÉTRIGNOLÉ, adj.

Étriqué, trop serré : « *Cette jupe est étrignolée, je vais essayer une autre taille.* »
Du latin *stringere* « serrer, compresser ».
H.B. connu au-dessus de 60 ans, inconnu au-dessous.

ÉTROUBLES, n.f.pl.

Chaumes : « *C'est difficile de marcher dans les étroubles.* »
Emprunté au patois, continuateur du latin *stipula* en francoprovençal. Connu au-dessus de 40 ans, inconnu au-dessous.

ÉTSABUTÉ, ESSABUTÉE, adj.

Assommé : « *Quand il vient me voir, il parle tellement fort que je suis franc* etsabuté.* »
Emprunté au patois, du latin *caput* « tête ».
B.V. peu attesté. H.B. bien connu au-dessus de 60 ans, en déclin rapide au-dessous.

ÉTUER, v.tr.

Combuger : « *On va étuer les caquillons*.* »
Correspond au français *étuver* (du grec *typhein* « fumer »).
Signalé par Robert 85 et TLF avec la mention « vieilli » et le sens « baigner dans l'eau chaude ».
B.V. usuel au-dessus de 40 ans, en déclin rapide au-dessous.
H.B. attesté au-dessus de 60 ans, inconnu au-dessous.

EUILLASSE

Voir AJASSE.

ÉVIER, n.m.

Petite pièce dans laquelle se trouve l'évier : « *Range les casseroles dans l'évier.* »
On dit aussi (par agglutination de l'article) *lévier* ou *livier* : « *La bouteille de javel est sur le rayon du lévier.* » En H.B., le *lévier* désigne l'évier, plutôt que la pièce où il se trouve.
Usuel au-dessus de 60 ans, en déclin rapide au-dessous.
Synonyme : *souillarde.*

EXCEPRÈS, adv.

Exprès : « *Il a fait exceprès de renverser mon sac.* »
Régionalisme phonétique.
Bien connu au-dessus de 40 ans, usuel au-dessous.

EXPRÈS (À L'-), loc.adv.

Exprès : « *Il l'a fait à l'exprès, il s'est pas trompé.* »
B.V. connu.

FABRICANT, n.m.

Personne qui fournissait autrefois le travail aux tisserands : « *On va chercher nos coupes chez le fabricant.* » Bien connu au-dessus de 20 ans, connu au-dessous.

FACILEMENT, adv.

Probablement : « *Facilement ils viendront sans avertir, ils font souvent comme ça.* »
Connu au-dessus de 40 ans, en déclin au-dessous.

FAÇON, n.f.

Aspect extérieur d'une personne : « *Ce garçon a mauvaise façon, sa femme a meilleure façon.* »
Signalé par Robert 85 avec la mention « Vieux » dans le sens « air, allure, tournure » et « Régional (Suisse) » dans l'expression : « Avoir bonne, mauvaise façon ».
Signalé également dans ces emplois par TLF avec la mention « vieilli (ou régional) ».
Usuel.

FAGOT (MANQUER UN - À QUELQU'UN), loc.verb.

Être un peu dérangé, ne pas avoir tous ses esprits : « *On se demande s'il réfléchit avant d'agir. Il doit lui manquer un fagot, ce n'est pas possible autrement.* »
Connu au-dessus de 20 ans, attesté au-dessous.

FAGOTIER, n.m.

Tas de fagots : « *On a fait un gros fagotier en bordure du bois.* »
Dérivé de *fagot*.
Bien connu au-dessus de 60 ans, en déclin rapide au-dessous.

FAGOUIN, FANAGOUIN, n.m.

Odeur de renfermé : « *Ça sent le fagoin dans cette chambre, il faut l'aérer.* »

De la famille de *fouine, fouiner* (du latin **fagina*).
Connu au-dessus de 40 ans, attesté au-dessous.
Synonyme : *flaganat*.

FAIRE

Dans différentes expressions :
1. *Pour faire*, suffisamment : « *Arrête donc de ramasser des pommes, il y en aura bien pour faire.* »
2. *Faire avec*, se débrouiller avec ses propres moyens : « *Je suis gêné par mes blessures, mais il faudra faire avec.* »
3. *Bien faire*, manger : « *Ah ! Vous êtes à table, vous êtes en train de bien faire.* »
4. *Tant qu'à faire de* + infin., puisqu'on est obligé de : « *Tant qu'à faire de balayer la cour, autant la balayer jusque dans les coins.* » Toutes ces expressions sont usuelles.

FANNY, n.f.

Dans la locution *baiser la Fanny*, ne pas marquer de point (locution utilisée au jeu de boules où ceux qui n'ont pas marqué un seul point sont condamnés à baiser le cul d'une vieille femme (représentée sur un panneau de bois)) : « *Si tu continues, tu vas baiser la Fanny.* »
Usuel au-dessus de 20 ans, connu au-dessous.

FANTÔME, n.m.

Épouvantail : « *J'ai un fantôme dans mon jardin.* »
Ce mot qui, en ce sens, est plus lyonnais que beaujolais, peut être employé au féminin.
Bien connu au-dessus de 40 ans, attesté au-dessous.

FARAMINE, n.f.

Bête légendaire qui faisait l'objet de contes fantastiques : « *Tous les soirs ma grand-mère m'endormait avec des histoires de la faramine.* »
TLF signale le syntagme *bête faramine* « animal fabuleux et féroce » avec la mention « régional (Ouest et Centre) ».
B.V. connu au-dessus de 40 ans, en déclin rapide au-dessous.
H.B. attesté au-dessus de 60 ans, inconnu au-dessous.

FARAUD, adj.

Bien habillé, coquet : « *Il est bien faraud, celui-là, même les jours de semaine.* »
Signalé par Robert 85 avec la mention « vieilli ou régional » dans le sens « personne qui affecte maladroitement l'élégance, qui cherche à se faire valoir », et par TLF « vieux

ou populaire » dans le sens « personne qui affiche des prétentions à l'élégance ». B.V. attesté au-dessus de 40 ans. H.B. bien connu au-dessus de 60 ans, en déclin rapide au-dessous.

FARINE JAUNE, n.f.

Farine de maïs : « *Pour changer, veux-tu que je te fasse ce soir une soupe de farine jaune ?* »
B.V. usuel au-dessus de 20 ans.

FARMAILLES

Voir FROMAILLES.

FAUTE, n.f.

Dans les loc.verb. :
1. *Faire faute*, manquer : « *J'ai oublié mon rasoir de voyage, il m'a bien fait faute.* »
2. *Avoir faute de*, avoir besoin de : « *J'ai faute d'aller au petit coin.* » Le sens 1 est signalé par Robert 85 avec la mention « vieilli et littéraire », et par TLF « locution verb. vieillie ». Usuel pour le sens 1, sens 2 : B.V. connu. H.B. usuel.

FAYARD, FEUILLARD, n.m.

Hêtre : « *Cette année, il a fait tellement sec que même les fayards ont craint la sécheresse : leurs feuilles étaient roussies avant l'automne.* » Emprunté au patois où ce mot est connu dans tout le domaine francoprovençal (dérivé du latin *fagus* « hêtre », avec le suffixe *-ard*). Signalé par Robert 85 et par TLF avec la mention « régional ».
Bien connu au-dessus de 20 ans, inconnu au-dessous.

FENE, n.f.

Femme : « *Va voir si la fene est au jardin.* »
Emprunté au patois, du latin *femina*. B.V. bien connu au-dessus de 60 ans, en déclin rapide au-dessous. H.B. bien connu au-dessus de 20 ans, attesté au-dessous.

FENÊTRON, FENESTRON, n.m.

Petite fenêtre (d'étable) : « *Avant de rentrer les vaches, va ouvrir les fenêtrons pour qu'il fasse moins chaud dans l'écurie*.* »
Dérivé de *fenêtre*.
Signalé par Robert 85 (fenestron) en ce sens avec la mention « régional (sud de la France) » et par TLF (citation de Giono).
Bien connu au-dessus de 20 ans.

FENIÈRE, n.f.

Local où l'on conserve le foin : « *Il faudra faire réparer les gouttières* au-dessus de la fenière.* »

Emprunté au patois, de *fenum* « foin ». B.V. attesté au-dessus de 40 ans. H.B. connu au-dessus de 40 ans, inconnu au-dessous.

FENILLER, v.intr.

Retourner le foin : « *S'il fait beau cet après-midi, on va pouvoir feniller.* » Emprunté au patois, du latin *fenare* « faner ».
B.V. attesté au-dessus de 20 ans, inconnu au-dessous. H.B. usuel au-dessus de 40 ans, en déclin rapide au-dessous.

FENOTTE, n.f.

Femme (terme affectif) : « *Je vais voir mes fenottes sinon, elles vont s'inquiéter.* »
Emprunté au patois, diminutif de *fene* (voir ce mot).
Bien connu au-dessus de 40 ans, en déclin rapide au-dessous.

FERMETURE, n.f.

Action de se tourner vers le sol (en parlant de la grappe de raisin qui devient lourde) : « *Dans la vigne, c'est le moment de la fermeture.* »
Terme de viticulture. Pour cette action voir aussi *faire le coquillon.*
B.V. Connu au-dessus de 40 ans, attesté au-dessous.

FÊTES (À CES-), (À STÉ-), loc.adv.

À bientôt : « *Je ne peux pas m'arrêter longtemps, à ces fêtes !* »
B.V. *à ces fêtes* : usuel au-dessus de 60 ans, en déclin rapide au-dessous.
H.B. *à sté fêtes* : usuel.

FEU DU CIEL, loc.nom.

Foudre : « *Il a fait un tel orage que le feu du ciel est tombé sur le clocher.* »
Empruntée au patois, cette locution est connue dans le nord du Beaujolais et dans l'est du domaine francoprovençal. Usuel au-dessus de 40 ans, en déclin rapide au-dessous.

FEUILLARD

Voir FAYARD.

FEUILLE, n.f.

1. Dans les locutions *première feuille, deuxième feuille, troisième feuille* désignant la vigne de un an, deux ans, trois ans : « *Dans cette parcelle, c'est une deuxième feuille.* »
2. loc.verb. *Faire de la feuille,* ébrancher les arbres pour faire des fagots destinés à la nourriture des bêtes : « *Pendant que le raisin mûrit, on a le temps de faire de la feuille.* »
B.V. bien connu. H.B. 1. inconnu.

2. connu au-dessus de 40 ans, en déclin rapide au-dessous. Synonyme : 1. *rebattu* (annexe).

FEUILLETTE, FILLETTE, n.f.

Tonneau de 125 litres : « *Cette année le vin est trop cher, et je n'en ai ramené qu'une feuillette.* » Origine incertaine, peut-être altération du mot lyonnais *foliette* « petite mesure ». Voir ce mot (annexe). Usuel. Synonyme : *cempote*.

FEURON, n.m.

Petite fenêtre, petite ouverture dans un mur : « *Heureusement qu'il y a des feurons dans ce mur, parce qu'on a une belle vue de ce côté.* » Emprunté au patois, du verbe latin *forare* « creuser, percer ».
B.V. peu attesté. H.B. connu au-dessus de 60 ans, en déclin rapide au-dessous.
Synonyme : *peutron* (annexe).

FIANÇAILLES (PORTER DE-), loc.verb.

Offrir des dragées aux parents et amis pendant la période de fiançailles : « *Les jeunes passent tous leurs dimanches à porter de* fiançailles. Je ne sais pas s'ils auront fini avant le mariage.* » Emprunté au patois où le mot *fiançailles* a le sens de dragées dans le nord de la région.
B.V. bien connu au-dessus de 40 ans, en déclin rapide au-dessous. H.B. usuel au-dessus de 20 ans, attesté au-dessous.

FIARDE, n.f.

Femme sotte et désagréable : « *Cette vieille fiarde est toujours sur le pas de sa porte à surveiller ses voisins.* » Emprunté au patois où ce terme est connu pour désigner la toupie dans tout le domaine franco-provençal (d'un ancien verbe signifiant « frapper » et provenant du latin *ferire* « frapper »).
B.V. connu au-dessus de 40 ans, en déclin au-dessous. H.B. attesté au-dessus de 20 ans.
Synonyme : *nougne*.

FIARDER, v.intr.

1. Se dépêcher : « *Il fiarde, car il a peur de manquer son train.* »
2. Faire des bêtises : « *Il n'a pas l'air fier de lui. Il a dû encore fiarder.* » Emprunté au patois, dérivé de *fiarde* « toupie ».
Usuel au-dessus de 40 ans, en déclin rapide au-dessous.

FICELÉ, adj.

Mort : « *En trois jours, il a été ficelé.* » B.V. connu au-dessus de 40 ans, en déclin au-dessous. H.B. bien connu au-dessus de 20 ans, inconnu au-dessous. Synonyme : *tordu*.

FICELLE, n.f.

1. Filou : « *Il faut s'en méfier en affaire, c'est une vieille ficelle.* »
2. loc.verb. *Faire ficelle*, faire vite, se dépêcher : « *Si on veut finir avant la nuit, il faut faire ficelle.* »
Le sens 1 est proche de celui de l'adjectif français *ficelle* « habile, retors ». Le sens 2 est relevé par le *Dictionnaire du français non conventionnel* (citation de B. Clavel).
Usuel au-dessus de 40 ans, en déclin rapide au-dessous.

FICHON, n.m.

Plantoir (pour la vigne) : « *Pour planter la vigne on se sert d'un fichon.* » Emprunté au patois, du verbe **figicare* « ficher ».
Bien connu au-dessus de 40 ans, attesté au-dessous.

FICHONNER, v.intr.

Planter les greffes avec le fichon* : « *Quand on fichonne, il faut tasser la terre autour du plant.* »
Dérivé de *fichon*.
B.V. connu au-dessus de 40 ans, attesté au-dessous.

FIFI, n.m.

Préféré, favori : « *Ce n'est pas étonnant qu'il ait toujours de bonnes notes, c'est le fifi de la maîtresse.* » Emprunté au patois, redoublement de l'interjection de mépris *fi*.
Bien connu au-dessus de 60 ans, en déclin rapide au-dessous.

FILOCHE, n.f.

Sac en tissu à larges mailles : « *J'ai toujours une filoche dans ma poche et j'y mets les courses que je fais au marché.* »
Dérivé du radical *fil* + suffixe *-oche*. Signalé par Robert 85 et TLF avec la mention « régional ».
Usuel au-dessus de 20 ans, connu au-dessous.

FILOCHON, n.m.

Épuisette ou filet de pêcheur : « *Ça a biché, aujourd'hui, mon filochon est plein.* »
Dérivé de *filoche*.
H.B. connu au-dessus de 60 ans, en déclin au-dessous.

FIOLER (SE), v.pron.

S'enivrer : « *C'est un triste individu qui se fiole tous les jours.* »
Dérivé de *fiole* « petite bouteille ». Signalé par TLF en emploi intransitif « boire avec excès, s'enivrer » avec la

mention « vieux, populaire ».
B.V. connu au-dessus de 20 ans.

FION, n.m.

Remarque blessante : « *Je n'ose plus aller la voir, elle ne sait que me lancer des fions.* »
Origine obscure, peut-être onomatopéique.
Signalé en ce sens par Robert 85 et TLF avec la mention « régional, Suisse » et « régional Est, Suisse ». Usuel.

FLAGANAT, FAGANAT, n.m.

Odeur de renfermé : « *Elle n'ouvre jamais ses fenêtres, ça sent le flaganat.* »
Empruntée au patois, la forme *flaganat* provient de la rencontre de *fagouin* avec *fla*, issu du latin *flatus* « haleine, souffle ».
H.B. connu au-dessus de 60 ans, en déclin rapide au-dessous.
Synonyme : *fagouin*.

FLAPE, adj.

Mou, flasque : « *Je m'en suis vu pour éplucher les blettes, elles étaient toutes flapes.* »
Emprunté au patois, ce mot est relevé en français par Robert 85 et TLF sous la forme *flapi* (issu d'un mot latin **falappa/faluppa* « balle de blé, enveloppe »).
B.V. usuel au-dessus de 20 ans, disparaît au-dessous. H.B. usuel au-dessus de 60 ans, en déclin rapide au-dessous.

FLIQUE (FAIRE-), loc.verb.

Agacer, importuner : « *Il nous fait flique avec ses histoires.* »
Peut-être d'après l'onomatopée *flicflac* « bruit » (TLF mentionne le verbe *fliquer* (rare) « faire le bruit "*flic*" »), ou de la même famille que le mot français populaire *flic* « policier ». Usuel.

FLOQUER, v.tr.

Ramollir (le raisin sous l'effet de la pluie) : « *Cette dernière brosée* a floqué tout le raisin.* »
Formé sur l'onomatopée *flok-*, bruit d'un corps qui tombe.
B.V. bien connu au-dessus de 40 ans, attesté au-dessous.
H.B. peu attesté au-dessus de 60 ans, inconnu au-dessous.

FLÛTE, n.f.

Pain long de 400 g : « *Il n'y avait plus de baguettes, j'ai pris une flûte.* » Signalé par TLF dans le sens « pain mince et long » et par Robert 85 « pain en flûte : pain de forme allongée (baguette) ». Les dictionnaires ne semblent pas faire la différence entre « flûte » et « baguette », alors qu'en

Beaujolais la baguette est plus petite (250 g.).
Usuel.

FOLLET, n.m.

Tourbillon de vent : « *Un follet est arrivé et m'a cassé mes pots de fleurs.* »
Emprunté au patois, du latin *follis* « fou » (comme le français feu follet). B.V. attesté au-dessus de 40 ans. H.B. connu au-dessus de 40 ans, en déclin rapide au-dessous.
Synonyme : *revillon.*

FOND, n.m.

Bas : « *Elle a les cheveux qui lui tombent jusqu'au fond des fesses.* » « *L'article sur les classes est au fond de la page.* »
Usuel au-dessus de 20 ans, bien connu au-dessous.

FONTAINE, n.f.

Grand robinet en bronze : « *Fixe bien la fontaine sur la cuve.* »
Régionalisme sémantique.
B.V. connu au-dessus de 40 ans, attesté au-dessous. H.B. peu attesté au-dessus de 20 ans, inconnu au-dessous.

FORCE (D'UNE - QUE), loc. conj.

Tellement : « *Son jardin n'est pas grand mais il était empeillonné* d'une force qu'on a pionné* son saoûl pour le nettoyer.* »
B.V. bien connu au-dessus de 40 ans, connu au-dessous.
H.B. connu.

FORCER, v.intr.

Être sur le point d'aigrir (en parlant du vin) : « *Ce vin a forcé, il faut le mettre au vinaigre.* »
B.V. bien connu au-dessus de 40 ans, attesté au-dessous.
H.B. connu au-dessus de 60 ans, en déclin rapide au-dessous.

FOUGNASSE, adj.

Un peu farfelu : « *Fougnasse comme il est, on peut pas compter sur lui.* » Dérivé péjoratif d'un ancien verbe *fougner* « gronder, faire la moue » (du latin *fundiare* « fureter »).
B.V. usuel. H.B. connu au-dessus de 40 ans, en déclin rapide au-dessous.

FOUINASSER, v.intr.

Fureter : « *Qu'est-ce qu'elle fouinasse encore, celle-là ?* »
Dérivé péjoratif de *fouiner* « fureter ». Bien connu au-dessus de 20 ans, connu au-dessous.
Synonymes : *fregonner 2, frôgner,*

furonner, graboter, revourcher, trafourer (annexe).

FOUIRE, n.f.

Diarrhée : « *J'ai mangé trop de prunes, j'ai pris la fouire.* » Emprunté au patois, continuateur du latin *foria* « diarrhée ».
B.V. peu attesté. H.B. usuel au-dessus de 60 ans, en déclin rapide au-dessous. Synonyme : *ricle*.

FOURCHETTE, n.f.

Plantoir (à vigne) : « *La fourchette entraîne le plant plus profond que le fichon*.* »
Régionalisme technique.
B.V. bien connu.

FOURNIER, n.m.

Fournil : « *Il a conservé le fournier de la ferme.* »
B.V. usuel au-dessus de 40 ans, connu au-dessous. H.B. connu au-dessus de 60 ans, en déclin au-dessous.

FOUTRAQUE, adj.

Fou sympathique, joyeux : « *Ce gamin est gentil, mais tout foutraque.* »
De la famille de *follis* « fou ». Signalé par Robert 85 avec la mention « fam. et régional » et le sens « fou, excentrique ».
Usuel.

FOUTRE, v.tr.

1. loc.verb. *Foutre de bois par terre*, abattre des arbres : « *Mes garçons se sont associés pour foutre de* bois par terre.* »
2. loc.verb. *Être j'm'en fous*, être nonchalant, indolent : « *Son homme est bien gentil, mais il est un peu j'm'en fous* »
Foutre n'a pas ici la valeur péjorative ou vulgaire du français courant.
H.B. usuel.

FRAISE (FAIRE UNE -), loc. verb.

Pincer le nez et le tordre : « *Son copain lui a fait une fraise, il a encore mal.* »
Bien connu au-dessous de 20 ans, inconnu au-dessus.

FRANC, adv.

Tout à fait, complètement : « *Il est franc fou, il ne sait plus ce qu'il fait.* »
Signalé par TLF avec une citation de Giraudoux.
Bien connu au-dessus de 20 ans, attesté au-dessous.

FRANCE (FAIRE -), loc.verb.

Survivre : « *S'il continue à ne pas manger, il ne va pas faire france.* » Usuel au-dessus de 60 ans, en déclin rapide au-dessous.

FRANGES, n.f.pl.

Chasse-mouches et, par extension, tout ce qui rappelle les chasse-mouches : « *J'ai retrouvé au grenier un vieux joug avec ses cordilles* et les franges.* » « *Ce chapeau pourra te servir de franges pour l'été !* »
Régionalisme sémantique emprunté au patois.
B.V. connu au-dessus de 60 ans, en déclin rapide au-dessous.
H.B. usuel au-dessus de 40 ans, en déclin rapide au-dessous.

FREGON, n.m.

Personne qui ne tient pas en place et déborde d'activité : « *Cet enfant bouge tout le temps, c'est un vrai fregon.* »
En patois, c'est le nom du tire-braise avec lequel on fourgonne pour faire tomber la braise.
Bien connu au-dessus de 40 ans, attesté au-dessous.

FREGONNER

1. v.tr. Fourgonner : « *Elle est tout le temps en train de fregonner son feu.* »
2. v.intr. Fouiller, fureter : « *Arrête de fregonner dans ce tiroir !* »
Variante du verbe français *fourgonner* empruntée au patois.
Bien connu au-dessus de 40 ans, attesté au-dessous.
Synonymes : *1. bougrasser 1, ragoner. 2. fouinasser, frôgner, furonner, graboter, revourcher, trafourer* (annexe).

FRÉQUENTER, v.tr. ou intr.

Avoir des relations sentimentales avec l'autre sexe : « *Il fréquente la fille de la maison.* », « *Il y a longtemps qu'il fréquente, il va bientôt se marier.* »
Signalé par Robert 85 avec la mention « régional » et par TLF avec la mention « familier, vieilli ou régional ». Usuel.

FRICASSÉE, n.f.

1. Morceaux d'abats de porc préparés à la poêle et portés aux voisins après l'abattage du porc : « *On va porter la fricassée aux voisins.* »
2. Pommes de terre cuites à la poêle : « *A midi on mange souvent une bonne fricassée.* »
Le sens 1 est en voie de disparition comme l'abattage du porc. Le sens 2 est usuel.

FRICOT, n.m.

Nourriture autre que le pain (mais que l'on mange avec le pain) : « *Cet enfant n'a mangé que le fricot.* » Sens dérivé de celui du français « viande, bonne chère ». Bien connu au-dessus de 60 ans, en déclin rapide au-dessous.

FRIQUETTE, adj.

Coquette, élégante : « *Tu es bien friquette, aujourd'hui.* »
Du germanique *frisk* « gourmand, hardi ». B.V. attesté. H.B. connu au-dessus de 60 ans, en déclin rapide au-dessous.

FRISON, n.m.

Copeau (fait avec le rabot) : « *Je lui ai fait un atelier à la cave pour travailler à la maison, c'est toujours plein de frisons.* »
Emprunté au patois, de la famille de *friser* parce que le copeau ressemble à une boucle de cheveux.
Signalé par Robert 85 avec la mention « technique » et par TLF avec le sens « copeaux pour les emballages ». Usuel au-dessus de 40 ans, en déclin rapide au-dessous.

FRÔGNER, v.intr.

Fouiller, fureter : « *Qu'est-ce que tu es encore allé frôgner dans ce tiroir ?* »
Emprunté au patois où ce verbe, dérivé d'un mot gaulois **frogna* « narines, naseaux », signifie d'abord « froncer le nez ».
B.V.attesté au-dessus de 20 ans. H.B. bien connu au-dessus de 60 ans, en déclin rapide au-dessous. Synonymes : *fouinasser, fregonner 2, furonner, graboter, revourcher, trafourer* (annexe).

FROID, n.f.

Froid : « *Habille-toi bien, il fait une froid, ce matin, affreux.* »
Régionalisme grammatical emprunté au patois.
H.B. connu au-dessus de 60 ans, attesté au-dessous.

FROIDIR, v.intr.

Refroidir : « *Attends un peu que la soupe froidisse avant de la manger.* » Emprunté au patois, dérivé de *froid.* Signalé par Robert 85 avec la mention « vieilli et régional » et par TLF avec la mention « vieux ».
B.V. usuel au-dessus de 60 ans, connu au-dessous. H.B. bien connu.

FROMAGE POURRI, n.m.

Fromage fort : « *Ce que je préfère, c'est le fromage pourri.* »
B.V. connu. H.B. usuel au-dessus de 20 ans, bien connu au-dessous.

FROMAILLES, FROUMAILLES, FARMAILLES, n.m.pl.

Fiançailles : « *As-tu entendu parler des fromailles du Francis avec la Marie ?* »
Emprunté au patois où ce mot, dérivé du latin *firmare* « attacher, fixer », désigne aussi le repas de fiançailles et les dragées que l'on donne à l'occasion des fiançailles.
Bien connu au-dessus de 60 ans, en déclin rapide au-dessous.

FROMOUGER, FROMOGER, FROMAILLER, v.intr.

Nettoyer, refaire la litière des bêtes : « *On a bien fromougé dans l'écurie.* » Emprunté au patois, du latin **fimora* « fumier ». Bien connu au-dessus de 40 ans, connu au-dessous. La variante *fromailler* n'est connue (au-dessus de 60 ans) qu'en H.B.

FROUILLER, v.intr.

Tricher : « *J'aime pas jouer aux cartes avec lui, il frouille toujours.* » Emprunté au patois, du latin *fraudare* « tromper ».
B.V. usuel au-dessus de 20 ans.
H.B. bien connu au-dessus de 40 ans, en déclin rapide au-dessous.

FROUILLEUR, FROUILLON, n.m.

Tricheur : « *Quel frouilleur, celui-là, personne n'aime jouer avec lui.* » « *C'est un frouillon, tout le monde le sait.* »
Dérivé de *frouiller*.
Bien connu au-dessus de 40 ans, en déclin rapide au-dessous.

FUMELLE, n.f.

1. Femelle d'animal : « *Il y a un mâle et une fumelle dans l'enclos.* »
2. Gourgandine : « *Je n'aime pas cette femme, elle est toujours fourrée par là, c'est une vraie fumelle.* » Emprunté au patois où ce mot signifie « femme, fille » avec souvent un sens péjoratif.
B.V. connu au-dessus de 20 ans.
H.B. usuel au-dessus de 60 ans, en déclin rapide au-dessous.

FURONNER, FUROGNER, v.intr.

Fureter, chercher : « *Arrête de furonner dans mon sac.* »
Emprunté au patois, du latin *furo* « furet, voleur ».
B.V. peu attesté. H.B. bien connu au-dessus de 60 ans, en déclin rapide au-dessous.
Synonymes : *fouinasser, fregonner 2, frôgner, graboter, revourcher, trafourer* (annexe).

FUSÉ, adj.

1. Vermoulu (en parlant du bois) : « *Il faut pas s'asseoir sur cette chaise, elle est toute fusée.* »
2. Usé jusqu'à la trame (en parlant d'un tissu) : « *Nous ne pouvons pas nous servir de ce tissu, il est si vieux qu'il est tout fusé.* »
Participe passé d'un verbe latin *fundere* « fondre ».
Usuel au-dessus de 20 ans.

GABOUILLARD, -ARDE, n.m. et f.

Personne qui travaille sans goût : « *Il nettoie d'un côté, il salit de l'autre, il range, il dérange, un vrai gabouillard.* »
Dérivé de *gabouille*.
B.V. usuel au-dessus de 40 ans, attesté au-dessous.
À rapprocher de : *barraque, courate 3, ganache, gavagne, gaveux* (annexe), *goujat, sabraque.*

GABOUILLE, n.f.

1. Boue liquide : « *Quelle gabouille dans le chemin avec toute cette pluie.* »
2. Neige fondante : « *La neige s'est arrêtée, mais avec le redoux, ça va faire de la gabouille.* »
Emprunté au patois où ce terme est très vivant dans toute la région lyonnaise (du latin *bullare* « bouillonner » avec le préfixe péjoratif *ga-*).
Usuel.
Synonymes : *bagain* (annexe), *gapiautre, piautre.*

GABOUILLÉE, n.f.

Grosse pluie, giboulée : « *J'ai ramassé une bonne gabouillée en rentrant.* » Emprunté au patois, voir *gabouille*. Ce mot prend parfois aussi le sens de « ivresse ».
B.V. bien connu au-dessus de 40 ans, en déclin rapide au-dessous. H.B. connu au-dessus de 60 ans, en déclin au-dessous.
À rapprocher de : *garou* (annexe), *grefoude* (annexe), *ragasse*.

GABOUILLER, v.intr.

1. Patauger (dans l'eau), barboter : « *Les enfants aiment bien gabouiller dans les flaques d'eau.* »
2. *Être gabouillé*, avoir envie de vomir : « *Après ce repas, je suis tout gabouillé.* »
Formé sur *gabouille*.
B.V. usuel surtout dans le sens 1. H.B. connu au-dessus de 40 ans, en déclin rapide au-dessous.
Synonymes : *borber* (annexe), *gassouiller 2, sassouiller.*

GADE, n.f.

Branche de pin ou de sapin : « *J'ai coupé des gades pour passer dans le chemin.* »
Emprunté au patois et propre, semble-t-il, à la région, ce mot provient peut-être du germanique *wat-* « vieux habits » (il désigne aussi l'écouvillon du four).
B.V. usuel au-dessus de 60 ans, en déclin rapide au-dessous.
H.B. usuel au-dessus de 20 ans, attesté au-dessous.
Synonyme : *épinotte* (annexe).

GADIN, n.m.

Caillou : « *Ce chemin est plein de gadins.* »
Régionalisme sémantique (le premier sens de ce mot est : « Jeu de bouchon »). Étymologie inconnue.
Usuel.

GADRU, adj.

Lourdaud, sans élégance : « *Le grand-père a trouvé ses sandales neuves bien faites mais un peu gadrues.* » Emprunté au patois, probablement de la famille de *gadrouiller* « tripoter, marcher dans l'eau sale » qui est relevé par TLF avec la mention « régional (notamment dans le Lyonnais) » (origine obscure, selon TLF). B.V. connu au-dessus de 40 ans, en déclin au-dessous.

GAFOUILLER, v.intr.

Cafouiller, dire n'importe quoi : « *Il gafouille sans arrêt, il est pas assez sûr de lui, il est trop timide.* » Variante de *cafouiller* qu'on trouve aussi dans de nombreux dialectes. B.V. attesté. H.B. bien connu au-dessus de 60 ans, en déclin rapide au-dessous.

GAGÉ, n.m.

Cultivateur à gages : « *Est-ce que vous avez un vigneron ou un gagé ?* » Participe substantivé de *gager* « donner des gages à quelqu'un » (indiqué comme « vieux » par TLF et Robert 85).
B.V. usuel. H.B. bien connu au-dessus de 60 ans, en déclin rapide au-dessous.

GAGNACHON

Voir GANACHE.

GAGNAFRE, n.f.

Accroc, déchirure, coupure importante (peau, tissu...) : « *En passant sous les fils de fer, le petit a fait une gagnafre d'au moins quinze centimètres à sa veste neuve.* », « *L'opération a été très importante : il a fallu lui faire une grande gagnafre.* »

Origine obscure.
B.V. peu attesté. H.B. bien connu au-dessus de 40 ans, en déclin rapide au-dessous.

GAGNULER, GAGNOULER, v.intr.

Faire de petits aboiements marquant l'ennui ou la protestation : « *On sait bien quand les voisins s'absentent, on entend gagnuler leur chien.* »
Emprunté au patois, dérivé du latin *gannire* « japper ».
B.V. connu au-dessus de 40 ans, attesté au-dessous. H.B. bien connu au-dessus de 40 ans, en déclin rapide au-dessous.
Synonyme : *mouiner*.

GAILLOT, n.m.

Flaque d'eau : « *Marche pas dans les gaillots, tu vas avoir les pieds tout mouillés.* »
Emprunté au patois, peut-être du germanique **wad* « gué ».
B.V. attesté au-dessus de 40 ans. H.B. connu au-dessus de 40 ans, en déclin rapide au-dessous.
Synonymes : *gasse, gour 2*.

GALANCHE, GALANTSE, n.f.

Gaule pour abattre les fruits : « *Les noix sont mûres. On va prendre une galanche et les ramasser.* »
Emprunté au patois, probablement du germanique **walu* « perche ».
H.B. bien connu au-dessus de 40 ans, en déclin rapide au-dessous.

GALAPIAN, GALAPIOT, GALIPIOT, n.m.

Galapiat, vaurien : « *Avec stés* galapians, on va finir par devenir chèvre !* »
Variantes phonétiques de *galapiat*.
H.B. usuel au-dessus de 40 ans, en déclin rapide au-dessous.
Synonyme : *gagnemaufri* (annexe).

GALÈRE, n.f.

Instrument servant à frotter les parquets, composé d'une brosse lourde et d'un long manche : « *Sers-toi de la galère pour faire briller le parquet de la salle à manger.* »
Ce mot est relevé par Robert 85 et TLF avec la mention « horticulture » et le sens « ratissoir à roulettes » ou « petite charrue à roulettes ».
B.V. connu au-dessus de 40 ans, inconnu au-dessous. H.B. bien connu au-dessus de 60 ans.

GALOPE, n.f.

Enveloppe de la châtaigne : « *Les châtaignes sont mûres, les galopes s'ouvrent.* » Emprunté au patois, du germanique **skala* « coquille ». B.V. connu au-dessus de 40 ans.

GANACHE, GAGNACHE, n.f. GAGNACHON, n.m.

1. Mâchoire inférieure ou tête du porc : « *Hier nous avons mangé un gagnachon de cochon.* » 2. Mauvais travailleur : « *Il ne sait rien faire, c'est une ganache.* » Emprunté au patois où ce mot appartient à la famille issue du grec *gnathos* « mâchoire ». Relevé par Robert 85 et TLF avec le sens « personne incapable et bornée » et la mention « au fig., fam., péj. ». B.V. (sens 2) connu au-dessus de 20 ans, inconnu au-dessous. H.B. (sens 1 et 2) bien connu au-dessus de 60 ans, en déclin rapide au-dessous. Le sens 2 est à rapprocher de : *barraque, courate 3, gabouillard, gavagne, gaveux* (annexe), *goujat 2, sabraque.*

GANDOUSE, n.f.

1 Purin qui se trouve au fond des fosses à fumier : « *Avec ce vent, on sent la gandouse jusque dans la maison.* » 2. (f.pl.) W.-C. : « *Les gandouses sont au fond du jardin.* » Du germanique **wandjan* « tourner, s'échapper » (par le glissement sémantique : vagabond -> vaurien -> qui salit). Ce mot a pu être influencé par le français *gadoue.* Connu au-dessus de 40 ans, en déclin rapide au-dessous.

GANEVELER, GANIVELER, v.intr.

Avoir du jeu ou trop de place : « *J'ai tellement eu peur de m'acheter des souliers trop petits que je les ai pris trop grands : mes pieds ganevellent dedans.* » Emprunté au patois où, selon É. de Villié, ce mot, dérivé péjoratif d'un germanique **knif* « couteau », signifie « se détraquer, se démancher... » B.V. connu au-dessus de 40 ans, en déclin au-dessous. H.B. peu attesté au-dessus de 40 ans.

GANIVELLE, n.f.

Personne écervelée, peu sérieuse : « *Mon voisin est une vraie ganivelle.* » Emprunté au patois, voir *ganeveler.* Usuel au-dessus de 60 ans, en déclin rapide au-dessous.

GAPIAN, n.m.

Inspecteur de la Régie des alcools chargé d'en surveiller la fabrication : « *Quand on dépasse les 20 litres de gnôle, on peut avoir des ennuis si un gapian s'amène.* » De l'arabe *qabala* « impôt, fermage ». B.V. bien connu au-dessus de 40 ans, en déclin rapide au-dessous. H.B. attesté au-dessus de 20 ans, inconnu au-dessous.

GAPIAUTRE

Voir PIAUTRE.

GARAGNAT, n.m.

Enfant turbulent, voyou : « *Ce garagnat a encore cassé une vitre.* » Emprunté au patois, du germanique **wrainjo* « étalon ». H.B. bien connu au-dessus de 60 ans, en déclin rapide au-dessous.

GARAILLER, v.intr.

Se chamailler, se brouiller : « *Avec eux, il faut que ça garaille, il ne font pas longtemps avec d'autres.* » Emprunté au patois, du germanique **werra* « brouille, dispute ».
H.B. connu au-dessus de 60 ans, inconnu au-dessous.
Synonymes : *se niarcoter, se tiripiller.*

GARCE, n.f.

1. Jeune fille : « *C'est une belle garce.* »
2. Poule : « *La garce a fait ses poussins.* »
Le mot n'a pas la valeur péjorative du français courant. Il est signalé par TLF dans le sens « adolescente » avec la mention « vieux » et dans le sens « jeune fille ou femme » avec la mention « mod. et rég. ».
Usuel au-dessus de 40 ans, en déclin au-dessous.

GASSE, n.f.

Flaque d'eau : « *Il n'y avait qu'une gasse d'eau par le chemin, il a bien fallu qu'il marche dedans.* »
Emprunté au patois, du germanique **wattja* « humidité ».
H.B. usuel au-dessus de 40 ans, connu au-dessous.
Synonymes : *gaillot, gour* 2.

GASSER, v.tr.

Laver (un récipient) en y remuant de l'eau : « *J'ai fini de faire la vaisselle, il ne me reste plus qu'à gasser la cuvette.* »
Emprunté au patois, voir *gasse.*
B.V. attesté. H.B. usuel au-dessus de 60 ans, en déclin au-dessous.

GASSOUILLER

1. v.tr. Brasser (un liquide) : « *La gourde était pas bien pleine, le vin a été gassouillé.* »
2. v.intr. Barboter, jouer avec

l'eau : « *Cet enfant est toujours tout mouillé, il arrête pas de gassouiller.* » Emprunté au patois, du latin *solium* « baquet, eau sale », sans doute également à rapprocher de *gasser*, dont il est peut-être un dérivé.
Usuel.
Synonymes : 2. *borber* (annexe), *gabouiller, sassouiller.*

GASSOUILLON, n.m.

1. Personne sans ordre, sans goût : « *C'est tout en l'air, chez lui ; quel gassouillon !* »
2. Baquet d'eau : « *Mets la salade dans le gassouillon, je vais la laver.* » Emprunté au patois, voir *gassouiller*. B.V. peu attesté. H.B. connu au-dessus de 60 ans, en déclin rapide au-dessous.

GÂTE, adj.verb.

Gâté (en parlant d'un comestible) : « *Ces poires sont toutes gâtes.* » Participe tronqué de *gâter*, formation courante dans les parlers francoprovençaux.
B.V. bien connu. H.B. connu au-dessus de 40 ans, en déclin rapide au-dessous.

GAUFRE, n.m.
Gaufre : « *Facteur, voulez-vous entrer prendre un verre avec un gaufre ?* » Régionalisme grammatical.
Bien connu.

GAUNE, n.f.

1. Vieux vêtement inutile : « *J'ai trouvé ces gaunes au grenier.* »
2. Emploi péjoratif, vieille fille : « *Cette vieille gaune passe son temps à dire du mal des autres.* » Emprunté au patois, de *gunna* « pelisse ».
B.V. connu au-dessus de 20 ans, inconnu au-dessous. H.B. usuel au-dessus de 60 ans, en déclin rapide au-dessous.
Synonymes : 1. *drouilles, harpes.*

GAUNÉ (MAL-), adj.

Mal habillé : « *Il n'a aucun goût, il est vraiment mal gauné.* » Emprunté au patois, voir *gaune*.
Usuel au-dessus de 20 ans, inconnu au-dessous.

GAVAGNE, n.f.

Mauvais ouvrier : « *Quelle est la gavagne qui a fait ce travail ?* » Du mot latin **gaba* « gosier » (à rapprocher de *gavots* « goitreux habitant les montagnes »).
B.V. attesté au-dessus de 20 ans. H.B. connu au-dessus de 60 ans, en déclin rapide au-dessous.

À rapprocher de : *barraque, courate*
3. *gabouillard, ganache, gaveux* (annexe), *goujat 2, sabraque.*

GAZON, n.m.

Petite motte de terre : « *Quand c'est trop sec, ça fait des gazons, ça va mal pour labourer.* »
Régionalisme sémantique venant du patois (continuateur d'un mot germanique **waso* « motte de terre »). Signalé par Robert 85 avec la mention « vieux » dans le sens « motte de terre garnie d'herbe », et par TLF, sans mention, dans le sens « motte de terre carrée couverte de gazon que l'on découpe à la pelle ».
B.V. bien connu au-dessus de 40 ans, en déclin rapide au-dessous.H.B. attesté.
Synonyme : *gaze* (annexe).

GAZONNER, v.intr.

Faire des mottes de terre : « *Ça va pas bien pour labourer, c'est trop sec, ça gazonne.* »
Dérivé de *gazon.*
B.V. connu au-dessus de 40 ans, en déclin au-dessous.

GENDRESSE, n.f.

Bru : « *Elle s'entend pas bien avec sa gendresse.* »
Féminin formé sur *gendre,* fréquent dans de nombreuses régions.
Usuel au-dessus de 20 ans.

GÊNE, n.m.

Marc de raisin : « *Avec le gêne, on fait la gnôle.* »
Emprunté au patois, continuateur du gaulois **jésmenom-* « marc de raisin ».
Usuel.

GERLE, n.f.

Cuveau ovale contenant environ 600 litres placé sous le bec du pressoir pour recevoir le vin qui en coule : « *La gerle sera bientôt pleine.* » Emprunté au patois où ce mot est bien connu en domaine franco-provençal (du latin *gerulus* « récipient pour le transport »).
Relevé par Robert 85 et par TLF avec la mention « régional ».
B.V. usuel.
H.B. connu au-dessus de 60 ans, en déclin rapide au-dessous.

GICLE, n.m.

Serpent non venimeux, sorte de grosse couleuvre : « *Il y a un gicle dans les buissons.* »
Emprunté au patois, du latin **ciscularе* « gicler ».
B.V. bien connu au-dessus de 20 ans, inconnu au-dessous.
H.B. attesté au-dessus de 20 ans, inconnu au-dessous.

GICLETTE, n.f.

Petite quantité : « *Donnez-moi seulement une giclette de vin avec de l'eau.* »
Dérivé de *gicler* « jaillir ».
B.V. usuel. H.B. connu au-dessus de 20 ans, inconnu au-dessous.

GIGUE (LEVER LA-), loc.verb.

Être de mœurs légères : « *Cette femme n'est jamais chez elle, elle passe pour lever la gigue facilement.* »
Gigue a ici le sens familier de « jambe (longue) », sens relevé par Robert 85 et TLF.
Bien connu au-dessus de 40 ans, en déclin au-dessous.

GIGUELETTE, n.f.

1. Danse sautillante : « *Les gamins dansent la giguelette.* »
2. loc.verb. *Faire la giguelette*, faire la pirouette : « *Ils s'amusent dans le pré à faire la giguelette.* »
Du germanique *gîga* « violon, instrument à corde ».
B.V. peu attesté. H.B. connu au-dessus de 60 ans, en déclin rapide au-dessous.
Synonymes : 2. *baroulette, coquillon, cuplette.*

GLACIER, n.m.

Fossé creusé dans le sens des rangs de la vigne perpendiculairement aux charrois* pour l'écoulement de l'eau : « *Les glaciers étaient faits autrefois en pierres sèches. Aujourd'hui ce sont des demi-tuyaux en ciment.* »
Il s'agit probablement du mot *glacis* « pente douce et unie » dont la finale *-is* patoise a été interprétée comme correspondant au suffixe français *-ier* (Voir *larmi/* larmier, *meti/*métier, etc.). B.V. usuel au-dessus de 40 ans, connu au-dessous.
À rapprocher de : *charroi 2, fourrière* (annexe), *traversier*.

GLANGLAN, n.m.

Appendice charnu des chèvres : « *Il y a des chèvres qui ont des glanglans, d'autres qui n'en ont pas.* » Emprunté au patois, du latin *glans* « gland ».
Connu au-dessus de 60 ans, en déclin rapide au-dessous.

GLAUDE, GLAUDINE, nom propre

Claude, Claudine : « *Le Glaude est passé nous voir hier.* »
Régionalisme phonétique.
Bien connu au-dessus de 20 ans, attesté au-dessous.

GLIGLI (FAIRE-), loc.verb.

Chatouiller : « *Il n'aime pas qu'on lui fasse gligli, il craint la chatouille.* » Usuel.

Synonymes : *graboter, grazouiller.*

GLOITRE, CLOITRE, n.m.

Goitre : « *Il a un gros gloitre. Il faudra qu'il se fasse opérer, car ça commence à le gêner.* » Régionalisme phonétique. B.V. bien connu au-dessus de 60 ans, inconnu au-dessous. H.B. bien connu au-dessus de 20 ans, inconnu au-dessous.

GNOGNOT, GNOGNOTE, adj.

Peu dégourdi, bête, nonchalant : « *Le commis du voisin est un peu gnognot.* », « *Qu'est-ce qu'elle est gnognote ! Remue-toi un peu !* » Emprunté au patois, du latin **nidax* « jeune oiseau pris au nid » (voir le français *niais*). Bien connu au-dessus de 60 ans, en déclin rapide au-dessous. Synonyme : *gnoche* (annexe).

GNOULER, v.intr.

Pleurer, pleurnicher : « *Le gamin n'arrête pas de gnouler, il doit mettre des dents.* » Emprunté au patois, formé sur l'onomatopée *miau* imitant le cri du chat. B.V. connu au-dessus de 60 ans, en déclin rapide au-dessous. H.B .usuel. Synonymes : *chougner, mornicher.*

GOBE, adj.

Gourd, engourdi par le froid ou les rhumatismes (en parlant des doigts) : « *C'est surtout le matin que j'ai les doigts gobes, à ne pas pouvoir me peigner, ni m'habiller en me levant.* » Emprunté au patois, continuateur du latin **gubbus* « engourdi ». Connu surtout au-dessus de 40 ans, en déclin rapide au-dessous.

GOBI (DE-), loc.adv.

De travers (en parlant des chaussures) : « *Il a ses chaussures tout de gobi.* » Dérivé de *gobe* pour la forme et le sens (« engourdi », donc « tordu »). B.V. connu.

GOBILLE, n.f.

Bille (pour jouer) : « *Mon copain m'a gagné toutes mes gobilles.* » Emprunté au patois, du germanique **bikkil* « boule ». Usuel.

GODINIAT, n.m.

Clafoutis, gâteau aux fruits : « *J'ai des pommes qui s'abîment, je vais faire un godiniat.* »

Emprunté au patois, du latin **cydoneum* « coing ». H.B. bien connu au-dessus de 40 ans, attesté au-dessous. Synonyme : *quacuit* 1.

GODIVEAU, n.m.

Petite saucisse : « *Aujourd'hui, on mange de la purée avec des godiveaux.* »
Mot originaire de l'Ouest, issu du radical *god-*. cri d'appel pour les animaux domestiques.
Régionalisme sémantique, ce mot est connu du français courant dans le sens « andouillette ».
Usuel au-dessus de 20 ans, en déclin rapide au-dessous.

GOGNAND (GRAND-), n.m.

Homme bête, niais : « *Il ne sait jamais ce qu'il faut faire : c'est un grand gognand.* »
Emprunté au patois, dérivé de *gaugne* « fluxion dentaire » (annexe) (du latin **gaba* « gosier »).
B.V. bien connu. H.B. usuel au-dessus de 40 ans, en déclin rapide au-dessous. Synonymes : *bagain* (annexe), *baleuset, benoni* (annexe), *bredin, brelot 2, caque-nano* (annexe), *caqueret* (annexe), *grobe, grobi.*

GOGNANDISE, n.f.

Bêtise : « *Arrête de dire des gognandises.* »
Dérivé de *gognand.*
Bien connu au-dessus de 40 ans, en déclin au-dessous.

GOGUE, n.f.

Pain perdu : « *J'ai du pain rassis ; ce soir, on va faire des gogues.* »
Emprunté au patois, issu de la racine onomatopéique *gog-* qui exprimerait la joie.
B.V. peu attesté. H.B. usuel au-dessus de 20 ans, connu au-dessous.

GONFLE

Voir CONFLE.

GONE, n.m.

Enfant : « *Sais-tu où sont les gones ? Il y a un moment qu'on ne les a pas vus.* »
Emprunté au patois, peut-être issu du latin *gunna* « vêtement de peau, robe d'enfant ».
Signalé par Robert 85 et TLF avec la mention « régional (Lyon), populaire ».
Usuel au-dessus de 20 ans, connu au-dessous.

GONFLER, v.intr.

Faire la moue en se retenant de pleurer : « *Le bébé se méconnaît bien un peu. Quand il m'a vu, il a gonflé.* » B.V. bien connu au-dessus de 40 ans, en déclin rapide au-dessous. H.B. usuel au-dessus de 20 ans, bien connu au-dessous.

GONGONNER, v.intr.

Ronchonner : « *Cette femme est serviable, mais elle est toujours en train de gongonner.* »
Emprunté au patois, d'une famille issue de l'onomatopée *gong-*.
B.V. connu au-dessus de 20 ans. H.B. usuel au-dessus de 40 ans, bien connu au-dessous.
Synonyme : *rongonner.*

GOTTAILLER, v.intr.

Pleuvoir très faiblement : « *Il a gottaillé la soirée, mais c'est toujours aussi sec.* »
Emprunté au patois, du latin *gutta* « goutte ».
H.B. connu au-dessus de 60 ans, en déclin rapide au-dessous.

GOUA, n.m.

Serpette : « *On prend le goua pour découper un lapin.* »
Emprunté au patois où ce mot, continuateur du latin **gubia* « serpe », désigne toutes sortes de petites serpes, depuis la petite serpette à tailler la vigne jusqu'au couperet de cuisine.
B.V. connu au-dessus de 40 ans, en déclin au-dessous.

GOUJAT, n.m.

1. Manœuvre, apprenti maçon : « *Mon frère fait le goujat.* »
2. Mauvais ouvrier : « *C'est un goujat qui a fait ce travail.* »
Emprunté au patois où ce mot désigne le valet (d'un mot emprunté à l'hébreu *goja* « servante chrétienne »). B.V. usuel au-dessus de 60 ans, en déclin au-dessous. H.B. bien connu au-dessus de 20 ans, connu au-dessous. Le sens 2 est à rapprocher de : *barraque 1, courate 3, gabouillard, ganache, gavagne, gaveux* (annexe), *sabraque.*

GOULU, GOLU, n.m.

Dindon : « *J'ai un goulu qui est mauvais, il fait peur à tout le monde.* » Régionalisme sémantique emprunté au patois. B.V. peu attesté. H.B. connu au-dessus de 20 ans, inconnu au-dessous.

GOUR, n.m.

1. Endroit d'une rivière où l'eau ne court pas, trou d'eau : « *J'avais accroché ma ligne au fond du gour de la rivière, je l'ai secouée en tous sens pour la déprendre.* »
2. Flaque : « *J'ai trouvé un petit gour sous la table : c'est le petit chien qui l'a fait.* »
Emprunté au patois, du latin *gurges* « tourbillon d'eau ».
Connu au-dessus de 40 ans, en déclin au-dessous.

Synonymes : 1. *gouille* (annexe). 2. *gasse, gaillot.*

GOURIN, n.m.

1 Cheval mâle : « *C'est un joli gourin.* »
2. Personne débauchée : « *Il n'a pas l'air sérieux, ce doit être un de ces gourins...* »
3. adj. Grossier, malotru : « *Gourin comme il est, j'ai peur d'envoyer la gamine chez lui.* »
Emprunté au patois où ce mot est dérivé de *gorre*, qui désigne la vieille vache, et par extension une personne sale ou grossière.
B.V. connu au-dessus de 40 ans.
H.B. peu attesté.

GOURMAND, n.m.

Long porteur (à 6 ou 8 yeux, dans la taille de la vigne) : « *Quand on taille, il faut bien faire attention de ne pas casser les gourmands.* »
Ce mot désigne aussi le rejeton improductif, souvent plus long que les autres.
B.V. usuel. H.B. connu au-dessus de 60 ans, en déclin rapide au-dessous.
À rapprocher de *: baguette, pisse-vigne.*

GOUT, RAT-GOUT, n.m.

Rat d'égout : « *J'ai vu un gros gout sortir du canal.* »
Il s'agit toujours d'un gros rat dont le nom se confond avec celui du rat d'égout.
Bien connu au-dessus de 40 ans, attesté au-dessous.

GOÛTER, v.intr.

Avoir le goût d'un fruit : « *Le vin ne goûte plus.* »
B.V. usuel.

GOUTILLON, GOUTELION, n.m.

Goûter (le plus souvent de 4 heures) : « *Le Louis a encore oublié d'emporter son goutillon.* »
Emprunté au patois où ce dérivé de *goûter* est connu dans tout le nord du Beaujolais viticole.
B.V. usuel au-dessus de 40 ans, en déclin rapide au-dessous.
H.B. peu attesté au-dessus de 20 ans. Synonyme *: quatre-heures.*

GOUTILLONNER, v.intr.

Faire un *goutillon** : « *À la campagne, on a l'habitude de goutillonner.* » Dérivé de *goutillon.*
Usuel au-dessus de 40 ans, en déclin rapide au-dessous.

GOUTTEUX, adj.

Dont le sous-sol est humide (en parlant d'une terre) : « *Ne plante*

pas de vigne dans la creuse, c'est toujours goutteux.* »
Emprunté au patois, dérivé de *goutte* « ruisseau, endroit humide ».
B.V. usuel au-dessus de 40 ans, connu au-dessous. H.B. connu au-dessus de 60 ans, en déclin rapide au-dessous.

GOUTTIÈRE, n.f.

Défaut d'une toiture (tuile cassée ou déplacée) qui permet à l'eau de pluie de pénétrer sous le toit : « *Le grand vent de la semaine dernière m'a fait des gouttières.* »
Dérivé de *goutte*.
Signalé en ce sens par TLF sans mention et par Robert 85 avec la mention « vieux ou régional (Suisse) ». Usuel.

GOYARD, n.m.

Serpe en forme de croissant et avec un long manche : « *Le goyard sert à couper les buissons et les branches des arbres.* »
Emprunté au patois, dérivé de *goua* (voir ce mot).
Il semble que souvent *goyard* et *goyarde* soient employés indifféremment pour désigner le même objet (serpe à long manche).
B.V.bien connu au-dessus de 20 ans. H.B. usuel au-dessus de 40 ans, en déclin rapide au-dessous.

GOYARDE, GOUYARDE, n.f.

Serpe à manche court pour élaguer : « *Les branches du cerisier tombent trop bas, va donc chercher la goyarde, je couperai ces branches qui nous gênent.* »
Emprunté au patois, féminin de *goyard*.
Ce mot désigne aussi le croissant à long manche.
B.V. bien connu au-dessus de 20 ans. H.B. usuel au-dessus de 40 ans, attesté au-dessous.

GOYETTE, n.f.

Serpette de vigneron : « *Je coupe le raisin avec ma goyette.* »
Emprunté au patois, dérivé de *goua*. B.V. bien connu au-dessus de 20 ans, inconnu au-dessous. H.B. connu au-dessus de 40 ans, en déclin rapide au-dessous.

GOYON, n.m.

Serpe à manche court : « *Je vais élaguer la haie avec le goyon.* »

Emprunté au patois, dérivé de *goua*. B.V. peu attesté. H.B. usuel au-dessus de 40 ans, attesté au-dessous.

GRABOTE, n.f.

Personne de petite taille : « *Ces enfants ne grandissent pas, ce seront des grabotes comme leurs parents.* » Déverbal de *graboter* « faire des bricoles, aller doucement ».
B.V. bien connu au-dessus de 20 ans.

GRABOTER

1. v.tr. Chatouiller : « *Il aime pas qu'on lui grabote les pieds.* »
2. v.intr. Fouiller : « *Je sais pas ce qu'il grabote dans ce placard.* »
3. v.intr. Faire des bricoles, aller doucement : « *Il grabote, on peut pas appeler ça travailler.* »
Emprunté au patois, du germanique *grabben* « fouiller » ou *crabbelen* « égratigner ».
Usuel dans les trois sens au-dessus de 20 ans.
Synonymes : 1. *faire gligli, grazouiller. 2. fouinasser, fregonner 2, frôgner, furonner, revourcher, trafourer* (annexe).

GRABOTEUX, n.m.

Personne lente au travail ou qui fait de menus travaux : « *Ce graboteux passe ses journées à faire des choses sans importance.* »
Emprunté au patois, voir *graboter*. B.V. attesté au-dessus de 40 ans, inconnu au-dessous. H.B. bien connu au-dessus de 40 ans, connu au-dessous.

GRABOTON, n.m.

1. Petite grabote* (en parlant d'un enfant) : « *Qu'est-ce qu'il fait ce petit graboton ?* »
2. Chatouille : « *Il aime bien les grabotons, ça le fait rire.* »
Dérivé de *graboter*.
B.V. bien connu. H.B. usuel au-dessus de 20 ans, inconnu au-dessous. Synonymes : 1. *botte, botton.*

GRABOUILLER, v.tr.

Gribouiller : « *Le bébé a grabouillé la tapisserie.* »
Variante phonétique de *gribouiller*. B.V. bien connu au-dessus de 20 ans, inconnu au-dessous. H.B. usuel.

GRAFFIGNER

Voir ÉGRAFFIGNER.

GRAFFIGNURE, n.f.

Égratignure : « *Il a été chercher de* mûrons*, il est tout plein de graffignures.* »
Emprunté au patois, voir *graffigner*. B.V. attesté au-dessus de 40 ans, inconnu au-dessous. H.B. bien connu au-dessus de 60 ans, en déclin rapide au-dessous.

GRAILLE, n.f.

Tartre qui se dépose sur les parois des cuves et des fûts : « *Récupère la graille, on la vendra au pati**. » Emprunté au patois, du latin *creta* « craie » (parce que le tartre fait un dépôt blanchâtre).
B.V. bien connu. H.B. peu attesté.

GRÂLE, GROLE, n.f.

Corbeau, corneille : « *Les grâles ont fait leur nid dans les sapins.* » Emprunté au patois, issu du latin tardif *gracula* « choucas ».
Grole est signalé par TLF avec la mention « rég. de l'Ouest ».
B.V. connu au-dessus de 40 ans, inconnu au-dessous. H.B. usuel au-dessus de 60 ans, en déclin au-dessous.

GRAMELLE, GROMELLE, GRANMLEU, n.f.

Mauvaise herbe, chiendent : « *Les gramelles ont envahi le jardin.* » Emprunté au patois, du latin *gramen* « herbe ».
Bien connu au-dessus de 60 ans, en déclin rapide au-dessous.
Synonyme : *herbe de corcelles.*

GRAND, adv.

Dans l'expression *en avoir grand*, exploiter un grand domaine : « *Ceux-là, c'est pas des petits paysans comme nous, ils en ont grand.* »
Usuel.

GRAPETONS (À-), GROBESSONS (À-), loc.adv.

A quatre pattes, accroupi : « *Il marche tout le temps à grapetons.* »
Du germanique **krubba* « gros morceau de bois ».
B.V. bien connu au-dessus de 20 ans.
H.B. usuel au-dessus de 60 ans, en déclin au-dessous.
Synonymes : *à boson, à cacaboson, à cacasson, à crapotons.*

GRAPPE, n.f.

Crochet : « *J'ai pendu le cochon à la grappe.* »
Emprunté au patois, du germanique **krappa* « crochet, crampon ».
H.B. bien connu au-dessus de 60 ans, en déclin rapide au-dessous.

GRAPPIGNER

Voir GRAPPINER.

GRAPPILLON, GRIMPILLON, n.m.

Montée très raide, raidillon : « *Dans ce grappillon, je suis obligée de passer la première, tellement ça grimpe.* » Emprunté au patois, d'un mot germanique **krappa* « croc, griffe ». *Grimpillon* a subi l'influence du français *grimper*.
Usuel au-dessus de 20 ans, connu au-dessous.
Synonyme : *tragolin*.

GRAPPIN, n.m.

1. Pioche de jardinage que l'on emploie pour les terrains durs : « *Va donc me chercher le grappin pour que je désherbe le massif de rosiers.* »
2. Instrument à crocs pour prendre par exemple le fumier : « *J'ai laissé le grappin à côté du tas de fumier.* »
3. Diable (par extension) : « *Y'a du grappin là-dessous.* »
Emprunté au patois où ce mot désigne la pioche à dents, dérivé de *grappe*.
On désigne le diable par le nom du croc avec lequel il harponne ses victimes.
Usuel au-dessus de 40 ans, en déclin rapide au-dessous.

GRAPPINE, n.f.

Pioche à dents : « *Pour tirer les truffes*, on prend la grappine.* » Emprunté au patois, voir *grappe, grappin*. Usuel au-dessus de 20 ans, attesté au-dessous.

GRAPPINER, GRAPPIGNER, v.intr.

Travailler avec un grappin : « *Il a passé toute sa matinée à grappiner.* » Dérivé de *grappin*. Usuel au-dessus de 40 ans, en déclin rapide au-dessous.

GRATION, n.m.

1. Résidu solide de la graisse de porc : « *Les grattons, c'est bon, mais c'est lourd à digérer.* »
2. Crotte de chèvre ou de mouton : « *Le chemin est plein de grattons.* »
3 Petit caillou (au jeu de boules) : « *J'ai attrapé un gratton, c'est dommage car je faisais un nez*.* »
Peut-être dérivé de *gratter* (« ce qu'on récupère en grattant »), ou d'un mot germanique *kerte* « coupure, petit morceau ». Signalé par Robert 85 dans le sens 2 avec la mention « régional ». B.V. usuel pour les sens 1 et 2, connu dans le sens 3. H.B. connu au-dessus de 40 ans, en déclin rapide au-dessous.
Synonymes : 2. *catole 1, grelote.*

GRAVIROTE, n.f.

1. Soupe au vin : « *Ma grand-mère aime bien la gravirote.* »
2. Breuvage qu'on porte aux jeunes mariés dans un pot de chambre (c'est du vin blanc avec un peu de chocolat fondu) : « *Les jeunes vont porter la gravirote aux mariés.* »
3. Dernière goutte : « *Tiens, tu auras la gravirote.* »
Emprunté au patois, à rapprocher de *gravelle* (du latin **grava* « gravier ») parce que c'est dans un pot de chambre qu'on porte cette boisson aux jeunes mariés. H.B. bien connu au-dessus de 40 ans, en déclin rapide au-dessous. Synonyme : 2. *trempe*.

GRAZOUILLER, v.tr.

Chatouiller : « *Quand le bébé pleure, il suffit de le grazouiller pour qu'il s'arrête.* »
Emprunté au patois où ce verbe semble dû à un croisement entre le verbe lyonnais *grasiller* « grignoter, abîmer » et le verbe français *chatouiller*. H.B. connu au-dessus de 60 ans, en déclin rapide au-dessous. Synonymes : *graboter, faire gligli.*

GRELER, v.intr.

Grelotter de froid : « *Je l'ai attendu longtemps à la sortie de l'école ; je grelais.* »
Emprunté au patois, de la même famille que les mots français *grelot* et *grelotter* (du germanique *grillen* « crier »).
B.V. attesté. H.B. bien connu au-dessus de 60 ans, en déclin rapide au-dessous.

GRELOTE, GRELINE, GUELOTE, GLOTE, n.f.

Crotte de chèvre : « *La cour est pleine de grelotes.* »
Emprunté au patois, voir *greler.*
H.B. connu au-dessus de 60 ans, en déclin au-dessous.
Synonymes : *catole* 1 (sens 2), *gratton* 2.

GRELU, adj.

Frigorifié : « *J'ai recueilli un chien errant, il était tout grelu.* »
Dérivé de *greler.*
Connu au-dessus de 60 ans, en déclin rapide au-dessous.

GRENAUDES, n.f.pl.

Vieilleries qui traînent dans les greniers : « *Il faut débarasser ces grenaudes, le grenier est envahi.* » Emprunté au patois, de *granum* « grain » : du sens de grenier « entrepôt à grains », on passe à celui des vieilleries qui y traînent. B.V. connu.
Synonymes : *aquilles, argailles.*

GRENOUILLE, n.f.

1. Broc servant à remplir et ouiller les tonneaux : « *La grenouille est une espèce de broc en cuivre ou en fer avec un long bec autrefois muni d'un petit bougeoir.* »
Cet emploi de *grenouille* est évidemment lié à l'image de la grenouille : la forme du broc rappelle celle de cet animal.
2. loc.verb. *Sampiller la grenouille*, voir *sampiller*.
B.V. bien connu au-dessus de 40 ans, en déclin rapide au-dessous. Synonyme : 1. *ouillette*.

GRENOUILLETTES, GRENOUILLATS, GRENAILLATS, n.m. ou f.pl.

Lentilles d'eau : « *Il y a beaucoup de grenouillettes sur cet étang.* » « *Les feuilles des grenaillats ressemblent à des lentilles.* »
Dans certains patois, le *grenouillat*, dérivé de *grenouille*, désigne la flaque ou la mare, d'où, par métonymie, les petites plantes qui poussent dans l'eau. Connu au-dessous de 40 ans, en déclin rapide au-dessous.

GRÈSEMOTTER, v.intr.

Ramasser les grèsemottes* : « *Le plus gros de la vendange a été fait, il reste plus qu'à grèsemotter.* »
Dérivé de *grèsemottes*.
B.V. usuel.

GRÈSEMOTTES, GRISEMOTTES, GRISEMOLES, n.m. ou f.pl.

Petites grappes de raisins oubliés ou pas mûrs à la vendange : « *Autrefois, le vin consommé par les ménages de viticulteurs peu aisés était fait avec les grèsemottes.* »
Emprunté au patois où ce mot semble être le produit du croisement de *grumettes* « petits grains » et de *raisimolles* (du latin *racemus* « grappe de raisin ») connu en Lyonnais.
B.V. usuel.
Synonymes : *aigrets, chèvres* (annexe), *conscrits, grumettes* (annexe), *revenus* (annexe).

GRÉSILLE, n.f.

Grêle fine, grésil : « *La grésille du printemps ravage parfois les jardins.* » Du germanique *grisilôn* « grêler ». B.V. connu au-dessus de 20 ans, inconnu au-dessous. H.B. usuel au-dessus de 20 ans, connu au-dessous.

GRÉSILLON, n.m.

1. Petit morceau de combustible incomplètement consumé : « *Dans le poêle, il reste toujours des grésillons.* »

2. Grésil, petit grêlon : « *Ce matin, il tombait de petits grésillons.* »
Dérivé de *grésille*. Le sens 1 est proche de celui qu'indique Robert 85 et TLF : « Coke réduit en petits morceaux. »
B.V. (Dans les deux sens), usuel au-dessus de 40 ans, en déclin rapide au-dessous. H.B. (Sens 2 seul), usuel au-dessus de 60 ans, en déclin rapide au-dessous.

GREUGNE, GROGNE, n.f.

Souche d'arbre, gros morceau de bois à brûler : « *Il s'en est vu pour arracher la greugne du noyer.* », « *Il a mis une greugne dans la cheminée, elle va tenir longtemps.* »
Emprunté au patois, issu du latin *grunium* « groin ».
H.B. usuel au-dessus de 60 ans, en déclin rapide au-dessous.
Synonymes : *greugnon, grobe, grobon* (annexe), *gropille* (annexe).

GREUGNON, GROGNON, n.m.

1. Gros morceau de bois à brûler.
2. au pluriel, petites bosses irrégulières (d'un terrain) : « *Elle est pas belle ma pelouse, elle est toute en grognons.* » Dérivé de *greugne, grogne.*
1. usuel au-dessus de 60 ans, en déclin rapide au-dessous. 2.B.V. attesté au-dessus de 40 ans.
Synonyme : 1. *greugne*.

GRIBOLER, v.tr.

1. Enlever l'herbe (dans les terres labourables) avec le gribolon : « *On va aller griboler ce champ.* »
2. Égaliser les raisins dans les bennes en les tassant sans les écraser : « *Ces bennes sont mal gribolées, elles font le vin, les grumes* sont écrasées.* » Emprunté au patois, continuateur d'un mot germanique *kriebelen* « gratter, picoter ».
B.V. bien connu au-dessus de 40 ans, attesté au-dessous.

GRIBOLON, GRIBOLI, n.m.

Instrument avec lequel on enlevait l'herbe dans les terres labourables (c'était une fourche avec des dents repliées ou un extirpateur) : « *Va donc chercher le gribolon pour nettoyer ce champ.* »
Dérivé de *griboler*.
B.V. connu au-dessus de 40 ans, attesté au-dessous.
Synonymes : *dégranmeleuse, griffon.*

GRIFFON, n.m.

Extirpateur : « *On rabat en polettes*, avec un griffon.* »
Formé sur griffe.
B.V. usuel au-dessus de 40 ans, connu au-dessous.
Synonymes : *dégranmeleuse, gribolon.* On l'appelle aussi parfois *griboli.*

GRIGNETTE, n.f.

Personne chétive : « *C'est une pauvre grignette, elle ne fera jamais une femme.* »
De la famille de *grignon* et *grignoter* (d'un verbe germanique **grinan* « faire la moue »).
B.V. usuel au-dessus de 20 ans.
H.B. connu au-dessus de 40 ans, en déclin rapide au-dessous.

GRILLE, n.f.

1. Défaut dû à la cassure des fils de la chaîne, en tissage : « *J'ai fait des grilles dans le tissu.* »
2. Assemblage de bois qui entoure la vendange sur les anciens pressoirs (variante : *grillage* n.m) : « *Quand la vendange sera pressée, il faudra enlever la grille pour la nettoyer.* »
1. H.B. bien connu au-dessus de 60 ans, en déclin rapide au-dessous. 2. B.V. usuel au-dessus de 20 ans.

GRIMPILLON

Voir GRAPPILLON.

GROASSE

Voir GROUASSE.

GROASSER

Voir GROUER.

GROBE, n.f.

1. Vieille souche : « *Dans ce bois, c'est plein de grobes.* »
2. Personne stupide : « *Il est bête comme ses pieds, tout le monde s'en moque. Quelle grosse grobe !* » Emprunté au patois où ce mot est vivant surtout dans le sens 1 (du germanique **krubba* « gros morceau de bois »).
Connu au-dessus de 40 ans, en déclin au-dessous.
Synonymes : 1. *greugne, grobon* (annexe), *gropille* (annexe).
2. *bagain* (annexe), *baleuset, benoni* (annexe), *bredin, brelot* 2, *caque-nano* (annexe), *caqueret* (annexe), *grobi* (annexe).

GROBESSONS (À-)

Voir GRAPETONS (À-)

GROIN D'ÂNE, loc.nom.

Variété de pissenlit à feuilles velues et épaisses : « *Les groins d'âne, on les donne aux lapins ; on*

ne peut pas les manger en salade : ils sont trop durs. »
Terme imagé qui, en patois, peut désigner aussi la molène.
B.V. usuel au-dessus de 40 ans, en déclin rapide au-dessous.
H.B. connu au-dessus de 40 ans, en déclin rapide au-dessous.
Synonyme : *brin d'âne.*

GROLASSE

Voir GROLE 2.

GROLASSER 1, v.intr.

Couver (en parlant des poules) : « *J'ai deux ou trois poules qui grolassent.* »
Du latin **grodare* « couver », avec l'influence de *grolasser* 2.
Connu au-dessus de 20 ans.
Synonymes : *groasser, grouer.*

GROLASSER 2, v.intr.

Travailler lentement, être mou : « *Je me demande s'il arrivera à finir ce travail ce soir, il grolasse tellement !* » Dérivé péjoratif du français populaire *grolle* « vieille chaussure ».
Connu au-dessus de 20 ans.
Synonyme : *groler* 2.

GROLE 1

Voir GRÂLE.

GROLE 2, GROLASSE, n.f.

Poule couveuse, mère poule, vieille poule : « *Pour empêcher cette grole de couver, il faudrait lui mettre le derrière dans l'eau.* »
Du latin **grodare* « couver », avec l'influence de *grolle* « vieille chaussure ».
B.V. bien connu au-dessus de 40 ans, attesté au-dessous.
H.B. peu attesté au-dessus de 40 ans.
Synonymes : *groasse, grousse.*

GROLER 1, GORLER, v.tr.

Secouer : « *Il faut groler le pommier pour faire tomber les pommes.* » Emprunté au patois, du latin **corrotulare* « secouer ».
Usuel au-dessus de 40 ans, connu au-dessous.
À rapprocher de : *cigogner, gueniller, sargnoter, sargogner, sigroler 2.*

GROLER 2, v.intr.

Être mal fichu.
S'emploie surtout dans l'expression *ça grole* « ça ne va pas » : « *Comment allez-vous père Matthieu ? — Ça grole.* »
Dérivé de *grolle* « vieille chaussure ». B.V. connu au-dessus de 40 ans, attesté au-dessous.
Synonyme : *grolasser* 2.

GROMELLE

Voir GRAMELLE.

GROS DE MUR, loc.nom.

Mur épais de la construction (par opposition aux cloisons que l'on monte après) : « *Il est difficile de faire communiquer ces deux pièces car elles sont séparées par un gros de mur.* » Usuel.

GROUER, GROASSER, v.intr.

Couver : « *La poule s'est mise à grouer.* »
Emprunté au patois, continuateur du verbe latin d'origine gauloise **grodare* « couver ».
B.V. connu au-dessus de 20 ans. H.B. attesté au-dessus de 40 ans.
Synonyme : *grolasser*.

GROUSSE, GROASSE, n.f.

Poule couveuse, vieille poule : « *C'est une bonne grousse, elle s'occupe bien de ses poussins.* » Emprunté au patois, dérivé de *grouer*. B.V. attesté au-dessus de 40 ans. H.B. bien connu au-dessus de 20 ans. Synonymes : *grole 2*, *grolasse*.

GRUME, n.f.

1. Grain (de raisin) : « *J'ai goûté deux-trois grumes de raisin. Il est presque mûr.* »
2. loc.verb. *Avoir la grume*, être éméché : « *Ce soir, le Toine, il a la grume.* »
Emprunté au patois, continuateur du latin *gruma* « cosse ».
Cité par Robert 85 avec la mention « technique ou régional » et par TLF avec la mention « vieux, régional ». B.V. usuel. H.B. bien connu au-dessus de 40 ans, en déclin rapide au-dessous.

GRUMER, v.tr.

Déguster : « *Dépêche-toi de venir grumer ce vin.* »
Dérivé de *grume*.
B.V. bien connu au-dessus de 40 ans, connu au-dessous.

GRUMEUR, n.m.

Goûteur (de vin), dégustateur : « *Dans le pays il est considéré comme un fin grumeur.* »
Formé sur *grume*.
B.V. connu au-dessus de 20 ans.

GUENCHER (SE), v.pron.

Se garer, se mettre sur le côté : « *Je me guenche au passage d'une voiture.* »
Emprunté au patois, du germanique **wenkjan* « oblique ».
H.B. connu au-dessus de 60 ans, en déclin au-dessous.
Synonyme : *se joindre*.

GUENILLER, v.tr.

Secouer : « *Ne le guenille pas tant, tu vas le rendre malade.* » Emprunté au patois, du gaulois **wadana* « eau » (comme le mot français *guenille*).
B.V. peu attesté. H.B. usuel.
À rapprocher de : *cigogner, groler, sargnoter, sargogner, sigroler 1.*

GUENILLES (SE METTRE DANS SES-), loc.verb.

Gronder avec force : « *Depuis quelque temps pour le gamin ça n'allait plus ni à la maison, ni à l'école, sa mère s'est mise dans ses guenilles. Ça a changé du jour au lendemain.* » Variante de l'expression française *être après les guenilles de quelqu'un* « être à ses trousses ».
Cité par TLF avec la mention « vieilli ».
B.V. connu au-dessus de 40 ans, en déclin au-dessous. H.B. peu attesté au-dessus de 40 ans.

GUIGNOCHE, n.f.

1. Taquet d'un verrou, détente d'une arme : « *La guignoche de la porte est cassée.* », « *C'est dangereux de toucher à la guignoche du fusil.* »
2. Personne bancale : « *C'est une drôle de guignoche.* »
De l'ancien francique **wingjan* « faire signe, cligner de l'œil ».
B.V. peu attesté. H.B. Sens 1 : bien connu au-dessus de 60 ans, en déclin rapide au-dessous. Sens 2 peu attesté.

GUIGNOCHER, v.intr.

1. Branler (en parlant d'une partie qui ne reste pas fixée totalement à l'ensemble) : « *Cette pioche a un manche qui guignoche.* »
2. Marcher d'un pas hésitant : « *Regarde comme il est saoûl, il guignoche.* »
3. Manger sans appétit : « *Cet enfant est toujours en train de guignocher.* » Formé sur *guignoche*.
Le sens 3 semble être né d'un rapprochement avec *pignocher* (voir ce mot). Bien connu au-dessus de 40 ans, connu au-dessous.
Synonymes : 2. *brandicoler 2, branlicoter, chambiller* (annexe), *dordiller, jambiroter* (annexe), *trampaler* (annexe), *trebiller* (annexe), *trimbaler. 3. bechouiller, pechouiller.*

GUILLE, n.f.

Fausset et trou du fausset pratiqué sur l'avant du tonneau : « *À la cave, quand on boit on tire le vin à la guille.* »
Emprunté au patois, continuateur du germanique *kegil* « quille ».
B.V. usuel au-dessus de 40 ans, en déclin rapide au-dessous.
H.B. connu au-dessus de 20 ans, inconnu au-dessous.
Synonyme : *guillon*.

GUILLON, n.m.

1. Même sens que *guille* (voir ce mot).
2. Barre en fer avec une chaîne qui tient la porte arrière du tombereau : « *Mon père a lâché le guillon, c'est tout parti dans la cour.* »
Dérivé de *guille*.
H.B. connu au-dessus de 20 ans.

HABERGEMENT, n.m.

Entourage en zinc de la cheminée : « *Le plombier est venu refaire l'habergement de la cheminée.* »
Du germanique **haribergon* « donner un abri ».
Bien connu au-dessus de 20 ans, attesté au-dessous.

HACHON, n.m.

Petite hache : « *Pour découper le lapin, mon oncle aimait mieux l'hachon que le gouâ*.* »
Dérivé de *hache*, bien connu au-dessus de 40 ans, en déclin au-dessous.

HARPES, n.f.pl.

Vieux vêtements inutiles : « *Jette-moi ces vieilles harpes.* »
Emprunté au patois, peut-être à rapprocher de *harpe* « griffe ».
B.V. bien connu au-dessus de 60 ans, en déclin rapide au-dessous. H.B. attesté au-dessus de 20 ans, inconnu au-dessous.
Synonymes : *drouilles, gaune.*

HERBE DE CORCELLES, loc. nom.

Chiendent : « *Ce champ est plein d'herbe de Corcelles.* »
L'origine de cette locution est inconnue.
B.V. connu au-dessus de 40 ans, en déclin au-dessous.
Synonyme : *gramelle.*

HERBES (PETITES-), n.f.pl.

Fines herbes : « *L'omelette est bien meilleure avec de petites herbes.* » Usuel au-dessus de 40 ans, bien connu au-dessous.

HEURES (VOIR LES - D'ARRIVÉE), loc.verb.

Supporter impatiemment : « *Depuis trois jours, on a tellement marché que je vois les heures d'arrivée.* »
B.V. usuel. H.B. connu au-dessus de 20 ans, inconnu au-dessous.

HIVERNAUDE, n.f.

Salade d'hiver : « *Cette salade est agréable à cette époque, c'est une hivernaude.* »
Dérivé de *hiver, hiverner.*
Usuel.

HORLOGE, n.m.

Horloge : « *Mon horloge, il prend toujours un peu d'avance, il faudrait que je le règle.* »
Régionalisme grammatical.
Connu au-dessus de 40 ans, attesté au-dessous.

HUILE DE CHOU, loc.nom.

Huile de colza : « *J'aime la salade faite à l'huile de chou.* »
Emprunté au patois où chou est le nom du colza.
Bien connu au-dessus de 40 ans, en déclin rapide au-dessous.

HURLÉE, n.f.

Cri, hurlement : « *Quand sa mère s'en va, le gamin fait des hurlées, affreux !* »
Signalé par Robert 85 avec la mention « vieux ou littéraire » et par TLF avec la mention « populaire ou vieilli ». B.V. connu au-dessus de 60 ans, en déclin rapide au-dessous. H.B. usuel au-dessus de 20 ans, en déclin au-dessous.
Synonyme : *breuillée.*

INGRETS

Voir AIGRETS.

INTRIGANT, adj.

Ingénieux, habile : « *Il est bien intrigant, il a tout fait lui-même dans sa maison.* »
Bien connu au-dessus de 60 ans, en déclin au-dessous.

INSERVABLE, adj.

Inutilisable : « *Depuis qu'elle a eu ses petits, la chienne est inservable, elle ne barre plus les vaches.* », « *La brouette est inservable, la roue est cassée.* »
B.V. connu au-dessus de 20 ans, en déclin rapide au-dessous.
H.B. usuel.

IVRAISON (AVOIR UNE -) OU (PRENDRE UNE -), loc. verb.

Tituber, avoir la tête qui tourne, ne pas être solide sur ses jambes : « *Depuis sa maladie, elle prend des ivraisons assez souvent.* »
Dérivé de *ivrer*.
H.B. usuel au-dessus de 40 ans, en déclin rapide au-dessous.

IVRER, v.tr.

Soûler (sens figuré), faire tourner la tête : « *Arrête de remuer, tu m'ivres.* »
Emprunté au patois, du latin *ebrius* « ivre ».
B.V. peu attesté. H.B. usuel au-dessus de 40 ans, en déclin au-dessous.

JACOBINE, n.f.

Petite fenêtre de chambre mansardée : « *Elle habite l'appartement du dernier étage, il est éclairé par des jacobines.* » *Chambre jacobine* est attesté au XVIe siècle avec le sens « chambre mansardée ». Cité par Larousse 1928 avec la mention « vieux et dialectal ». B.V. connu au-dessus de 20 ans. H.B. usuel.

JALOUSE (ANNÉE -), n.f.

Année dont le rendement a été inégal dans des propriétés attenantes (ce qui conduit les cultivateurs moins favorisés à jalouser les autres) : « *L'an dernier, la production de la vigne était particulièrement inégale d'une parcelle à l'autre : c'était une année jalouse.* » B.V. bien connu au-dessus de 40 ans, en déclin rapide au-dessous. H.B. peu attesté au-dessus de 60 ans, inconnu au-dessous.

JAPPE, n.f.

Individu qui a la critique facile et abondante : « *S'il est au conseil municipal, une jappe pareille, on n'entendra que lui aux réunions.* » Déverbal de *japper*.
Connu au-dessus de 20 ans.

JAPILLER, v.intr.

Bavarder sans arrêt : « *Ce gamin, il me saoule, il arrête pas de jappiller.* » Dérivé de *japper*.
B.V. connu au-dessus de 40 ans.
H.B. bien connu au-dessus de 60 ans, en déclin rapide au-dessous.
À rapprocher de : *babeuter, bacholer, bagoler, bajafler* (annexe), *cacotter*.

JARLOT, n.m.

1. Récipient de bois servant à recueillir le raisin auprès des vendangeurs :
« *Quand les jarlots passent, profitez-en pour vider vos paniers* ».
2. L'homme qui porte ce

récipient : « *On appelle le jarlot quand on a rempli son seau* » Emprunté au patois, dérivé de *gerle* (voir ce mot).
B.V. usuel. H.B. connu au-dessus de 40 ans, en déclin rapide au-dessous. Synonyme : *jarlotier.*

JARLOTER, v.intr.

Porter les jarlots :« *Toi, tu jarloteras.* »
Dérivé de *jarlot.*
B.V. usuel. H.B. connu au-dessus de 40 ans, peu attesté au-dessous.

JARLOTIER, n.m.

Celui qui porte les jarlots : « *On trouve des vendangeurs, mais ils sont jeunes et ne sont pas assez forts pour faire des jarlotiers.* »
B.V. usuel. H.B. connu au-dessus de 40 ans, peu attesté au-dessous. Synonyme : *jarlot.*

JARNON, n.m.

Germe (principalement germe de pomme de terre) : « *Je n'en reviens pas de voir les jarnons que mes pommes de terre ont pris en quelques jours.* »
Emprunté au patois, continuateur du latin *germen* + suffixe.
B.V. peu attesté. H.B. connu au-dessus de 60 ans, en déclin rapide au-dessous.

JARRETER, v.tr.

Cingler, fouetter : « *Arrêtez-vous de faire du bruit, sinon je vais vous jarreter les mollets.* »
Dérivé de *jarret.*
B.V. connu.

JEAN RIT, loc.nom.

Jeu de l'épervier : « *Quand on jouait à Jean rit, on disait : "Jean rit, pour qui ? Tout ce qui passe est pris" et on essayait d'attraper les autres.* » *Jean*, dans certaines locutions, sert à désigner différents oiseaux rapaces (*Jean du bois* « hibou », *Jean le blanc* « épervier », *Jean de l'hiver* « gros oiseau de proie »). Le verbe *rit* est peut-être une allusion au cri de l'épervier.
H.B. bien connu au-dessus de 60 ans, en déclin rapide au-dessous.

JÉSUS (BON-), JOSÉ (BON-), n.m.

Gros saucisson court fait avec le caecum du porc : « *Prends donc une tranche de bon Jésus avec du pain.* » C'est la ressemblance avec un enfant emmailloté qui a entraîné l'appellation de *Jésus*. De *Jésus* on est passé à *Joseph* à cause de la ressemblance de ces deux noms.
Signalé par Robert 85 avec la mention « attesté XXe » et le

sens « gros saucisson court fabriqué dans le Jura, en Alsace et en Suisse », et par TLF sous la rubrique « art culinaire » et le sens « saucisson de gros diamètre, hachage gros, emballé sous le caecum de porc... » Usuel indifféremment sous les deux noms.

JETON, JÉTOU, JITOU, n.m.

Récipient ayant la forme d'un petit seau et pourvu d'un long manche, utilisé pour transvaser les liquides : « *On utilise le jeton pour verser la nourriture des cochons dans le bachas**. » Emprunté au patois, c'est le « jetoir » (du latin *jactare* « jeter »).
B.V. connu au-dessus de 40 ans, inconnu au-dessous. H.B. peu attesté.

JEUNE, n.m. ou f.

Fiancé(e) : « *Le Maurice est venu nous présenter sa jeune. Elle marque* rien* mal.* »
B.V. bien connu au-dessus de 40 ans, connu au-dessous.
H.B. usuel au-dessus de 20 ans, connu au-dessous.

JOINDRE (SE), v.pron.

Se ranger : « *Attendez pour passer, les vaches vont se joindre.* »
Usuel.
Synonyme : *se guencher.*

JOUIR, v.tr.

Être maître (de) : « *Ses enfants sont tellement tarabates* qu'elle peut pas en jouir.* »
B.V. usuel au-dessus de 20 ans, en déclin rapide au-dessous.
H.B. usuel au-dessus de 60 ans, en déclin rapide au-dessous.

JUSQU'À TANT QUE, loc.conj.

Jusqu'à ce que : « *Il habitera chez ses parents jusqu'à tant qu'il trouve un logement en ville.* »
Bien connu au-dessus de 20 ans.

JUSQUE, conj.

Jusqu'à ce que : « *Il a été bien sage jusque sa maman revienne.* »
Régionalisme grammatical.
H.B. usuel au-dessus de 40 ans, en déclin rapide au-dessous.

LACETTE, n.f.

Galon qui sert à border les vêtements : « *Cette année, les vestes des tailleurs sont souvent bordées de lacettes.* » Féminin de lacet.
Usuel au-dessus de 40 ans, en déclin rapide au-dessous.

LAIT (ÊTRE AU-), loc.verb.

Monter (en parlant de salades) : « *Avec le temps qu'on a eu, les salades sont au lait tout de suite.* » B.V. peu attesté. H.B. connu au-dessus de 60 ans, inconnu au-dessous.

LAITON, n.m.

Cochon de lait : « *Il me reste deux laitons que je garde pour moi.* » Emprunté au patois, du latin *lac* « lait ».
H.B. connu au-dessus de 60 ans, en déclin rapide au-dessous.

LALEU, adj.

Simplet, niais : « *Il a son frère avec lui, mais il ne peut pas lui aider*, il est tout laleu.* » Emprunté au patois, formé sur l'onomatopée *lall-* exprimant le bégaiement. B.V. peu attesté. H.B. bien connu. Synonymes : *bagain* 2 (annexe), *baleuset, belot* (annexe), *benoni 2* (annexe), *bredin, brelot, grobi* (annexe), *caque-nano* (annexe).

LALI-LALA, LANLI-LANLA, adv.

Médiocrement (en parlant de la santé) : « *Depuis son opération elle va lali-lala.* »
Attesté en ce sens en Suisse, cet adverbe est issu de l'onomatopée *lall-*. Connu au-dessus de 40 ans, en déclin rapide au-dessous.

LANTERNE, n.f.

Personne lente au travail : « *Avec cette lanterne, on finira jamais.* » Déverbal de *lanterner* « temporiser, hésiter à agir ».
Usuel au-dessus de 20 ans, inconnu au-dessous.
A rapprocher de : *bambane, baseu, besin 2, dordet, soquant*

(annexe), *traîne-groles, panosse 2, pattet 2* (annexe).

LAPER, v.tr.

Lancer, jeter violemment : « *Ce gamin crie tout le temps ! Quand il est comme ça, je le laperais bien contre les murs.* »
Emprunté au patois, peut-être issu d'une onomatopée d'origine germanique *lapp-*.
H.B. usuel au-dessus de 60 ans, connu au-dessous.
Synonyme : *carailler.*

LARMIER, n.m.

Soupirail (de cave) : « *Il faut descendre de la lumière pour y voir quelque chose à la cave, le larmier ne l'éclaire rien* du tout.* »
Dérivé de *larme.*
Signalé par TLF dans le sens « ouverture servant à éclairer un local » dans une citation de Lamartine.
Usuel au-dessus de 40 ans, en déclin rapide au-dessous.

LARMISE, LARMOUISE, n.f.

Lézard gris : « *T'as vu les larmises qui courent sur le mur !* »
Emprunté au patois, du latin (attesté à Lyon au ve siècle) *lacrimusa.* Signalé par Robert 85 avec la mention « régional » et l'indication « le mot est du domaine francoprovençal », et par TLF avec la mention « régional (Sud-Est) ».
B.V. connu au-dessus de 20 ans, en déclin au-dessous. H.B. attesté au-dessus de 60 ans, inconnu au-dessous. Synonyme : *gatille* (annexe).

LATIÉ, LAITIÉ, n.m. ou f.

Petit lait : « *Je donne le latié aux cochons.* »
Emprunté au patois, du latin *lac* « lait ».
B.V. peu attesté. H.B. connu au-dessus de 60 ans, en déclin rapide au-dessous.

LAURELLE, n.f.

Laurier rose : « *Quand les hommes seront là, on en profitera pour leur faire rentrer les laurelles.* »
De *laurus* « laurier ».
Usuel au-dessus de 60 ans, en déclin rapide au-dessous.

LAVAILLE, n.f.

Eaux de vaisselle : « *Les autrefois* on gardait la lavaille pour les cochons.* » Emprunté au patois, de la famille de *lavare* « laver ».
Usuel au-dessus de 40 ans, en déclin rapide au-dessous.

LAVÉE, n.f.

Lessive : « *J'ai profité du beau temps pour faire ma lavée.* » Emprunté au patois, dérivé de *laver*. Bien connu au-dessus de 40 ans, en déclin au-dessous. Synonyme : *buye*.

LENDES, n.f.pl.

Lentes : « *Il n'a plus de poux, mais on voit encore des lendes.* » Emprunté au patois, du latin *lendine* « lente ».
B.V. attesté. H.B. connu au-dessus de 60 ans, en déclin au-dessous.

LEUBE, adj.

Engourdi, maladroit : « *Quand on est vieux, on devient leube.* » Emprunté au patois, du germanique **lobbôn* « épier ».
H.B. usuel au-dessus de 40 ans, en déclin rapide au-dessous.

LEVER (SE), v.pron.

Dans l'expression *se lever avant (un enfant)*, lui donner un patrimoine ou une situation (en parlant des parents) : « *Jean a bien de la chance que ses parents se soient levés avant lui.* » Bien connu.

LÉVIER, LIVIER

Voir ÉVIER.

LEVRETTE, n.f.

Mâche : « *Nous allons faire une salade de levrette.* »
Emprunté au patois, de la famille de *lièvre* (cette salade s'appelle dans de nombreuses régions : *salade aux lièvres ou laitue à lièvres*). B.V. bien connu au-dessus de 20 ans, en déclin au-dessous. Synonyme : *doucette*.

LICHER, v.tr.

Lécher : « *Les chiens, ça aime bien vous licher.* »
Régionalisme phonétique.
Bien connu au-dessus de 60 ans, en déclin rapide au-dessous.

LIE, n.m.

Lie de vin : « *J'ai vendu le lie au pati*, il ne m'en a pas donné cher.* » Régionalisme grammatical. B.V. bien connu au-dessus de 40 ans, en déclin au-dessous.

LIER, v.tr.

1. Attacher (le cep de vigne) : « *On lie la vigne en hiver.* »
2. Dans l'expression *difficile à lier*, difficile à vivre (en parlant d'une personne) : « *Malgré son air franc et bon vivant, il est difficile à lier comme tout.* »
Usuel au-dessus de 40 ans, en déclin au-dessous (sens 1), usuel (sens 2).

LIÈVRE, n.f.

Lièvre : « *J'ai loupé la lièvre qui m'arrivait droit dessus.* » Régionalisme grammatical emprunté au patois.
Bien connu au-dessus de 40 ans, en déclin au-dessous.

LIMAÇON, n.m.

Petite limace beige : « *La salade était cafie* de petits limaçons.* » Bien connu au-dessus de 20 ans, attesté au-dessous.

LOIN (ALLER CHERCHER-), loc.verb.

Coûter cher : « *Une voiture neuve, maintenant ça va chercher loin.* » Usuel.

LÔNE, n.f.

Bras du Rhône où l'eau est stagnante : « *Au bord du Rhône, il y a des lônes.* »
Emprunté au patois, continuateur d'un mot germanique **luhno* « trou d'eau ».
Signalé par Robert 85 en ce sens avec la mention « régional » et par TLF avec le sens « eau stagnante de peu d'étendue et sans profondeur en communication périodique ou permanente avec une rivière » et la mention « En particulier, régional : nom donné dans le Lyonnais aux bras du Rhône que l'on colmate pour exhausser les rives ».
B.V. connu au-dessus de 40 ans, en déclin au-dessous.

LONG (DE-), loc.adv.

Dans l'expression *en savoir de long*, savoir beaucoup de choses : « *Méfie-toi, il en sait de long plus que tu crois.* »
B.V. bien connu au-dessus de 40 ans, en déclin au-dessous.
H.B. usuel au-dessus de 60 ans, en déclin rapide au-dessous.

LONGTEMPS, adv.

Dans l'expression *il y a longtemps* que, il est certain que : « *Il y a longtemps qu'on est mieux à la campagne qu'à la ville.* »
Bien connu au-dessus de 20 ans, inconnu au-dessous.

LUZERNER, LUZARNER, v.intr.

Apparaître et disparaître dans les nuages (en parlant du soleil) : « *Toute la journée le soleil a luzerné.* » Emprunté au patois, du latin *lucerna* « lumière ».
Connu au-dessus de 20 ans.

M

MÂCHON, n.m.

Petit repas : « *Fais-nous un mâchon pour manger rapidement avant d'aller prendre le train.* »
Emprunté au patois, de la famille de *mâcher* (de *masticare*). Signalé en remarque par TLF avec la mention « subst. masc. région. (Lyonnais) et fam. », et le sens « repas », et par Robert 85 avec la mention « régional, Lyonnais » et le sens « petit repas léger ».
B.V. usuel. H.B. usuel au-dessus de 20 ans, inconnu au-dessous.

MÂCHURER (SE), v.pron.

Se couvrir (en parlant du temps : signe de pluie) : « *Le temps se mâchure, il faut vite rentrer le foin.* » Régionalisme sémantique né de la métaphore des nuages noirs annonciateurs de pluie.
Bien connu au-dessus de 40 ans, attesté au-dessous.
Synonyme : *se mornailler.*

MÂCHURON, n.m.

Poussière de charbon (déposée sur quelque chose) : « *Tu as la figure pleine de mâchurons.* »
Dérivé de *mâchurer* « noircir ».
Signalé par TLF avec la mention « région, (surtout Savoie) » et le sens « tache noire, barbouillage ».
B.V. usuel au-dessus de 20 ans.
H.B. bien connu au-dessus de 60 ans, en déclin au-dessous.

MAGNIN, MAGNAN, n.m.

Chaudronnier-réparateur de casseroles : « *Le magnin s'est installé sur la place.* »
Emprunté au patois, du latin **manianus* « travailleur manuel ». B.V. bien connu au-dessus de 40 ans, en déclin rapide au-dessous. H.B. attesté au-dessus de 40 ans.

MAILLE 1, n.f.

Meule, tas de blé : « *À la batteuse, moi je ferai la maille.* »

Emprunté au patois, continuateur du latin *meta* « meule de foin, pyramide ». Usuel au-dessus de 40 ans, en déclin rapide au-dessous.

MAILLE 2 (DE GROSSE-), loc.adj.

Corpulent, solide : « *Son frère est plus gros que lui. C'est qu'il est de grosse maille, lui.* »
B.V. connu au-dessus de 20 ans, inconnu au-dessous. H.B. attesté au-dessus de 60 ans, en déclin au-dessous.

MAILLET, n.m.

Petite meule dans les champs : « *Avant de rentrer le foin, on faisait des maillets, mais c'est fini, maintenant.* »
Emprunté au patois, dérivé de *maille* 1.
H.B. connu au-dessus de 60 ans, en déclin au-dessous.

MAILLOLI, MAILLONNI, MAGNOLON, n.m.

Jeunes gens qui, la nuit du 30 avril au 1er mai, réveillent les habitants du village en chantant pour recevoir des œufs, du vin, de l'argent : « *Les maillolis ont fini leur tournée chez nous.* » Dérivé de *mai*.
B.V. connu au-dessus de 40 ans. H.B. bien connu au-dessus de 20 ans, inconnu au-dessous.

MAILLON, n.m.

Nœud du lien de la gerbe : « *Ce n'était pas facile pour faire le maillon, quand on liait. Il fallait avoir le coup de main.* »
Emprunté au patois, du latin *macula* « maille ».
B.V. peu attesté. H.B. connu au-dessus de 60 ans, en déclin rapide au-dessous.

MAISON, n.f.

Cuisine : « *Elle a repeint sa maison, après, elle fera la chambre.* » Régionalisme sémantique emprunté au patois.
B.V. connu au-dessus de 20 ans, inconnu au-dessous. H.B. connu.

MAÎTRE (ALLER EN-), loc. verb.

Aller travailler comme bonne ou comme domestique : « *Aller en maître dès 12 ans, ç'a été dur.* »
Bien connu au-dessus de 60 ans, en déclin rapide au-dessous.

MAL (VOULOIR-)

Voir VOULOIR.

MAL (GROS-), MAL (BON-), n.m.

Épilepsie : « *Il est tombé du gros mal, on a fait venir le médecin.* »
Bien connu au-dessus de 40 ans, inconnu au-dessous.

Synonymes de *haut mal* qui désignait autrefois l'épilepsie.

MALADE, adj.

1. Prête à accoucher (en parlant d'une femme ou d'une femelle) : « *La vache est malade, je vais la rentrer ; cette nuit, elle va sûrement faire le veau.* », « *Pour aller à la maternité, il faut d'abord être malade.* »
2. Orageux (en parlant du temps) : « *Aujourd'hui, le temps est malade, on est mal.* »
B.V. connu au-dessus de 60 ans, en déclin rapide au-dessous pour le sens 1, usuel pour le sens 2.
H.B. usuel au-dessus de 20 ans, connu au-dessous (sens 1 et 2).

MALAISÉ, n.m.

Personne maussade, lunatique, jamais contente : « *Ce malaisé, on ne sait jamais de quelle façon l'aborder, ce n'est jamais la bonne.* »
B.V. connu au-dessus de 40 ans, inconnu au-dessous. H.B. attesté au-dessus de 40 ans, en déclin rapide au-dessous.

MALICE (FAIRE-), loc.verb.

Faire de la peine : « *On ramasse plus de cerises, les marchands en veulent plus, mais ça fait malice de voir pourrir ces fruits sur les arbres.* »
Bien connu au-dessus de 20 ans, inconnu au-dessous.

MAMI, n.m.

Terme affectif désignant un petit enfant : « *Oh ! le joli petit mami !* »
Emprunté au patois, de *m'ami* « mon ami », par agglutination du possessif. B.V. bien connu au-dessus de 60 ans, en déclin rapide au-dessous. H.B. connu.
Synonymes : *beutse* (annexe), *boson* 2, *bourron* 3, *caque leu*, *pognon*.

MANIÈRE, n.f.

Dans l'expression *c'est manière de parler*, c'est une façon comme une autre de parler : « *Je dis que, si je la voyais, je lui arracherais les yeux, mais c'est manière de parler.* »
Usuel.

MANQUE (ÊTRE DE- À), loc. verb.

Manquer à (quelqu'un) : « *Depuis que sa fille s'est mariée, elle lui est de manque. Elle doit tout faire, maintenant.* »
Signalé par Robert 85 avec la mention « vieux ou régional » et par TLF avec la mention « vieux ».
B.V. bien connu au-dessus de 60 ans, connu au-dessous.
H.B. usuel au-dessus de 20 ans, bien connu au-dessous.

MANQUER (SE), v.pron.

Dire ou faire quelque chose qui entraîne une brouille entre deux personnes : « *Elles ont dû se manquer un jour, depuis elles ne se parlent plus.* » Connu au-dessus de 40 ans, attesté au-dessous.

MARCHER À PIEDS NUS, loc.verb.

Marcher pieds nus : « *Mets tes pantoufles, tu vas prendre froid à marcher à pieds nus.* »
H.B. bien connu au-dessus de 40 ans, en déclin au-dessous.

MARCHON, n.m.

Chantier : « *Avant la période des vendanges, il faudra vérifier les marchons, y en a qui sont abîmés, il faudrait pas qu'ils s'effondrent sous le poids des tonneaux qu'on va remplir.* »
Emprunté au patois, dérivé du latin *marcus* « gros marteau de forgeron ».
B.V. bien connu au-dessus de 20 ans, inconnu au-dessous.
H.B. connu au-dessus de 40 ans, attesté au-dessous.

MARÉCHAU, n.m.

Forgeron, serrurier : « *J'ai perdu la clé de la maison, va dire au maréchau de m'en refaire une autre.* »
Le maréchal, issu du germanique **marhskalk*, a désigné d'abord le domestique chargé de soigner les chevaux, d'où le nom de maréchal-ferrant, qui en ancien français désigne également celui qui travaille le fer, donc le serrurier. On a ici la forme du pluriel.
Usuel au-dessus de 40 ans, en déclin rapide au-dessous

MARELLER, v.intr.

Tracer sur un terrain les points où seront plantés les ceps : « *Dès que nous aurons miné*, il faudra mareller pour la prochaine plantation de vigne.* »
Terme de viticulture, formé sur *marelle*, jeu où l'on trace sur le sol une figure formée de carrés.
B.V. bien connu au-dessus de 40 ans, en déclin rapide au-dessous. Synonyme : *tirer le râteau.*

MARELLON, n.m.

Petit piquet d'environ 30 cm qui indique l'emplacement du futur plant : « *J'ai coupé des marellons pour planter la vigne.* »
Dérivé de *mareller.*
B.V. connu.

MARGASSE (PRENDRE UNE-), loc.verb.

S'enivrer. Voir *prendre une margot.*

H.B. usuel au-dessus de 40 ans, en déclin au-dessous.

MARGOT, n.f.

1. Pie : « *Regarde cette margot sur le champ.* »
2. Femme bavarde ou de mœurs légères : « *C'est une vraie margot.* »
3. Dans la locution *prendre une margot*, être ivre : « *Hier, il tenait une de ces margots !* »
Dérivé familier du nom *Marguerite*. Mentionné par TLF dans les sens 1 et 2 avec l'indication « pop. et régional », et par Robert 85 avec l'indication « régional » pour le sens « pie » et « vieux » pour le sens « femme bavarde ». Le sens 3, dérivé de « femme de mœurs légères » semble propre à la région lyonnaise (voir Puitspelu « femme qui s'enivre »). B.V. connu pour les sens 1 et 3, usuel au-dessus de 20 ans, inconnu au-dessous pour le sens 2. H.B. bien connu au-dessus de 60 ans, en déclin rapide au-dessous.
Synonyme : 1. *ajasse.*

MARIER, v.tr.

Se marier avec (quelqu'un), épouser : « *C'est le Toine qui mariait la Fanny.* »
Cet emploi est indiqué par TLF avec la mention « pop. ou région. » et par Robert 85 avec la mention « Régional (Nord, Belgique, Canada) ou pop. » Bien connu.

MAROTIAN, adj.

Bourru, sauvage, entêté : « *Quand il est dans son jardin, il ne lève même pas la tête pour nous saluer. Il est marotian, cet homme.* »
Emprunté au patois, voir *marou*. Peut-être à rapprocher de *marotte*.
H.B. bien connu au-dessus de 60 ans, en déclin rapide au-dessous. Synonyme : *marou* 2.

MAROU, n.m.

1. Chat, matou : « *J'ai deux mines* et un marou.* »
2. En emploi adj. De caractère renfermé, bourru : « *Elle est gentille, mais son mari est un peu marou.* » Emprunté au patois, de l'onomatopée **marm-* ou de la racine **marr-* « bélier ».
B.V. peu attesté. H.B. usuel au-dessus de 40 ans, en déclin au-dessous. Synonyme : 1. *miron. 2. marotian.*

MARPAILLER, v.tr.

Abîmer en déchirant une chose à force de la tripoter : « *Prends soin de tes affaires. Regarde, tu as tout marpaillé ce livre.* »

Emprunté au patois, d'origine obscure. B.V. peu attesté. H.B. connu au-dessus de 60 ans, inconnu au-dessous. Synonymes : *pitrogner, sandrouiller.*

MARQUE-MAL, n.m.

Personne qui a une mauvaise allure ou mauvaise présentation : « *Tu fais confiance à un marque-mal comme ça !* » Déverbal de *marquer mal.* Connu au-dessus de 40 ans, en déclin au-dessous.

MARQUER MAL, loc.verb.

Avoir mauvaise allure, mauvaise présentation : « *Il marque mal, le jeune* de la Martine.* », « *Ça marque mal, pour une femme, de fumer dans la rue.* »
H.B. usuel au-dessus de 20 ans, connu au-dessous.

MARTIN, n.m.

Bouc : « *Le martin a encore sauté la barricade.* »
Emprunté au patois, du nom propre latin *Martinus* « Martin ». H.B. usuel au-dessus de 20 ans, connu au-dessous.

MASOTTE, MOSOUILLE, n.f.

Fourmi : « *Les masottes rentrent dans la maison, il va faire de l'orage.* » Emprunté au patois, du germanique **af-maitjô* « fourmi ».
B.V. (*mosouille*) connu au-dessus de 40 ans, inconnu au-dessous. H.B. (*masotte*) usuel au-dessus de 20 ans, bien connu au-dessous.

MASSOU, n.m.

Masse, gros marteau : « *On enfonce les piquets avec un massou.* » Emprunté au patois, dérivé du latin **mattea* « marteau ».
H.B. bien connu au-dessus de 60 ans, en déclin rapide au-dessous.

MATE, n.f.

Tas : « *J'ai fait une mate de bois avec ce que je viens de scier.* » Emprunté au patois, du latin **matta* « buisson, touffe ».
H.B. connu au-dessus de 60 ans, en déclin au-dessous.

MATEFAIM, n.m.

Sorte de crêpe épaisse : « *On fait des matefaims.* »
Formé de *mate* (déverbal de *mater*, voir le mot suivant) et de *faim*. Signalé par Robert 85 avec

le sens « galette, crêpe épaisse », et par TLF « crêpe épaisse » et la mention « régional (Centre-Est) ». Usuel au-dessus de 20 ans, connu au-dessous.

MATIN (AU-), loc.adv.

Du côté du levant : « *Ta vigne est bien tournée au matin.* »
Bien connu au-dessus de 20 ans, inconnu au-dessous.

MATINAL, n.m., MATINÉE, n.f.

Vent d'est : « *C'est le matinal qui souffle, il va nous amener le beau temps.* »
Emprunté au patois, formé sur *matin* « côté du levant ».
Connu au-dessus de 40 ans.

MATOLE, n.f.

Petite botte : « *Cette matole d'osier contient bien trois à cinq cents brins d'osier fendu.* »
Emprunté au patois, dérivé de *mate* « tas ».
B.V. attesté, mais connu en milieu viticole.

MATON, n.m.

Résidu de noix pressées : « *Quand on avait fait l'huile de noix, on gardait le maton. Les gamins en prenaient un bout et le suçaient. Ça remplaçait le chewing-gum !* »
Emprunté au patois, dérivé de *mate*. H.B. usuel au-dessus de 40 ans, en déclin rapide au-dessous.

MATTER, v.intr.

Coller aux chaussures (en parlant de la neige) : « *Il est tombé beaucoup de neige cette nuit et elle est lourde, elle matte bien.* » Emprunté au patois, d'un adjectif latin *mattus* « abattu, moite ». B.V. connu au-dessus de 60 ans, inconnu au-dessous. H.B. bien connu au-dessus de 40 ans, connu au-dessous.

MÊCHER À REFUS, loc.verb.

Assainir (un tonneau où l'on brûle une mêche soufrée) : « *Toutes mes feuillettes* sont mâchées à refus* ». La locution *à refus* a probablement ici le sens qu'elle a en ancien français : « À l'excès, au point d'en refuser. » B.V. connu au-dessus de 40 ans et en milieu viticole. H.B. attesté au-dessus de 40 ans, inconnu au-dessous.

MÉCREDI, n.m.

Mercredi : « *Je garde les gamins de ma fille le mécredi, parce qu'ils n'ont pas d'école.* » Régionalisme phonétique emprunté au patois.
H.B. bien connu au-dessus de 60 ans, attesté au-dessous.

MENER, v.intr.

Employé surtout dans l'expression *ça mène*, ça discute ferme : « *Ça mène dans la famille : la seconde fille a fichu le camp avec un vendangeur* ». B.V. connu au-dessus de 40 ans, attesté au-dessous. H.B. connu au-dessus de 60 ans, en déclin rapide au-dessous.

MÈRE DU VENTRE, loc.nom.

Matrice : « *La vache a fait la mère du ventre avec le veau.* »
Locution empruntée au patois.
Connu au-dessus de 60 ans, en déclin rapide au-dessous.

MESURE, n.f.

Unité de superficie : « *La mesure vaut 790 m^2.* »
B.V. connu au-dessus de 40 ans, attesté au-dessous. H.B. usuel au-dessus de 20 ans, inconnu au-dessous.

METTRE (SE- APRÈS), loc. verb.

Poursuivre d'une façon inconvenante : « *Gourin* comme je le connais, si je lui envoie ma petite, j'aurais peur qu'il se mette après elle.* »
Bien connu au-dessus de 40 ans, en déclin au-dessous.

MIAILLE, n.f.

Dans l'expression *se faire peter la miaille*, s'embrasser bruyamment : « *Pour le jour de l'an, on se fait peter la miaille.* »
Emprunté au patois lyonnais où le mot *miaille* « joue » est issu du croisement de *viaille* « joue » (du latin *vitalis* « vital ») et de *mine* « joue, visage ».
Bien connu au-dessus de 60 ans, en déclin rapide au-dessous.

MICHE, adj.

Creux, filandreux (en parlant d'un légume) : « *Profitez donc de mes radis avant qu'ils soient miches.* »
Comme le français *miche*.
B.V. connu au-dessus de 40 ans, attesté au-dessous. H.B. connu au-dessus de 60 ans, en déclin rapide au-dessous.
Synonyme : *beute* (annexe).

MIEN (LE-), pron.poss.m.s.

Mon mari : « *Le mien travaille à l'usine.* »
Bien connu.

MIEUX, adv.

1. Plus : « *Il y aura mieux de noix cette année que l'année passée.* »
2. loc. adv. *Pas mieux*, ni plus ni moins : « *Quand il veut faire beau, y est comme quand il veut faire mauvais, pas mieux.* »
3. loc. adv. *Mieux que d'un coup*, plus d'une fois : « *Pendant la guerre, on a mangé de* pain moisi mieux que d'un coup.* »
Régionalisme sémantique emprunté au patois où *mieux* remplace l'ancien *mais* (issu du latin *magis*). B.V. connu (1.). H.B. usuel (1. 2. 3).

MILLARDS (FAIRE DE-), loc. verb.

Jurer : « *Quand on lui a cabossé sa voiture, c'est qu'il a fait de* millards, affreux !* »
Millard correspond au français courant milliard. Cette locution vient sans doute du juron : « *Mille milliard de..!* »
H.B. bien connu au-dessus de 60 ans, attesté au-dessous.

MILLASSE, n.f.

Graminée à fortes racines dans les vignes : « *Ma vigne est emboconnée* par les millasses.* »
Mot de la même origine que *millet* (du latin *milium*).
B.V.bien connu.

MILLASSÉ, adj.

Très petit (en parlant des grains de raisin) : « *Par suite de sécheresse cette année, le raisin est tout millassé.* » Adjectif formé sur *milliasse* dérivé de *mille*, qui désigne une grande quantité : s'il y a beaucoup de grains sur une grappe, ces grains sont petits. B.V. bien connu.

MILLASSON, n.m.

Raisin dont le grain est resté très petit : « *Tous ces millassons ne feront guère de jus mais le jus en est très bon.* »
Formé sur *millassé*.
B.V. usuel.

MINAGE, n.m.

1. Action de miner (en parlant de la plantation de la vigne) : « *Quand on plante une jeune vigne, il faut commencer par le minage.* »
2. Travail fait en minant : « *J'ai fait un bon minage.* »
3. Terrain où l'on a arraché la vigne : « *On replantera l'année prochaine. Cette année, on met des légumes dans le minage.* »
Formé sur *miner*. Usuel.

MINE, n.f.

Chatte : « *La mine a fait ses petits dans le foin.* »
Emprunté au patois, dérivé de l'onomatopée *min-*.
B.V. bien connu au-dessus de 20 ans, inconnu au-dessous.
H.B. usuel au-dessus de 60 ans, en déclin rapide au-dessous.

MINER, v.intr.

Défoncer (pour planter vignes ou arbres fruitiers) : « *Les autrefois*, on minait en bêchant de deux profondeurs de bêche. Maintenant on mine avec le tracteur.* »
Régionalisme sémantique qui paraît propre au francoprovençal.
Usuel.

MINGLET, adj.

Mince, menu : « *En grandissant le P. a bien pris du corps. Il n'est plus minglet comme il était.* »
Probablement variante de *mincelet*, dérivé de *mince*, peut-être sous l'influence de *maigrelet*.
B.V. connu au-dessus de 20 ans, inconnu au-dessous.

MINON, n.m.

1. Amas de poussière (sous un meuble) : « *N'oublie pas de passer l'aspirateur sous les meubles : c'est plein de minons.* »
2. Chaton de noisetier : « *On fait de jolis bouquets avec les branches de noisetiers quand elles sont garnies de minons.* »
C'est le nom du *chaton* (par comparaison avec le poil doux du petit chat). Signalé dans les deux sens avec la mention « régional, vieilli, notamment Bourgogne, Dauphiné, Savoie » par TLF, et dans le sens 2 seulement, par Robert 85 avec la mention « régional, vieilli ».
Bien connu au-dessus de 20 ans, inconnu au-dessous.

MIRON

1. n.m. Chat : « *Quand je mange, mon miron est toujours sur mes genoux.* »
2. adj. Légèrement ivre : « *Hier soir le père G. était miron.* »
Emprunté au patois, du radical *mit-* « chat ». Le sens 2 est à rapprocher du sens « coureur de filles » qu'on rencontre en Dauphiné pour ce mot. B.V. connu. H.B. bien connu au-dessus de 60 ans, en déclin au-dessous.
Synonyme : 1. *marou*. Le sens 2 est à rapprocher de : *avané*.

MISÈRE (DE-), loc.adv.

Dans l'expression *venir de misère*, croître ou pousser chétivement : « *Cet enfant n'est pas un bel enfant, il vient de misère.* »

B.V. connu au-dessus de 20 ans. H.B. usuel au-dessus de 40 ans, en déclin rapide au-dessous.

MISTENFRISÉ, MISTIFRISÉ, adj.

Tiré à quatre épingles : « *À l'occasion des prix, toutes les petites filles sont arrivées mistenfrisées.* »
Formé d'un ancien adjectif *mist* « doux, élégant » + *frisé*.
Bien connu au-dessus de 40 ans, en déclin au-dessous.

MITAN, n.m.

Milieu : « *Il restait piqué au mitan de la rue et ne se rendait même pas compte qu'il gênait.* »
Signalé par Robert 85 avec la mention « vieux, dialectal ou populaire » et par TLF avec la mention « vieilli ou régional ».
B.V. bien connu au-dessus de 40 ans, en déclin rapide au-dessous. H.B. usuel au-dessus de 60 ans, en déclin rapide au-dessous.

MODER, v.intr.

Partir, aller faire un tour : « *Ce soir je serai absent, je vais moder.* »
Emprunté au patois, du latin **movitare* « partir ».
Connu au-dessus de 40 ans, en déclin au-dessous.

MŒLLON, n.m.

Béton aggloméré et moulé : « *Les maisons en moellons sont moins chaudes que les maisons de briques.* »
Usuel.

MONDE, n.m.

Dans les expressions *le monde sont...*, les gens sont..., *le monde ont...*, les gens ont... : « *En dix ans, incroyable ce que le monde ont changé. Maintenant le monde sont fou.* »
L'emploi d'un verbe au pluriel derrière ce collectif est bien connu en lyonnais. Bien connu au-dessus de 40 ans, en déclin au-dessous.

MONDÉE, n.f.

Réunion à la veillée, pour casser et décortiquer les noix : « *Autrefois, les mondées réunissaient tout le village et on s'amusait bien.* »
Emprunté au patois, du latin *mundare* « nettoyer ».
Usuel au-dessus de 40 ans, en déclin rapide au-dessous.

MONDON, n.m.

Mauvaise pousse, ou petit sarment qui pousse le long des cornes* de la vigne : « *Il faut casser les mondons bien soigneusement.* »

Emprunté au patois, de *mundare* « nettoyer ».
B.V. connu.

MONSIEUR (FAIRE-), loc. verb.

Être (ou paraître) fier, hautain : « *Depuis qu'il travaille à Paris, il fait monsieur.* »
TLF note *faire le monsieur* avec la mention « vieux ».
B.V. usuel. H.B. bien connu au-dessus de 20 ans, connu au-dessous.

MORGNON, n.m.

Petit bourrelet (cicatrice ou bourrelet de la chaussette par exemple) : « *Au bout d'un moment, ce morgnon me tale.* »
Emprunté au patois où ce mot désigne une virole (d'un mot germanique **mornôn* « émoussé, muni d'une virole »).
B.V. bien connu au-dessus de 40 ans, attesté au-dessous.
H.B. connu au-dessus de 60 ans, en déclin rapide au-dessous.

MORNAILLER (SE), v.pron.

Se couvrir, se noircir (en parlant du temps) : « *Après cette belle matinée, on n'aurait pas cru que le temps allait se mornailler aussi vite.* »
Emprunté au patois, de la même famille que le français *morne* « triste ».
B.V. connu au-dessus de 20 ans, attesté au-dessous.
Synonyme : *se mâchurer.*

MORNICHE, n.f.

Morve : « *Tu sais pas te moucher ? Tu t'es mis plein de morniche sur ton tablier propre.* »
Emprunté au patois, déverbal de *mornicher.*
Bien connu au-dessus de 60 ans, en déclin rapide au-dessous.
Synonyme : *morvelle.*

MORNICHER, v. intr.

Pleurnicher : « *Arrête donc de mornicher sans arrêt et dis ce qui ne va pas.* »
Emprunté au patois, ce verbe est probablement issu de la rencontre de *morve* et de *pleurnicher.*
H.B. bien connu au-dessus de 60 ans, en déclin rapide au-dessous. Synonymes : *chougner, gnouler.*

MORNIVELLE

Voir MORVELLE.

MORSILLER, v.tr.

Mordiller : « *Il faut donner à ce chien une vieille chaussure à morsiller.* » Variante dialectale de *mordiller.*
Bien connu au-dessus de 40 ans, en déclin rapide au-dessous.

MORVELLE, MORNIVELLE, n.f.

Morve : « *Mouche-toi, t'as le nez plein de morvelle.* »
Emprunté au patois, du germanique **worm* « pus », avec l'influence de *morniche* pour *mornivelle*.
Bien connu.
Synonyme : *morniche*.

MOSOUILLE

Voir MASOTTE.

MOUCHE À MIEL, loc.nom.

Abeille : « *Il faut pas la tuer, c'est pas une guêpe, c'est une mouche à miel.* » C'est le mot qui a remplacé en patois les anciennes formes issues du latin *apis*.
Signalé par Robert 85 avec la mention « archaïque ou régional » et par TLF sans mention particulière.
Bien connu au-dessus de 40 ans, en déclin au-dessous.

MOUCHON, n.m.

Moucheron, moustique : « *Ce soir, les mouchons mangent, il va faire de l'orage.* »
Connu au-dessus de 60 ans, inconnu au-dessous.

MOUILLASSER, v.impers.

Bruiner : « *On ne peut pas dire qu'il pleut vraiment, mais il mouillasse.* » Emprunté au patois, dérivé de *mouiller* « pleuvoir ».
Bien connu.
Synonyme : *bruinasser*.

MOUILLASSERIE, n.f.

Bruine : « *Il est tombé de la mouillasserie toute la soirée.* » Emprunté au patois, formé sur *mouillasser* (voir ce mot).
Usuel au-dessus de 40 ans, en déclin rapide au-dessous.

MOUILLE, n.f.

Pré humide, endroit humide dans un pré : « *C'est un bon pré, sauf le fond qui est une mouille.* » « *Les vaches s'emborment* dans la mouille.* » Emprunté au patois, du latin **molliare* « imbiber, amollir ».
Signalé par TLF avec la mention « régional ».
B.V. connu au-dessus de 20 ans, inconnu au-dessous. H.B. connu au-dessus de 60 ans, en déclin au-dessous.

MOUILLER, v.impers.

Pleuvoir : « *Le ciel est rouge, il va mouiller cette nuit.* »
Signalé par TLF avec la mention « régional (Ouest et Canada) ».
B.V. attesté. H.B. usuel.

MOUINER, v.intr.

Aboyer plaintivement (en parlant d'un chien), pleurer à la façon d'un jeune chien (en parlant d'un enfant) : « *Ce bébé, il faut le laisser mouiner.* » Comme le verbe *miauler*, origine onomatopéique (*miau-*).
B.V. connu au-dessus de 40 ans.
Synonyme : *gagnuler*.

MOULER, v.intr.

Mollir, diminuer de quantité ou d'intensité : « *Ce tonneau est presque vide, le vin ne coule plus que lentement, ça moule.* » « *Maintenant, je suis vieux, j'ai bien moulé.* »
Ancien verbe issu du latin *mollis* « mou ».
B.V. bien connu au-dessus de 20 ans. H.B. connu au-dessus de 60 ans, en déclin rapide au-dessous.

MOULIN, n.m.

Tarare : « *Autrefois, après le battage, on passait le grain au moulin.* » Régionalisme sémantique emprunté au patois.
B.V. attesté au-dessus de 20 ans, inconnu au-dessous. H.B. usuel au-dessus de 60 ans, en déclin rapide au-dessous.

MURAILLE, n.f.

Mur de maison : « *Les vieilles maisons ont des murailles épaisses.* »
Signalé en ce sens par Robert 85 avec la mention « vieux ».
Bien connu.

MURON, n.m.

Mûre : « *Je vais dire aux enfants d'aller aux mûrons.* »
Emprunté au patois, du latin *morum* « mûre ».
Bien connu au-dessus de 40 ans, en déclin rapide au-dessous.

NERF, n.m.

Dans les expressions : 1. *Se faire sauter un nerf*, se faire une foulure ou une entorse : « *En tombant, je me suis fais sauter un nerf dans le genou, ma mère m'a mené chez le rebouteux.* »
2. *Avoir les nerfs croisés sur l'estomac*, avoir des crampes d'estomac dues à l'appréhension : « *Quand j'ai passé l'oral du bac, j'avais les nerfs croisés sur l'estomac.* »
Usuel.

NEUBLE, adj.

Sombre : « *Dans le chemin, c'est neuble, le soir.* »
Emprunté au patois, du latin *nubilus* « nuageux ».
Bien connu au-dessus de 60 ans, en déclin rapide au-dessous.

NEZ (FAIRE UN -), loc.verb.

Coller la boule contre le but. Terme du jeu de boule.
Bien connu chez les joueurs de boules.

NI (BAN), NI (BEN), loc.adv.

Rien du tout : « *Elle a cherché toute la journée, mais elle a ni ban vu.* » B.V. peu attesté. H.B. bien connu au-dessus de 60 ans, attesté au-dessous.

NIAQUER, v.tr.

Mordre : « *Fais attention à ce chien, il pourrait te niaquer.* »
Emprunté au patois, formé sur l'onomatopée *nak-*.
Usuel au-dessus de 20 ans, connu au-dessous.

NIAQUES, n.f.pl.

Dents du chien : « *Ne t'approche pas, le chien fait voir ses niaques.* » Emprunté au patois, voir *niaquer*.
H.B. usuel.

NIARCOT

1. n.m. Personne qui cherche des noises : « *Son frère est un niarcot, si tu fais avec lui, ça ne va pas durer.* »

2. adj. Hargneux : « *Tu es bien niarcot, ce soir, il y a quelque chose qui ne va pas ?* »
Emprunté au patois, de l'onomatopée *nak-*.
Bien connu au-dessus de 40 ans, en déclin rapide au-dessous.

NIARCOTER, v.tr.

1. Taquiner, importuner : « *Il passe son temps à niarcoter son frère.* »
2. emploi pron. Se disputer, se chamailler : « *Quand ces deux-là sont ensemble, ils n'arrêtent pas de se niarcoter.* »
Emprunté au patois, voir *niarcot*.
Usuel au-dessus de 40 ans, en déclin rapide au-dessous.
Synonymes : *garailler, se tiripiller.*

NIARÉE, NIORÉE, n.f.

Grand nombre (d'enfants, de jeunes animaux) : « *À l'école, il y a une niarée de gamins.* », « *La cane se promène avec sa niarée de canetons.* » Emprunté au patois, du latin *nidata* « nichée ».
B.V. peu attesté. H.B. usuel au-dessus de 60 ans, en déclin rapide au-dessous. Synonyme : *vrenâillerie* (annexe).

NIARGUER, v.tr.

Contrarier, chercher des ennuis : « *Il faut qu'il niargue ses voisins.* » Emprunté au patois, probablement issu de la rencontre du français *narguer* et de *niaquer* ou *niarcoter* (voir ces mots).
B.V. peu attesté. H.B. bien connu au-dessus de 20 ans, connu au-dessous.

NIELLE, n.f.

Nuage : « *Ces grosses nielles vont bien mener l'orage.* »
Emprunté au patois, du latin *nebula* « nuage ».
B.V. connu au-dessus de 40 ans, inconnu au-dessous.

NIRON, n.m.

Nichet : « *On laisse toujours un niron lans le nid pour que la poule revienne.* »
Emprunté au patois, de *nidus* « nid ». Connu au-dessus de 40 ans, en déclin au-dessous.

NOIRIAUD, adj.

Noir de peau, hâlé, bronzé : « *Il est resté noiriaud depuis qu'il est allé à la mer.* »
B.V. peu attesté. H.B. bien connu au-dessus de 60 ans, en déclin rapide tu-dessous.

NOM DE GUI ! interj.

Nom de Dieu : « *Nom de gui, que j'ai mal aux reins !* »
Bien connu au-dessus de 20 ans.

NOM DU PÈRE, loc.nom.

1. loc.verb. *Faire le nom du père,* faire le signe de la croix : « *Les autrefois*, dès qu'on se réveillait on faisait le nom du père.* »
2. loc.verb. *Dire le nom du père,* dire les paroles qui accompagnent le signe de la croix : « *Quand on était en vacances chez la grand-mère, elle nous faisait dire le nom du père.* » Connu au-dessus de 20 ans.

NONANTE, NOINANTE, adj. numéral.

Quatre-vingt-dix : « *Il va avoir nonante ans.* » Signalé par TLF avec la mention « vieilli ou régional » et par Robert 85 avec la mention « vieux ou régional (en Belgique, en Suisse romande) ». B.V. connu. H.B. usuel au-dessus de 40 ans, en déclin au-dessous.

NOUGNE, n.f.

Femme sotte : « *Quelle nougne ! Elle est vraiment bébête.* » Emprunté au patois, ce mot appartient à la nombreuse famille des dérivés péjoratifs de **nidax* « pris au nid ». B.V. connu au-dessus de 40 ans. Synonyme : *fiarde.*

ONGLE, n.f.

Ongle : « *Il s'est donné un coup de marteau sur une ongle, elle va sûrement tomber.* »
Régionalisme grammatical emprunté au patois. Le féminin a été employé en français jusqu'au XVIe siècle.
B.V. connu au-dessus de 40 ans, inconnu au-dessous. H.B. usuel au-dessus de 40 ans, bien connu au-dessous.

OQUILLE

Voir AQUILLE.

OUÏES, n.f.pl.

Plaques en bois rondes ou carrées placées sur les raisins dans le pressoir : « *Il faudra soigneusement placer les ouïes sur le raisin.* »
B.V. connu au-dessus de 40 ans, inconnu au-dessous.

OUILLE, adj.verb.

Rassasié, repu : « *J'ai tellement mangé que je suis ouille.* »
Emprunté au patois, déverbal de *ouiller*.
H.B. bien connu au-dessus de 60 ans, connu au-dessous.
À rapprocher de : *atteubé* (annexe), *confle, rabondé, teube.*

OUILLETTE, n.f.

Broc servant à *ouiller* un tonneau dont le liquide s'est évaporé : « *Pour ouiller les tonneaux, après la fermentation, on se sert d'un broc qu'on appelle une ouillette.* »
Dérivé de *ouiller*.
B.V. connu au-dessus de 20 ans, attesté au-dessous.
Synonyme : *grenouille*.

OUVRÉE, n.f.

Unité de surface (727 m^2) : « *Tailler deux ouvrées par jour, je n'y arrive pas.* »
C'est une ancienne mesure de surface correspondant autrefois à ce qu'un homme pouvait piocher en un jour (formé sur *opera* « travail »).
Bien connu au-dessus de 40 ans, attesté au-dessous.

OUVRIER, OUVRIÈRE, adj. et n.

Travailleur : « *Son mari est bien ouvrier. Il fait tout chez lui.* », « *Il a bien tombé en se mariant avec elle. C'est que c'est une ouvrière.* »
Signalé par TLF avec la mention « rare et littéraire ».
Usuel au-dessus de 60 ans, connu au-dessous.

PACHEAU, PAISSIAU, n.m.

1. Échalas : « *On met des pacheaux dans les jeunes plantations jusqu'à 10 ans.* »
2. Rame des haricots : « *Il va bientôt être temps de mettre les paissiaux au jardin.* »
Emprunté au patois, du latin *paxillus* « échalas ».
B.V. bien connu au-dessus de 40 ans, attesté au-dessous (sens 1). H.B. peu attesté (sens 2).
Synonyme : 2. *paisselure.*

PAGNOLI, PEIGNOLI, PEIGN'LI, n.m.

Personne qui autrefois réparait les peignes à tisser : « *J'ai fait venir le pagnoli pour réparer un peigne que la navette avait abîmé.* » Emprunté au patois, du latin *pecten* « peigne ».
H.B. connu au-dessus de 60 ans, en déclin au-dessous.

PAILLASSE, n.f.

1. Petit fagot de sarments ou de paille placé au fond de la cuve près du trou du robinet pour que les grappes ne l'obstruent pas : « *Ta paillasse est mal placée, les grumes* passent.* »
2. Corbeille pour faire lever la pâte à pain : « *Aujourd'hui on se sert des anciennes paillasses pour décorer.* »
3. Personne corpulente qui se laisse aller : « *Elle a changé en peu d'années ; c'est une vraie paillasse maintenant.* »
Régionalisme sémantique emprunté au patois.
B.V. usuel dans les sens 1 et 3, connu au-dessus de 60 ans, en déclin rapide au-dessous dans le sens 2. H.B. bien connu au-dessus de 60 ans, en déclin rapide au-dessous dans le sens 2, inconnu dans les sens 1 et 3. Synonyme : 1. *paillasson.*

PAILLASSÉE, n.f.

Grande quantité de nourriture : « *La truie avait une bonne paillassée dans son bachas*.* »
Emprunté au patois, dérivé de *paillasse.* B.V.peu attesté. H.B.

connu au-dessus de 60 ans, en déclin rapide au-dessous. Synonymes : *bachardée* (annexe), *bachassée, bacholée.*

PAILLASSON, n.m.

Petit fagot de paille ou de sarments placés au fond de la cuve près du trou du robinet pour que les grappes ne l'obstruent pas : « *Il faut bien placer le paillasson.* »
Dérivé de *paillasse.*
B.V. bien connu au-dessus de 20 ans, attesté au-dessous.
Synonyme : *paillasse* 1.

PAILLIS, n.m.

Meule de paille : « *Les autrefois** *on faisait souvent un paillis près de la ferme.* »
Emprunté au patois, dérivé de *paille.* Connu au-dessus de 20 ans, inconnu au-dessous.

PAISSELURE, n.f.

Rame des haricots : « *Va donc faire un tas avec les paisselures.* »
Du latin *paxillus.*
B.V. bien connu au-dessus de 40 ans, attesté au-dessous.
H.B. peu attesté. Synonyme : *pacheau* 2.

PALESSON, PALISSON, n.m.

1. Barreau (de chaise, d'échelle, de ridelle) : « *Les palessons de la chaise sont démontés.* »
2. Pieu, piquet : « *J'ai des palessons pour faire une cabane.* »
Emprunté au patois, du latin *palus* « pieu ».
B.V. attesté au-dessus de 20 ans, inconnu au-dessous. H.B. usuel au-dessus de 60 ans, en déclin rapide au-dessous.

PANAIS, n.m.

Épi de maïs : « *On met sécher les panais en grappes dans les granges.* » Emprunté au patois, du latin *panicula* « épi de panicules ».
Le dérivé *panouille* est signalé par Robert 85 avec la mention « régional » et par TLF avec la mention « régional, sud de la France ». Connu au-dessus de 40 ans, en déclin rapide au-dessous.
Synonymes : *panouille, poupée.*

PANER, v.tr.

1. Essuyer : « *Il ne faut pas laver la poêle mais la paner.* »
2. emploi pron. S'essuyer : « *Va te paner avant d'ouvrir ce livre, tes mains sont mouillées.* »
Emprunté au patois, de *pannus* « torchon ».
Connu au-dessus de 40 ans, en déclin rapide au-dessous.

PANIER, n.m.

Muselière (des bovidés) : « *J'ai mis un panier à mon veau pour l'empêcher de téter.* » Régionalisme sémantique emprunté au patois.
H.B. bien connu au-dessus de 40 ans, en déclin rapide au-dessous. Synonymes : *beutaron, bottet.*

PANIÈRE, n.f.

Panier ou corbeille d'osier munie ou non d'anses : « *N'oublie pas de prendre la panière pour ramasser les pommes tombées.* », « *Quand on allait au marché, les autrefois*, on avait toujours une panière.* » Régionalisme sémantique : la panière n'est pas ici un grand panier.
Usuel.

PANOSSE, n.f.

1. Torchon : « *Où ai-je mis la panosse ? On ne la trouve jamais quand on en a besoin !* »
2. Personne molle et lente : « *Voilà la panosse du village.* »
3. Vieille chaussure : « *Mets tes panosses à la poubelle.* »
Emprunté au patois, issu du latin *pannucia* « guenille ».
H.B. bien connu au-dessus de 60 ans, en déclin rapide au-dessous.
Le sens 2 est à rapprocher de : *bambane, baseu, besin 2, dordet, lanterne, pattet* (annexe), *soquant* (annexe), *traîne-groles.* Synonyme : 3. *grolon* 2.

PANOSSON, adj.

Doux, mollasse : « *Dans cette maison, ils ont tous l'air panosson.* » Emprunté au patois, dérivé de *panosse.*
B.V. attesté. H.B. bien connu au-dessus de 60 ans, en déclin rapide au-dessous.

PANOUILLE

Voir PANAIS.

PANSAGE, n.m.

Action de fournir la nourriture (au bétail) : « *Même en hiver on a du travail : deux ou trois fois par jour, il faut faire le pansage du bétail.* » Usuel.

PANTALONS, n.m.pl.

Pantalon : « *J'ai déchiré mes pantalons en sautant un fil barbelé.* » Signalé par Robert 85 : « On dit quelquefois mais à tort *"des pantalons"* » et par TLF qui commente : « Pantalon s'emploie généralement au sing. (sauf au Canada où il est généralement au plur.) mais on rencontre dans des emplois vieillis : une paire de pantalons, des pantalons... »

Usuel au-dessus de 20 ans, inconnu au-dessous.

PANTILLON, n.m.

Pan de chemise : « *Rhabille-toi, tu as le pantillon qui dépasse.* »
Emprunté au patois, du latin *pannus* « torchon ».
B.V. connu au-dessus de 60 ans, en déclin rapide au-dessous.
H.B. usuel au-dessus de 40 ans, attesté au-dessous.

PAPILLON, n.m.

Flocon de neige : « *Il tombe de gros papillons.* »
Régionalisme sémantique emprunté au patois.
Usuel au-dessus de 20 ans, bien connu au-dessous.

PÂQUES (FAIRE SES-), loc. verb.

Vieillir jusqu'à Pâques (se dit du vin nouveau dont le premier soutirage a lieu vers Pâques, ce qui permet de juger de ses qualités et de ses défauts) : « *Attendez voir qu'il ait fait ses Pâques et vous m'en direz des nouvelles.* » B.V. usuel. H.B. attesté au-dessus de 60 ans, en déclin rapide au-dessous.

PÂQUIS, n.m.

Pâturage : « *Je vais mener les vaches au pâquis.* »
Emprunté au patois, du latin *pascuum* « prairie ».
Signalé par Robert 85 avec la mention « vieux » et par TLF avec la mention « régional ».
Bien connu au-dessus de 60 ans, en déclin rapide au-dessous.

PAR, prép.

1. Sur : « *Elle a un beau chapeau avec un bouquet par le côté.* »
2. À, dans : « *Je me suis promené par Cours.* »
B.V. bien connu au-dessus de 60 ans, connu au-dessous.
H.B. bien connu au-dessus de 20 ans, connu au-dessous.

PARADIS, n.m.

Premier vin tiré de la cuve que l'on déguste en petite quantité : « *Ce paradis fait penser que le vin sera bon cette année.* »
B.V. usuel. H.B. bien connu.

PARENT (ÊTRE DE-), loc.verb.

Être parent : « *Je ne sais plus comment, mais je crois bien qu'il est de parent avec eux.* »
Régionalisme grammatical emprunté au patois.
B.V. bien connu au-dessus de 60 ans, en déclin rapide au-dessous. H.B. usuel.

PARLEMENT, n.m.

Bavardage : « *Elle est encore après* faire de* parlements avec sa voisine.* » Signalé par Robert 85 avec la mention « régional » et par TLF avec la mention « vieux ».
B.V. peu attesté. H.B. bien connu au-dessus de 60 ans, en déclin rapide au-dessous.

PARTERET, n.m.

Couperet : « *Prends le parteret et coupe ce morceau de viande.* » Emprunté au patois, du latin *partire* « diviser, partager ».
B.V. attesté. H.B. usuel au-dessus de 20 ans, attesté au-dessous.

PAS UN (PLUS-), loc.nég.

Plus un seul, plus du tout : « *Je suis allé chercher mon pain ce matin, mais il y en avait plus pas un.* » Régionalisme grammatical emprunté au patois.
H.B. usuel au-dessus de 20 ans, inconnu au-dessous.

PASSÉ UN TEMPS, loc.adv.

À un certain moment, à une certaine époque : « *Passé un temps, il travaillait comme apprenti.* »
Usuel.

PASSÉE, n.f.

1. Passage entre deux rangées de vigne qu'on vendange en même temps : « *Il est dans la première passée.* »
2. Ensemble de deux demi-rangées vendangées en même temps : « *Chacun fait sa passée en vendangeant.* » B.V. usuel.
H.B. connu au-dessus de 40 ans, en déclin rapide au-dessous.
Synonyme : 1. *violet* 2.

PASSÉE DU MERLE, loc.nom.

Ensemble de deux rangs de vigne où il manque des ceps : « *Le petit vendangera la passée du merle.* »
B.V. bien connu au-dessus de 40 ans.

PASSER PAR DERRIÈRE, loc.verb.

Faire une remontrance : « *J'espère que le Jeannot viendra, autrement je passerai par derrière.* »
H.B. usuel.
Synonyme : *racacouiner* (annexe).

PASTENADE, n.f.

Carotte : « *Il a fait tellement sec que les pastenades n'ont pas profité.* » Emprunté au patois, du latin *pastinaca* « panais ».
B.V. connu au-dessus de 60 ans,

en déclin rapide au-dessous. H.B. bien connu au-dessus de 40 ans, en déclin rapide au-dessous.
Synonymes : *racine, racine jaune.*

PATACUL (FAIRE UN-), loc. verb.

Tomber lourdement sur son derrière : « *Il a fait un patacul par* le chemin, il a dû se faire mal.* »
Emprunté au patois où ce mot est formé du radical *patt-* « patte » et de *culus* « cul ».
Bien connu au-dessus de 60 ans, en déclin rapide au-dessous.

PATASSER, v.intr.

Marcher en traînant les pieds : « *C'est lui qui arrive, je reconnais sa démarche : il patasse.* »
Emprunté au patois, du radical *patt-* « patte ».
B.V. connu. H.B. bien connu au-dessus de 20 ans, inconnu au-dessous.

PATÉLON, n.m.

Bâton-entrave des vaches : « *Il faudra mettre un patélon à la bardelle*, elle se sauve tout le temps.* »
Emprunté au patois, probablement du radical *patt-* « patte ».
B.V. peu attesté. H.B. connu au-dessus de 60 ans, en déclin rapide au-dessous.
Synonyme : *trachion.*

PÂTE-SÈCHE, n.f.

Biscuit : « *Prenez une pâte-sèche avec votre café, ça descend bien.* »
Connu au-dessus de 40 ans, en déclin au-dessous.
Synonyme : *bonbon.*

PATI, n.m.

Chiffonnier : « *Les autrefois* les patis passaient dans les maisons ; ils achetaient les vieilles pattes*, les peaux de lapin.* »
Emprunté au patois, dérivé de *patte* « torchon » (du germanique **paita* « morceau d'étoffe »).
Usuel au-dessus de 20 ans, connu au-dessous.

PÂTIÈRE, n.f.

Pétrin : « *Les autrefois*, la pâtière servait de table.* »
Formé sur *pâte.*
Connu au-dessus de 40 ans, en déclin au-dessous.

PATIGONER

Voir PATRIGONER.

PATOLE, n.f.

Tache de rousseur : « *Elle est toute pleine de patoles dans la*

figure. » Emprunté au patois où ce mot semble produit par la rencontre de *patte* qui peut avoir le sens de « flocon » (de **paita* « morceau d'étoffe ») et de *tatsol* « tache de rousseur » (de *taxillus* « tache »).
B.V. usuel au-dessus de 60 ans, inconnu au-dessous. H.B. attesté au-dessus de 60 ans, en déclin rapide au-dessous.

PATOLÉ, adj.

Constellé de taches de rousseur : « *Il a la figure toute patolée.* » Emprunté au patois, voir *patole*.
B.V. peu attesté. H.B. connu au-dessus de 60 ans, en déclin au-dessous.

PATRIGONER, PATIGONER, v.intr.

Agir de façon louche, intriguer, fouiller : « *Ce type-là, ce n'est pas l'honnêteté qui l'étouffe. Il est toujours à patrigoner dans quelque affaire.* » Emprunté au patois, de la même famille que le français *patauger* (de *patt-* « patte »).
Connu au-dessus de 60 ans, en déclin rapide au-dessous.
Synonyme : *potringuer*.

PATTE, n.f.

1. Torchon, lavette : « *Donne donc un coup de patte sur la table.* »
2. Toile, tissu : « *Elle a pris son chapeau en patte, il va faire beau.* » Emprunté au patois, du germanique **paita* « morceau d'étoffe ».
Signalé par Robert 85 avec la mention « régional (Suisse) » et par TLF avec la mention « régional, Lyonnais, Dauphiné, Alpes, Suisse ».
Usuel.

PATTES, n.f.pl.

Tussilage (herbe à grandes feuilles dans les vignes) : « *Il faudra ramasser des pattes pour les lapins.* »
De la même famille que le français *patte*.
B.V. bien connu au-dessus de 20 ans, attesté au-dessous.

PAYON, n.m.

Temps long : « *Ça faisait un payon qu'on s'était pas vu.* » Dérivé de *paye* (de l'expression argotique : *il y a une paye*, « il y a longtemps »).
B.V. connu. H.B. connu au-dessus de 60 ans, en déclin rapide au-dessous.

PAYS, n.m.

Dans l'expression *parler du pays à quelqu'un*, s'expliquer avec quelqu'un : « *Le voisin a encore abîmé deux ceps de vigne en*

tournant avec son tracteur, il faudra que j'arrive à lui parler du pays. »
Bien connu.

PECHOUILLON, n.m.

Individu qui pechouille* : « *Sa sœur est une avale-tout-cru, lui un vrai pechouillon.* »
Dérivé de *pechouiller*.
B.V. connu au-dessus de 40 ans, attesté au-dessous. H.B. usuel au-dessus de 40 ans, en déclin rapide au-dessous.
Synonymes : *besillon, buson, pignoche, regretteux.*

PECHOUILLER, v.intr.

Manger sans appétit : « *Je me demande pourquoi tu pechouilles comme ça.* »
Emprunté au patois, dérivé d'un radical *pits-* « petit ».
B.V. connu au-dessus de 40 ans, attesté au-dessous. H.B. usuel au-dessus de 40 ans, en déclin rapide au-dessous.
Synonymes : *bechouiller, guignocher* 3.

PÈGE, n.f.

Personne qui impose sa présence : « *Elle insiste vraiment trop, c'est une vraie pège !* »
Emprunté au patois où ce mot désigne la *poix* (du latin **picidus* « poix »).
B.V. attesté au-dessus de 40 ans. H.B. connu au-dessus de 40 ans, en déclin rapide au-dessous.

PÈGER, v.intr.

Coller : « *Ça pège, cette confiture.* » Dérivé de *pège*.
B.V. connu au-dessus de 40 ans, inconnu au-dessous. H.B. bien connu au-dessus de 60 ans, en déclin rapide au-dessous.

PEIGNE DE CHAT, loc.nom.

Capitule de la bardane : « *Tu as été traîner dans les herbes, tu es plein de peignes de chat.* »
Métaphore empruntée au patois.
B.V. peu attesté. H.B. usuel au-dessus de 60 ans, en déclin rapide au-dessous.

PEILLON

Voir PION.

PELOSSE, PELOSSON, n.f.

Prunelle : « *Chez nous, les pelosses manquent pas ; elles sont bonnes quand il a gelé.* »
Emprunté au patois, continuateur du latin **pullucea* « prunelle ».
Usuel au-dessus de 20 ans, inconnu au-dessous.

PENAILLE, n.f.

Guenille : « *Tu ne vas pas mettre ces penailles ! On dirait un mendiant.* » Emprunté au patois, du latin *pinna* « plume ». Signalé par Robert 85 avec la mention « vieux et dialectal » et par TLF avec la mention « vieilli ». B.V. peu attesté. H.B. usuel au-dessus de 60 ans, en déclin au-dessous.

PENAILLON, PRENAILLON, n.m.

Crachat : « *Il lui a envoyé un penaillon.* »
Emprunté au patois, probablement dérivé de *penaille*.
H.B. *penaillon* : usuel au-dessus de 60 ans, en déclin au-dessous ; *prenaillon* est moins vivant.
Synonyme : *cramiot*.

PENDRE

Dans l'expression *être pendu à la grille*, faire l'objet d'une publication de mariage affichée sur un panneau protégé par une grille : « *Il va se marier sous peu, je l'ai vu pendu à la grille.* »
B.V. bien connu au-dessus de 40 ans, en déclin rapide au-dessous. H.B. usuel au-dessus de 20 ans, inconnu au-dessous.

PENDROUILLE, n.f.

1. Chose qui pend : « *Elle a au cou une de ces pendrouilles !* »
2. loc.adj. *(terrain) à la pendrouille*, (terrain) en pente : « *Ce terrain est à la pendrouille, il est pénible à travailler.* »
Dérivé de *pendre*.
Bien connu au-dessus de 60 ans, en déclin rapide au-dessous.

PENDROUILLER, v.intr.

Pendouiller : « *Elle se croit belle avec sa robe qui pendrouille.* »
Dérivé de *pendre*.
Bien connu au-dessus de 60 ans, en déclin rapide au-dessous.

PENSEMENT (ÊTRE EN-), loc.verb.

Être absorbé dans ses pensées : « *De temps en temps, elle est en pensement.* »
Signalé par Robert 85 avec la mention « vieux (langue classique) ou régional ou emploi stylistique » et par TLF avec la mention « vieux ».
H.B. connu au-dessus de 60 ans, en déclin rapide au-dessous.

PENSER (SE), v.pron.

1. Penser, décider après réflexion : « *Je me suis pensé qu'il valait mieux l'inviter.* »
2. *Se penser en soi-même*, réfléchir en son for intérieur :

« *Je les écoutais et je me pensais en moi-même qu'il fallait pas faire comme ça.* »
Signalé par Robert 85 avec la mention « régional (rural) et fautif ».
Bien connu au-dessus de 40 ans, en déclin au-dessous.

PERCERETTE, n.f.

Vrille : « *N'oublie pas de prendre la percerette pour suspendre les tableaux.* » Dérivé de *percer*. Signalé par Robert 85 avec la mention « techn. vieilli ».
Bien connu au-dessus de 40 ans, attesté au-dessous.

PÈRE DURAND

Voir DURAND.

PERRIER, PARI, n.m.

Estomac des volailles : « *As-tu lavé suffisamment le perrier, qu'on ne se casse pas les dents sur un gravier.* » Emprunté au patois, continuateur d'un type dérivé du latin *petra* « pierre ». B.V. bien connu au-dessus de 20 ans, inconnu au-dessous. H.B. usuel au-dessus de 20 ans, connu au-dessous.

PERROQUET, n.m.

Échelle qui n'a qu'un montant central : « *On prend le perroquet pour ramasser les cerises.* »
Signalé par Robert 85 avec le sens bâton, échelle de perroquet et par TLF « échelle ou corde de perroquet ». Connu au-dessus de 40 ans, en déclin au-dessous.
Synonyme : *charanson*.

PERTUSIAU, n.m.

Petit trou : « *Le rat a réussi à passer par ce pertusiau.* »
Emprunté au patois, du latin *pertusiare* « percer ».
H.B. connu au-dessus de 60 ans, en déclin rapide au-dessous.

PESER DE* PAIN POUR LES CHIENS OU — POUR LES CHATS, loc.verb.

Somnoler en dodelinant de la tête : « *Le grand-père pèse de * pain pour les chiens devant la télévision. Il aurait mieux fait d'aller se coucher tout de suite.* » Locution imagée empruntée au patois. B.V. peu attesté. H.B. connu au-dessus de 60 ans, en déclin au-dessous. Synonyme : *zoquer*.

PETAFINER

1. v.tr. Abîmer : « *Cette année la pluie a tout petafiné.* »
2. v.intr. S'abîmer, mourir : « *Il y a longtemps qu'il était malade, il a fini par petafiner.* »

Dérivé du mot patois *putafin* « mauvaise fin ».
Bien connu au-dessus de 40 ans, en déclin rapide au-dessous.

PETASSE, n.f.

Pièce de tissu : « *Ma mère a mis une petasse à ma culotte.* »
Emprunté au patois, du latin *pittacium* « petit morceau de toile ou de cuir ». H.B. bien connu au-dessus de 60 ans, en déclin rapide au-dessous.

PETASSÉE, n.f.

Correction, fessée : « *Il a reçu une bonne petassée.* »
Emprunté au patois, voir *petasser*. H.B. usuel au-dessus de 20 ans, inconnu au-dessous.
A rapprocher de : *abadée* (annexe), *chiaquée 2*, *dorse* (annexe), *égrammée* (annexe), *ratichon, ruissée, sigroler, tatouille, trivaste.*

PETASSER, v.tr.

Raccommoder grossièrement : « *Je petasse des sacs pour les patates.* » Emprunté au patois, formé sur *petasse*.
Connu au-dessus de 60 ans, en déclin rapide au-dessous.
Synonymes : *racmoder, rapetasser, reporcher* (annexe).

PETERELLE, n.f.

Digitale : « *En ce moment, les peterelles sont en fleurs.* »
Emprunté au patois, du latin *peditum* « pet ».
B.V. attesté. H.B. usuel au-dessus de 60 ans, en déclin au-dessous.

PÉTEUX, adj.

Fier, snob : « *Il nous regarde de haut, il est vraiment péteux.* »
Signalé en ce sens par TLF avec la mention « surtout au Canada ». Usuel.

PEU (UN BON-), loc.adv.

Beaucoup, une bonne quantité : « *Ils ont eu un bon peu de noix cette année.* »
Usuel au-dessus de 40 ans, en déclin rapide au-dessous.

PHARE, n.m.

Poêle à charbon : « *Il fait frais, on va éclairer* le phare.* »
Régionalisme sémantique emprunté au patois, continuateur du grec *pharos* « phare », correspondant aussi à la marque FAR. Usuel au-dessus de 20 ans, connu au-dessous.

PIAPIAS (FAIRE DES-), loc. verb.

Papoter : « *Elle fait rien chez elle, elle passe son temps à*

faire des piapias. » Origine onomatopéique.
B.V. attesté au-dessus de 20 ans.
H.B. bien connu au-dessus de 60 ans, en déclin rapide au-dessous.
Synonyme : *faire des rapiapias.*

PIAULER, PIAUILLER, v.intr.

Parler : « *Avec ce mal de gorge, je peux plus piauler.* »
Variante sémantique du français *piauler* « crier », avec l'influence de *piailler.*
B.V. bien connu au-dessus de 20 ans, inconnu au-dessous.
H.B. connu au-dessus de 40 ans, en déclin rapide au-dessous.

PIAUTRE, GAPIAUTRE, n.f.

Boue : « *Il a marché dans la piautre, il est propre !* »
Emprunté au patois où ce mot continue le latin **palta* « fange ».
Le préfixe *ga-* est péjoratif.
B.V. peu attesté. H.B. usuel au-dessus de 40 ans, en déclin rapide au-dessous. Synonymes : *bagain* (annexe), *gabouille.*

PICHE, PITSE, n.f.

Poulette : « *Mes piches commencent à pondre.* »
Emprunté au patois où ce mot est issu de la base expressive *pits-* « petit ».
H.B. usuel au-dessus de 20 ans, attesté au-dessous.
Synonyme : *pillotte.*

PICOU, n.m.

1. Pédoncule d'un fruit : « *Quand on ramasse les cerises, il faut les ramasser avec le picou, sinon elles pourrissent.* »
2. Objet de peu de valeur : « *Dans ce tiroir, c'est plein de picous.* » Emprunté au patois, du latin *pediculus* « petit patte ».
Usuel au-dessus de 20 ans, connu au-dessous. Le sens 2 est peu attesté. Synonyme : *bagole* 2 (annexe).

PIÈCE, n.f.

Tonneau de 215 litres : « *La vendange a été bonne. On a fait beaucoup de pièces cette année.* »
Usuel.

PIÉDER, v.intr.

Tirer au sort les équipes d'un jeu, en posant alternativement un pied devant l'autre : « *On va piéder pour savoir qui aura le ballon.* »
Emprunté au patois, du latin *peditare* « marcher ».
H.B. connu au-dessus de 60 ans, en déclin au-dessous.
Synonyme : *déguiller.*

PIEDS (MARCHER EN- DE CHAUSSONS), loc.verb.

Marcher pieds nus ou sur ses chaussettes : « *Les gamins oublient toujours de marcher en pieds de chaussons quand ils rentrent le soir.* »
Bien connu au-dessus de 20 ans.
Synonyme : *marcher sur les chrétiens* (annexe).

PIÉTONNER, v.intr.

Bouger les pattes, (en parlant d'une vache) : « *Elle piétonne quand on la trait, mais c'est parce qu'elle a mal à une patte.* »
Emprunté au patois, du latin *peditare* « marcher ».
B.V. peu attesté. H.B. bien connu au-dessus de 60 ans, en déclin rapide au-dessous.

PIGNOCHE, PIGNOCHON, adj.

Sans appétit, difficile à nourrir : « *Il est pignoche, il lui faut dix minutes pour avaler un morceau de viande.* »
De *spina* « épine » ou, selon Robert et TLF, de la famille de *peigner*. Bien connu au-dessus de 40 ans, en déclin au-dessous.
Synonymes : *besillon, buson, pechouillon, regretteux.*

PILLON, PILLOT, n.m.

Poussin : « *La grousse* est partie avec ses pillons.* »
Emprunté au patois, du latin **pullius* « poussin ».
B.V. bien connu. H.B. connu au-dessus de 20 ans, inconnu au-dessous.

PILLOTE, n.m.

Jeune poule : « *J'ai acheté trois pillotes pour avoir des œufs à la fin de l'année.* »
Emprunté au patois, féminin de *pillot*. Voir *pillon*.
Bien connu.
Synonyme : *piche.*

PINCETER, v.tr.

Épiler avec une petite pince, débarrasser des imperfections et des fils superflus (une pièce de tissu) : « *J'ai pinceté cette pièce de coton.* »
Du radical expressif **pints* « saisir ». B.V. peu attesté. H.B. connu au-dessus de 40 ans, en déclin rapide au-dessous.

PINLIÈRE, PINLIRE, PENLIRE, n.f.

Déchet de tissage d'une pièce, qui sépare deux coupes : « *La machine est tombée en panne avant la pinlière.* », « *On se servait d'une pinlière comme filtre.* »

Emprunté au patois, du latin *pilleum* « feutre ».
H.B. connu au-dessus de 60 ans, en déclin au-dessous.

PIOCHETTE, n.f.

Petite pioche de jardinage : « *On recouvre les greffes avec un peu de terre... à l'aide d'une pelle, d'un piochon* ou d'une piochette...* »
Dérivé de *pioche*.
Usuel au-dessus de 20 ans, inconnu au-dessous.
Synonyme : *piochon*.

PIOCHON, n.m.

Petite pioche de jardinage : « *J'ai cassé le manche de mon piochon.* » Dérivé de *pioche*.
Signalé par Robert 85 avec la mention « technique » et par TLF avec la mention « terme des dialectes du Centre d'où il s'est étendu vers le domaine francoprovençal »
Usuel.
Synonyme : *piochette*.

PION, PEILLON, n.m.

Gazon, étendue d'herbe : « *J'ai versé* un morceau de pion pour y planter mes patates.* »
Emprunté au patois, du latin *pilleum* « feutre ».
B.V. bien connu au-dessus de 40 ans, en déclin rapide au-dessous. H.B. usuel au-dessus de 60 ans, en déclin rapide au-dessous.

PIONCHER, v.tr.

Pincer : « *Mon voisin n'arrête pas de me pioncher.* »
Variante phonétique de *pincer* empruntée au patois.
B.V. peu attesté. H.B. connu au-dessus de 40 ans, en déclin rapide au-dessous.

PIONNE, PIONDE, n.f.

Pioche plate pour couper les mottes de gazon : « *Va chercher la pionne pour faire cette rigole.* »
Emprunté au patois, du latin *pedo* « fantassin » d'où « terrassier ».
B.V. bien connu au-dessus de 20 ans, attesté au-dessous.

PIONNER 1, v.intr.

Piocher avec une *pionne** : « *Son jardin n'est pas grand, mais il était empeillonnée* d'une force* qu'on a pionné son saoul pour le nettoyer.* » Dérivé de *pionne*.
B.V. bien connu au-dessus de 20 ans, attesté au-dessous.

PIONNER 2, v.intr.

Cligner des yeux, ciller : « *Qu'est-ce qu'il fixe, ce bébé, il ne pionne pas.* » Emprunté au patois, du latin *pilleum* « feutre ». H.B. connu.

PIONNIÈRE, n.f.

Pioche à deux bouts, dont l'un a le tranchant perpendiculaire au manche et l'autre parallèle : « *Va donc emprunter une pionnière au voisin.* » Dérivé de *pionne*.
B.V. connu au-dessus de 40 ans, attesté au-dessous. H.B. peu attesté au-dessus de 60 ans, inconnu au-dessous.

PIOUILLER (SE), S'ÉPIOUILLER, v.pron.

S'épouiller (en parlant des poules) : « *Les poules sont souvent après* se piouiller.* »
Emprunté au patois, dérivé de *peduculus* « pou ».
B.V. connu au-dessus de 40 ans, en déclin au-dessous. H.B. bien connu au-dessus de 20 ans, inconnu au-dessous.

PIQUART, n.m.

Pioche à deux dents utilisée pour *miner** : « *Va donc chercher le piquard pour commencer le minage*.* »
Emprunté au patois, dérivé de *pic*. B.V. connu au-dessus de 40 ans, en déclin au-dessous.

PIQUE (À LA - DU JOUR), loc.adv.

À l'aube : « *Autrefois, on partait faucher à la pique du jour.* »
Signalé par Robert 85 avec la mention « régional » et par TLF avec la mention « régional (Centre) ».
Usuel au-dessus de 60 ans, en déclin rapide au-dessous.

PIQUER

1. v.tr. Mettre (un tonneau) sur le fond : « *J'ai piqué les tonneaux pour les réparer.* »
2. v.intr. Briller, pétiller (en parlant des yeux) : « *Il a des yeux qui piquent, ce gamin.* »
3. emploi pron. Se planter : « *Il est venu se piquer devant moi, je ne l'ai même pas reconnu.* »
B.V. usuel au-dessus de 60 ans, bien connu au-dessous. H.B. Sens 1 et 2 : usuel au-dessus de 20 ans, connu au-dessous. Sens 3 : bien connu au-dessus de 60 ans, en déclin rapide au-dessous. Synonymes : *2. allumer. 3. se gamber* (annexe).

PIRATE, n.m.

Braconnier : « *Il y a des pirates qui posent des collets dans la forêt.* »
H.B. usuel au-dessus de 40 ans, en déclin rapide au-dessous.

PIS 1, adv.

Encore plus (devant un adj.) : « *C'est pis terrible !* »
B.V. bien connu. H.B. connu au-dessus de 60 ans, attesté au-dessous.

PIS 2, particule post-verbale.

Alors, ensuite : « *On va s'amuser à la noce : Lili serait pis la mariée, moi je serais pis le maire.* »
B.V. bien connu. H.B. connu au-dessus de 60 ans, attesté au-dessous.

PISSE-VIGNE, n.m.

Sarment laissé long (20 cm) et enroulé sur fil de fer (dans la taille de la vigne) : « *On va laisser un bon pisse-vigne.* »
Mot né probablement de la qualité inférieure du vin produit par la vigne taillée de cette façon (voir *pisserotte)*. B.V. mot technique, attesté au-dessus de 40 ans, connu en milieu viticole. À rapprocher de : *baguette, gourmand.*

PISSEROTTE, n.f.

1. Eau qui coule à un faible débit : « *La source est faible, à peine une pisserotte.* »
2. Vin de mauvaise qualité ou de très faible degré : « *C'est une vraie pisserotte.* »
Diminutif formé sur *pisser*.
Bien connu dans les deux sens.
Synonyme : 1. *pissotier* 2.

PISSOTIER, n.m.

1. Dégorgeoir de l'évier : « *La terre a bouché le pissotier de l'évier, il faudra le déboucher.* »
2. Eau qui coule à un petit débit : « *Le robinet du cuvage fuit : un vrai pissotier, il faudra le ranger*.* » Dérivé de *pisser*.
B.V. bien connu. H.B. connu au-dessus de 40 ans, en déclin rapide au-dessous.
Synonyme : 1. *pisserotte* 2.

PISTE (FAIRE LA-), loc.verb.

Mener une vie déréglée : « *Depuis la fête des classes, ils font la piste tous les soirs.* »
H.B. connu.

PITROGNER, v.tr.

Abîmer en déchirant : « *Arrête de pitrogner cette salade avec les mains, c'est pas propre.* »
Emprunté au patois, dérivé péjoratif d'un verbe issu de *pistrire* « pétrir ». Bien connu au-dessus de 20 ans, inconnu au-dessous.
Synonymes : *marpailler, sandrouiller.*

PLACE, n.f.

Dans les expressions a*voir la place*, il y a la place, *avoir des raisons*, il y a des raisons : « Les *X. se font du souci. Ils ont la place ! Le fils qui les a plaqués, une vache qui a crevé, la grêle... !* »
B.V. bien connu au-dessus de 40 ans, connu au-dessous.
H.B. bien connu au-dessus de 20 ans, inconnu au-dessous.

PLAINDRE

1. v.tr. Accorder avec parcimonie : « *Elle ne plaint pas la nourriture.* »
2. v.intr. Gémir, se lamenter : « *Ce malade plaint toutes les nuits.* », « *Il ne fait que plaindre, mais il n'est pas malheureux.* »
L'emploi transitif est signalé par Robert 85 et TLF avec la mention « Mod. régional (à la forme négative) ».
Bien connu au-dessus de 60 ans dans les deux emplois, en déclin au-dessous. Synonyme : 1. *pleurer*.

PLANÇONNIÈRE, n.f.

Endroit du jardin où l'on fait venir les plançons : « *Si tu veux des salades, va en chercher dans la plançonnière.* » Emprunté au patois, du latin populaire *plantio* « plant ».
H.B. usuel au-dessus de 20 ans, connu au-dessous.

PLAN-PLAN, adv.

Lentement : « *Il marche plan-plan.* » Signalé par Robert 85 et TLF avec la mention « régional (Sud-Est), familier ».
Usuel au-dessus de 20 ans, inconnu au-dessous.

PLANTER, v.intr.

Attendre en position debout : « *Il n'était pas exact au rendez-vous ; il m'a laissé planter plus d'une heure.* » Usuel au-dessus de 20 ans, inconnu au-dessous.

PLANTIER, n.m.

Vigne nouvellement plantée mais qui porte déjà du raisin : « *Cette année encore on a vendangé le plantier.* » Emprunté au patois, de *plantare*. Signalé par Robert 85 et TLF avec la mention « Vitic. (Régional, Sud-Ouest de la France) » et le sens « jeune plant de vigne ».TLF indique aussi un second sens : « Parcelle consacrée aux jeunes plants de vigne, d'arbres fruitiers ou de légumes ».
B.V. usuel. H.B. connu au-dessus de 60 ans, inconnu au-dessous.

PLAT-DE-LIT (À), loc.adj.

Couché sans se lever pendant une longue période en raison d'une maladie : « *J'ai attrapé une congestion et je suis resté une semaine à plat-de-lit.* » Usuel au-dessus de 40 ans, en déclin rapide au-dessous.

PLATELÉE, n.f.

Platée : « *À midi, j'ai fait une grande platelée de boudins.* » De *plat*.
B.V. bien connu. H.B. connu au-dessus de 40 ans, en déclin rapide au-dessous.

PLEUE, n.f.

Pluie : « *Tiens, voilà la pleue.* » Régionalisme phonétique emprunté au patois.
H.B. usuel au-dessus de 60 ans, bien connu au-dessous.

PLEURER

Voir PLAINDRE.

PLEUVRE, PLOVRE, v.impers.

Pleuvoir : « *C'est la traverse* qui tient, je crois bien qu'il va pleuvre.* » Régionalisme phonétique emprunté au patois. Usuel au-dessus de 60 ans, en déclin au-dessous.

PLEUT

Voir PLOT.

PLIER, v.tr.

Envelopper, empaqueter : « *Pour Noël, ils m'ont offert une bouteille de liqueur, elle était pliée dans du joli papier.* » Usuel au-dessus de 20 ans, connu au-dessous.

PLONGER, v.intr.

Prendre de l'eau dans ses chaussures (en marchant dans une flaque d'eau ou dans un endroit marécageux) : « *Marche pas dans l'eau, tu vas plonger et tu auras les pieds mouillés.* » Connu au-dessus de 40 ans, en déclin au-dessous.

PLOT, PLEUT, n.m.

1. Billot : « *Quand on fend le bois, on pose les morceaux à fendre sur un plot.* »
2. Tabouret sur lequel on s'assied pour traire : « *Pour traire on s'assoit sur un plot.* »
Emprunté au patois, continuateur du latin *plautus* « patte, pied » ou du germanique *blok* « tronc ». Signalé par TLF dans ces deux sens avec la mention « régional » (« Franche-Comté, Bourgogne, Auvergne, Provence » pour le sens 1 ; « Forez, Lyonnais, Provence, Savoie » pour le sens 2).
B.V. usuel au-dessus de 20 ans, inconnu au-dessous. H.B. usuel au-dessus de 60 ans, en déclin rapide au-dessous.
Synonymes : 2. *selle, sellon.*

PLOTE, n.f.

Partie d'un tronc d'arbre débité : « *C'était un beau douglas, il fait de belles plotes.* »
Emprunté au patois, féminin de *plot* « billot » (voir ce mot).
B.V. connu au-dessus de 40 ans, inconnu au-dessous. H.B. bien connu au-dessus de 60 ans, en déclin rapide au-dessous.

PLOTET, n.m.

Brique en terre cuite ou en mâchefer : « *Maintenant beaucoup de constructions sont faites en plotets, ce sont des briques faites à partir des résidus de la fusion des minerais ferreux et de la combustion de la houille.* » Dérivé de *plot* « billot, masse ». B.V. bien connu au-dessus de 40 ans, en déclin rapide au-dessous.

PLUMER, v.tr.

Éplucher, peler : « *J'ai plumé de* treuffes* pour midi.* »
Emprunté au patois, de *pluma* « plume ».
Signalé par Robert 85 avec la mention « régional » et par TLF avec la mention « régional (Sologne, notamment), vieilli ». B.V. connu au-dessus de 20 ans, inconnu au-dessous. H.B. bien connu au-dessus de 40 ans, en déclin rapide au-dessous.

PLUS, adv.

1. Très : « *Quand il est né, il avait bien* de cheveux, et puis plus noirs.* »
2. *Plus que* (verbe) *pas*, plus que... ne : « *Il se prive et pourtant il a plus d'argent qu'il en dépensera pas.* ».
1. H.B. usuel au-dessus de 20 ans, attesté au-dessous.
2. Usuel au-dessus de 40 ans, en déclin au-dessous.

POCHON 1, n.m.

Louche : « *Mon pochon n'est pas bien gros, vous n'avez presque rien pris.* » Emprunté au patois, du latin *popia* « louche ».
Usuel au-dessus de 60 ans, en déclin rapide au-dessous

POCHON 2, n.m.

Tache d'encre, rature : « *J'ai fait un pochon sur mon cahier.* »
Emprunté au patois, de *poche* (du germanique **pokka*).
Relevé par TLF avec le sens « grosse tache d'encre (Dict. XIXe et XXe s.). » Usuel au-dessus de 60 ans, en déclin rapide au-dessous.

POCHON 3, n.m.

Reprise grossière : « *J'ai fait un pochon à ton tablier.* »
Ce mot provient sans doute d'une altération de *porchon* (voir sous *porche*). H.B. usuel au-dessus de 40 ans, en déclin rapide au-dessous.
Synonymes : *porche, porchon, reporchon* (annexe).

POCHONNER 1, v.intr.

Cuisiner en amateur, sans méthode : « *Il aime mieux*

pochonner que travailler à la vigne. »
Emprunté au patois, formé sur *pochon* 1 « louche » (avec l'influence de *pochon* 2 pour le sens péjoratif). B.V. bien connu au-dessus de 20 ans, attesté au-dessous.

POCHONNER 2, v.tr.

Faire des taches, salir : « *Mon cahier est tout pochonné.* »
Formé sur *pochon* 2.
B.V. bien connu au-dessus de 20 ans, attesté au-dessous.
H.B. bien connu au-dessus de 60 ans, en déclin rapide au-dessous.

POGNON, n.m.

1. Boulette de pain faite avec le restant de pâte quand on fait le pain : « *Le pognon, c'est pour le petit, il saura bien le manger.* »
2. Mot d'affection désignant un enfant : « *Qu'il devient lourd, mon pognon, on ne pourra bientôt plus le soulever.* »
Emprunté au patois, du latin *pugnus* « poing ».
Robert 85 indique le sens « petite fille » dans une citation de Balzac (homonyme régional).
B.V. connu au-dessus de 40 ans, en déclin rapide au-dessous.
H.B. attesté au-dessus de 60 ans, inconnu au-dessous.
Synonymes : 2 *beutse* (annexe), *boson* 2, *bourron* 3, *caqueleu*, *mami*.

POINT (À - D'HEURE), loc. adv.

Très tard : « *Il est rentré à point d'heure.* »
Usuel.

POINTE (METTRE DE-), loc. verb.

Dresser, mettre debout : « *Mets ton livre de pointe.* »
Connu au-dessus de 60 ans, en déclin rapide au-dessous.

POIREAUX, n.m.pl.

Mucosités sous le nez d'un enfant : « *Mouche-le donc, il a des poireaux.* » B.V. attesté. H.B. usuel au-dessus de 40 ans, bien connu au-dessous.

POIRON, n.m.

Poire sauvage : « *Avec ces poirons j'ai fait l'année dernière d'excellentes confitures.* »
Dérivé de *poire*.
Bien connu au-dessus de 40 ans, en déclin rapide au-dessous.
Synonyme : *perou* 1 (annexe).

POIS, n.m.

Haricot vert : « *Elle est après* effiler des pois.* »
Régionalisme sémantique

emprunté au patois.
B.V. bien connu au-dessus de 20 ans, en déclin rapide au-dessous. H.B. usuel au-dessus de 20 ans, bien connu au-dessous.
Synonyme : *coche* 1.

POIS GOLU, n.m.

Pois gourmand : « *Je ne fais pas souvent des pois golus parce que mes hommes n'aiment pas bien.* »
Robert 85 signale *pois goulu*.
H.B. usuel au-dessus de 20 ans, bien connu au-dessous.

POLETTE, n.f.

Levée de terre faite entre deux rangées de vignes au printemps : « *Aujourd'hui les ceps sont plantés en rangées parallèles et l'on fait une polette entre les rangées.* »
Comme le français *épaulette*.
B.V. connu au-dessus de 40 ans, attesté au-dessous.

POQUE, n.f.

Coup, bosse : « *La grêle a fait plein de poques sur ma voiture.* »
Déverbal de *poquer* « heurter ».
Bien connu au-dessus de 20 ans, connu au-dessous.
Synonymes : *beugne, dorgne* 2.

POQUELET, n.m.

Petit rameau d'un arbre fruitier portant des fruits : « *Il ne faut pas casser les poquelets du cerisier.* »
Probablement dérivé de *picou* « pédoncule d'un fruit », voir ce mot.
B.V. connu au-dessus de 40 ans, attesté au-dessous.

POQUER, v.tr.

Frapper (une bille avec une autre) : « *Si j'arrive à poquer ta gobille*, j'ai gagné.* »
Continuateur de germanique *pokken* « frapper ».
Signalé par TLF avec la mention « empl.trans. (surtout au Canada) ». Usuel au-dessus de 60 ans, en déclin rapide au-dessous.

PORCHE, n.f. PORCHON, n.m.

Raccommodage grossier : « *J'ai fait une grosse porche à sa culotte.* » Emprunté au patois, du latin *porcus* « porc ».
Connu au-dessus de 60 ans, inconnu au-dessous.
Synonymes : *pochon* 3, *reporchon* (annexe).

POREAU, n.m.

Poireau : « *Mes poreaux, je les sème et je les repique.* »
Régionalisme phonétique.

Bien connu au-dessus de 40 ans, en déclin rapide au-dessous.

PORETTE, n.f.

1. Petit poireau à repiquer : « *J'ai repiqué mes porettes.* »
2. Plant non greffé (pour faire des plantations) (souvent sens collectif) : « *J'achète de la porette pour faire des plants, je la grefferai dans un an.* » Emprunté au patois, de *poireau* (du latin *porrum* « poireau »).
B.V. bien connu au-dessus de 20 ans, en déclin au-dessous.
H.B. attesté au-dessus de 40 ans, inconnu au-dessous.

PORTE-POT, n.m.

1. Boutique où l'on vend du vin à emporter : « *Il a rencontré quelqu'un qui tient un porte-pot dans son quartier.* »
2. Dans la locution *(vin) à porte-pot,* (vin) à emporter : « *Il vend du vin à porte-pot.* »
Le pot était autrefois en Lyonnais une mesure d'un peu plus de 1 l.
Connu au-dessus de 40 ans, inconnu au-dessous.

PORTÉE, n.f.

Quantité de vin tiré à la cuve : « *Autrefois, on faisait des portées, cinq portées pour faire un fût de 215 litres.* »
La portée était en ancien français une mesure de vin (environ 40 L).
B.V. bien connu au-dessus de 40 ans, en déclin rapide au-dessous.

PORTELLE, n.f.

Petite porte, portillon : « *On a fait installer une clochette à la portelle qui sonne quand on ouvre.* »
Diminutif de *porte.*
B.V. bien connu au-dessus de 20 ans, attesté au-dessous.
Synonyme : *porton.*

PORTER (SE), v.pron.

(Employé d'une façon exclamative) être en très bonne santé : « *La petite a été malade, maintenant elle se porte !* », « *Le gros Jean ne manque pas un banquet, il se porte !* »
Bien connu au-dessus de 60 ans, en déclin rapide au-dessous.

PORTEUR, PETIT PORTEUR, n.m.

Sarment de l'année qui va porter les fruits (en parlant de la vigne) : « *Il faut faire attention de ne pas briser les porteurs.* »
B.V. bien connu.
Synonymes : *paraison* (annexe), *péreu* (annexe).

PORTON, n.m.

Portillon : « *Ferme le porton, les poules risquent de passer au jardin.* » Emprunté au patois, diminutif de *porte*.
B.V. peu attesté. H.B. connu au-dessus de 60 ans, en déclin rapide au-dessous.
Synonyme : *portelle*.

POSITION (FAUSSE-), n.f.

Position anormale pouvant occasionner des crampes douloureuses : « *Il était assis par terre dans une fausse position, il ne pouvait plus se relever tant il souffrait de crampes.* »
Usuel au-dessus de 20 ans, en déclin au-dessous.

POSSE, n.f.

Pis : « *Cette vache a une bonne posse, elle doit avoir une bonne quantité de lait.* »
Emprunté au patois, continuateur du latin **puppa* « mamelle ».
Bien connu au-dessus de 40 ans, en déclin rapide au-dessous.

POSSER, v.tr.

Téter : « *Le veau posse sa mère.* »
Emprunté au patois, voir *posse*.
B.V. connu au-dessus de 20 ans, inconnu au-dessous. H.B. attesté au-dessus de 40 ans, inconnu au-dessous.

POSSON, n.m.

Trayon : « *Cette vache a un posson qui a point de lait.* »
Dérivé de *posse*.
B.V. bien connu au-dessus de 40 ans, en déclin au-dessous. H.B. connu au-dessus de 60 ans, en déclin rapide au-dessous.

POT, n.m.

Bouteille de vin de 46 cl : « *Comme tous les soirs il est allé boire un pot.* » Signalé par TLF avec la mention « région. (Lyonnais) ». Usuel.

POTAGER, n.m.

Fourneau en maçonnerie chauffé à la braise : « *Autrefois, il y avait un potager sur cette fenêtre, mais on l'a démoli.* »
Emprunté au patois, du latin *pottus* « pot ».
Signalé par Robert 85 sans mention et par TLF avec la mention « vieux ». Connu au-dessus de 60 ans, en déclin rapide au-dessous.

PÔTET, n.m.

Planche de fermeture du tombereau : « *Enlève le pôtet, on va charger le bareu*.* »

Emprunté au patois, du latin *postis* « montant de porte ». H.B. connu au-dessus de 60 ans, en déclin rapide au-dessous.

POTRINGUER

1. v.tr. Tripoter, manier maladroitement : « *Elle est toujours en train de potringuer quelque chose.* »
2. v.intr. S'affairer sans résultat : « *J'ai potringué à la cave.* »
Emprunté au patois où ce verbe, dérivé de *potus* « boisson, potion », signifie « se plaire à prendre des médicaments, se droguer », d'où le sens « manier mal les affaires, toucher à tout sans résultat ».
B.V. connu au-dessus de 40 ans, inconnu au-dessous.
Synonyme : 1. *patrigoner.*

POU DE BOIS, n.m.

Tique : « *Ce chien est couvert de poux de bois.* »
On sait que le chien prend des tiques en courant dans les bois ou les genêts. Usuel.
Synonymes : *tique, yauche.*

POULET, n.m.

Coq : « *On a remplacé le poulet de l'église.* »
Emprunté au patois où ce mot désigne le coq dans la plus grande partie du domaine francoprovençal.
Usuel au-dessus de 40 ans, en déclin rapide au-dessous.

POUPÉE, n.f.

Épi de maïs : « *Je me demande combien il peut bien y avoir de grains dans cette poupée.* »
Connu au-dessus de 40 ans, inconnu au-dessous.
Synonymes : *panais, panouille.*

POUPOU, n.f.

Huppe : « *Les froids sont finis : On a entendu la poupou ce matin.* »
Formation onomatopéique qui imite le cri de l'oiseau.
B.V. bien connu au-dessus de 40 ans.

POUSSON, n.m.

1. Jeune pousse : « *Il y a plein de poussons autour de l'acacia.* »
2. loc.verb. *Couper le pousson*, arrêter la croissance : « *Ne bois pas d'alcool, ça va te couper le pousson.* » Emprunté au patois, du latin *pulsare* « pousser ».
Bien connu au-dessus de 60 ans, en déclin rapide au-dessous.

POUTAN, n.m.

Soupente : « *On a rangé les cartons sur le poutan.* »
Emprunté au patois, du latin *postis* « montant de porte ».
B.V. connu au-dessus de 20 ans.

POUTRONE, n.f.

Poupée : « *Range tes poutrones, on va partir.* »
Emprunté au patois, du latin *putus* « enfant ».
Connu au-dessus de 40 ans, inconnu au-dessous.

PRANIÈRE, PRENIÈRE, PRALIÈRE, n.f.

Sieste : « *Tous les après-midi je fais pranière, été comme hiver.* »
Emprunté au patois, du latin *prandium* « repas de midi. »
Bien connu au-dessus de 20 ans, en déclin au-dessous.
Synonyme : *reposon*.

PRÉSAILLER (SE), v.pron.

Être fier, se pavaner : « *Il se présaille devant tout le monde pour faire voir sa voiture.* »
Emprunté au patois, probablement du latin *pretium* « prix » avec suffixe péjoratif.
H.B. connu au-dessus de 60 ans, inconnu au-dessous.

PRESSE (ÊTRE EN-), loc.verb.

Être pressé, bousculé dans un travail : « *En ce moment, ils sont en presse, ils sont après* faire les foins.* » Signalé par Robert 85 avec la mention « vieux ».
B.V. connu au-dessus de 20 ans, inconnu au-dessous.H.B. usuel au-dessus de 40 ans, en déclin rapide au-dessous.

PRESSON, n.m.

1. Levier en fer (dont une extrémité est aplatie et l'autre pointue) : « *Pour soulever le tonneau, va donc chercher le presson.* »
2. Longue barre de fer (pour faire des trous dans le sol) : « *C'est dur, prends un presson pour faire des avant-trous avant de planter des piquets.* »
Emprunté au patois, du latin *pressare* « presser ».
Bien connu au-dessus de 40 ans, en déclin rapide au-dessous.

PRESSURÉE, n.f.

Pressée : « *Il est temps d'enlever la pressurée du pressoir.* »
Indiqué en ce sens par TLF avec la mention « En Suisse romande, selon Littré, pressurée désigne la vendange soumise au pressoir. »
B.V. usuel au-dessus de 20 ans, en déclin au-dessous. H.B. connu au-dessus de 40 ans, en déclin rapide au-dessous.

PRÉTINTE, n.f.

Préparation culinaire à base d'abats : « *On a mangé la prétinte à la foire de Thizy.* »
Peut-être de la famille du latin *praesto* « prêt, apprêté ».

H.B. usuel au-dessus de 20 ans, connu au-dessous.

PRIÈRE (PASSER PAR LE TROU DE LA-), loc.nom.

Provoquer un étranglement (en parlant d'un aliment qu'on avale de travers) : « *Ça a passé par le trou de la prière.* »
B.V. bien connu au-dessus de 20 ans, en déclin rapide au-dessous. H.B. usuel.

PUANTISE, n.f.

Puanteur : « *Quelle puantise, cet ensilage, il emboconne* tout le village.* » B.V. connu au-dessus de 60 ans, inconnu au-dessous. H.B. bien connu au-dessus de 40 ans, inconnu au-dessous.

PUILLASSER (SE), v.pron.

S'épucer (en parlant des chiens ou volailles) : « *Ils n'arrêtent pas de se puillasser.* »
Emprunté au patois où ce mot signifie « s'épouiller ».
B.V. connu au-dessus de 40 ans, en déclin au-dessous. H.B. peu attesté au-dessus de 40 ans, inconnu au-dessous.

PUILLON, n.m.

Puceron : « *Les rosiers ont des puillons cette année.* »
Emprunté au patois, dérivé du mot désignant le *pou* (du latin *peduculus*). B.V. usuel au-dessus de 40 ans, en déclin au-dessous.

PUNAIS, adj.

Froid, sauvage (en parlant du temps) : « *Quand on sort on s'aperçoit que le temps est punais.* »
Usuel au-dessus de 40 ans, en déclin rapide au-dessous.

QUAND, prép.

En même temps que : « *Il est arrivé quand moi, pourtant il n'avait pas pris le même chemin.* » Robert 85 signale en ce sens la préposition *quand* avec la mention « vieux » et la remarque suivante : « Cette locution existe encore au Canada et dans certaines régions de France sous la forme *quand* ou *quand et.* » TLF signale également en ce sens « *quand (et), quant* et *quant* (suivi généralement d'un nom de personne ou d'un pronon personnel », avec la mention « Vx ou région. (notamment Anjou et Poitou) ».
Usuel.

QUACUIT, n.m.

1. Clafoutis : « *Avec ces pommes, nous allons faire un bon quacuit.* »
2. Garçon gros et maladroit : « *Regarde-moi ce gros quacuit qui ne sait pas quoi faire !* »
Emprunté au patois, du latin *coquere* « cuire ».
B.V. peu attesté. H.B. usuel au-dessus de 20 ans, connu au-dessous. Synonymes : 1. *godiniat. 2. angoye, bugne 2, gnoche* (annexe), *soquant*, (annexe), *tortosse, tortosson* (annexe).

QUARANTAINE, n.f.

Messe dite au bout de 40 jours pour un défunt : « *Ça va bientôt être la quarantaine de notre mère, il faudra le dire à la famille.* »
Signalé par TLF sous la forme messe de quarantaine et avec la mention « en Lorraine ».
Usuel.

QUART, n.m. **QUARTE,** n.f.

Seau en bois servant de mesure pour partager le vin entre vigneron et propriétaire : « *Aujourd'hui on ne partage plus avec la quarte.* »
Ancienne mesure contenant 7 litres (Mâcon).
B.V. connu au-dessus de 40 ans, en déclin au-dessous.

QUATRE-HEURES, n.m.

Goûter vers 4 heures : « *Pour son quatre-heures il a emporté une portion de fromage.* »
Signalé par Robert 85 avec la mention « familier ».
Usuel.
Synonyme : *goutillon.*

QUE, pronom relatif.

1. Qui : « *C'est moi que commence.* »
2. Dont : « *L'outil que je me sers est cassé.* »
Régionalisme grammatical emprunté au patois.
B.V. connu au-dessus de 20 ans, inconnu au-dessous. H.B. usuel au-dessus de 60 ans, bien connu au-dessous.

QUENELLE, n.f.

Variété de pomme de terre allongée : « *Les quenelles c'est bon à la poêle et ça ne s'écrase pas.* »
B.V. bien connu au-dessus de 20 ans, inconnu au-dessous. H.B. usuel. Synonyme : *rate.*

QUEUE ROUSSE, n.f.

Fauvette : « *La queue rousse chante bien, c'est pourquoi on l'appelle rossignol des murailles.* »
B.V. usuel au-dessus de 20 ans, inconnu au-dessous. H.B. bien connu au-dessus de 60 ans, en déclin au-dessous.

QUIGNER, v.intr.

Grincer : « *Les clavettes du pressoir quignaient, j'y* ai mis un peu de graisse.* »
Emprunté au patois, à rattacher probablement à la racine onomatopéique *kwi-*.
B.V. connu au-dessus de 40 ans, en déclin au-dessous. H.B. usuel au-dessus de 20 ans, connu au-dessous.

QUIGNERET, n. et adj.

Enfant qui pleurniche constamment : « *Vas-tu te taire, petite quignerette ?* » Emprunté au patois, formé sur *quigner.*
H.B. usuel au-dessus de 60 ans, en déclin rapide au-dessous.

QUIGNON, n.m.

Croûte (de pain), croûton : « *Dans le pain ce que j'aime le mieux c'est le quignon.* »
Emprunté au patois, de *cuneus* « coin ».
Signalé par TLF et par Robert 85 avec le sens « gros morceau de pain comprenant généralement une bonne part de croûte ».
Usuel.

QUINCHARD, adj.

Criard : « *Qu'il est pénible à entendre : il a une voix quincharde !* » Dérivé de *quincher*.
B.V. connu au-dessus de 40 ans, en déclin au-dessous. H.B. bien connu au-dessus de 60 ans, inconnu au-dessous.

QUINCHER, v.intr.

Crier, chanter d'une voix criarde : « *Cet enfant n'arrête pas de quincher.* »
Emprunté au patois, de la même famille que *quigner*.
B.V. connu au-dessus de 20 ans, attesté au-dessous. H.B. bien connu au-dessus de 60 ans, en déclin rapide au-dessous.

QUINQUIN, n.m.

Petit doigt de la main et du pied : « *Mon petit quinquin me dit que tu n'as pas été sage.* »
Redoublement affectif de *quint*, ancienne forme de cinquième (du latin *quinte*).
Usuel au-dessus de 20 ans, en déclin au-dessous.

QUINTAL, n.m.

Sac de charbon de 50 kilos : « *J'ai fait rentrer dix quintaux de charbon.* » Emprunté au patois, de l'arabe *kintar* « poids de 100 livres ».
B.V. connu. H.B. attesté.

R

RÂBATER, v.intr.

Tomber par terre, faire une chute : « *Il a rabâté sur le trottoir, il s'est écorché les deux genoux.* » Du radical **rabb* « faire du bruit ». B.V. connu au-dessus de 40 ans, attesté au-dessous. H.B. peu attesté au-dessus de 60 ans.

RABATTRE, v.intr.

Relever la terre sur les pieds de vigne : « *On rabat en formant des polettes*.* »
B.V. bien connu au-dessus de 40 ans, en déclin au-dessous. H.B. attesté au-dessus de 60 ans, inconnu au-dessous.

RABISCOTER, v.tr.

Remettre en état (un objet disloqué), raccommoder tant bien que mal : « *J'ai cassé ma charrette, mais j'ai réussi à la rabiscoter.* »
Emprunté au patois, du germanique *besteken* « attacher ».
B.V. connu. H.B. bien connu au-dessus de 60 ans, en déclin rapide au-dessous.

RÂBLE, n.m.

Raclette (servant à égaliser le grain) : « *Pour que le grain sèche, on l'étendait avec un râble sur le plancher.* » Régionalisme sémantique emprunté au patois (du latin *rutabulum* « instrument pour attiser le feu »).
Connu au-dessus de 60 ans, en déclin rapide au-dessous.

RABONDÉ, adj.

Rassasié : « *Je suis rabondé, n'apportez plus rien !* »
Emprunté au patois, voir *abonder*. B.V. connu au-dessus de 60 ans, inconnu au-dessous. H.B. usuel au-dessus de 60 ans, en déclin rapide au-dessous.
À rapprocher de : *atteubé* (annexe), *confle, ouille, teube.*

RABOULET, adj.

D'une certaine rondeur (en parlant d'une personne) : « *En vieillissant, il est devenu tout raboulet.* »
Emprunté au patois, composé du préfixe *ra-* et de *boule*.
Bien connu au-dessus de 40 ans, en déclin rapide au-dessous.

RACASSER (SE), v.pron.

1. Se voûter : « *La grand-mère va bien, mais elle commence à se racasser.* »
2. S'adoucir : « *Autrefois, elle était gendarme, mais maintenant qu'elle est vieille, elle se racasse.*
Emprunté au patois, dérivé de *s'accasser* « s'accroupir ».
H.B. connu au-desssus de 60 ans, en déclin rapide au-dessous.

RACINE, RACINE JAUNE, n.f.

Carotte : « *J'ai ramassé une fricassée de racines.* »
Régionalisme sémantique emprunté au patois.
Bien connu au-dessus de 40 ans, en déclin rapide au-dessous.
Synonyme : *pastenade*.

RACLE, n.m.

Racloir (servant notamment pour désherber la vigne) : « *Ce n'est pas la peine de pousser le racle dans les vignes quand il n'y a pas d'herbe.* » Emprunté au patois, de **rasclare* « gratter, racler ».
Relevé par Robert 85 avec la mention « régional » et par TLF sans mention. B.V. bien connu au-dessus de 40 ans, connu au-dessous. H.B. connu au-dessus de 20 ans, inconnu au-dessous.

RACLER, v.intr.

Couper l'herbe avec un racloir dans la vigne : « *Autrefois, de juillet aux vendanges on raclait.* »
Bien connu au-dessus de 60 ans, en déclin rapide au-dessous.

RACMODER, v.tr.

Raccommoder : « *Je suis après* racmoder les chemises du gamin.* » Régionalisme phonétique.
H.B. bien connu au-dessus de 40 ans, en déclin au-dessous.
Synonymes : *petasser, reporcher* (annexe).

RADÉE, n.f.

Averse brutale : « *On est arrivé à la vogue* en même temps qu'une radée.* »
Emprunté au patois, du latin *rapidu* « rapide, violent ».
Signalé par Robert 85 avec la mention « régional » et par TLF « région. Sud-Est ».
Usuel.

À rapprocher de : *brosée, chiaquée.*

RAGASSE, n.f.

Giboulée : « *Il venait une ragasse toutes les demi-heures.* » Emprunté au patois, c'est sans doute le même mot que l'occitan *rayasse* « averse » (du latin *radius* « rayon »). B.V. connu. À rapprocher de : *gabouillée, garou* (annexe), *grefoude* (annexe).

RAGONER, v.tr.

Fourgonner : « *Ragone le poêle, il commence à faire froid.* » Emprunté au patois, formé à partir de l'onomatopée *rag-*. B.V. peu attesté. H.B. usuel au-dessus de 60 ans, en déclin rapide au-dessous. Synonymes : *fregonner 2, bougrasser*

RAGONIASSE, n.f.

Mauvaise nourriture : « *Pendant la guerre, on a mangé de* ragoniasse mieux que* d'un coup*.* » Emprunté au patois, variante du mot populaire et péjoratif *ragougnasse*. B.V. peu attesté. H.B. connu au-dessus de 60 ans, en déclin rapide au-dessous.

RAGOTE, RAGOT, RAGUEU, n.f.

1. Racine d'un arbre, d'une dent : « *Les ragotes de cet arbre sortent de terre.* », « *Il ne lui reste plus de dents, juste quelques ragotes.* »
2. Petite branche sèche : « *J'ai ramassé des ragueus de genêt pour éclairer* le feu.* »
Emprunté au patois, de l'onomatopée *rag-*.
B.V. peu attesté. H.B. usuel au-dessus de 60 ans, en déclin rapide au-dessous. Synonymes : *2. brandillon, bro 2, bronde.*

RAGOTON, RAGUEMON, n.m.

Petit fruit, déchet : « *Dans ce panier il n'y a que des ragotons.* » Emprunté au patois, dérivé de *ragote*. B.V. bien connu au-dessus de 20 ans, attesté au-dessous. H.B. usuel au-dessus de 60 ans, en déclin rapide au-dessous.
Synonymes : *cafignon* 1(annexe), *caquegnon* (annexe), *raquignon*.

RAGROGNER (SE), RAGRENILLER (SE), v.pron.

Se resserrer, se rétrécir : « *Mon fer était trop chaud, mon foulard s'est ragrogné.* »
Emprunté au patois, du verbe germanique **grinan* « grimacer, se crisper ». Connu au-dessus

de 60 ans, en déclin rapide au-dessous.
Synonyme : *s'agreniller*.

RAGUEU

Voir RAGOTE.

RAIDE

1. adj. Bon, fort : « *Le chien a dû tirer un raide coup pour casser sa chaîne.* »
2. adv. Très : « *Elle est raide bonne, votre gnôle.* »
H.B. usuel au-dessus de 60 ans, en déclin rapide au-dessous.

RAISIN, n.m.

Grappe de raisin : « *Prenez-donc un raisin.* »
Le français ne connaît le singulier qu'en emploi partitif ou collectif. Usuel.

RÂLI, n.m.

1. Feu de Carnaval ou de la Saint-Jean : « *Autrefois, les jeunes sautaient au-dessus du râli le premier dimanche de Carême.* »
2. Feu en plein air : « *Le voisin est après* faire un râli dans son pré. Il fait brûler les genêts.* »
Emprunté au patois, du latin *ratis* « radeau, bûcher ».
H.B. usuel au-dessus de 60 ans, connu au-dessous.
Synonyme : 1. *brandon* 2.

RAMASSER, v.intr.

S'accumuler (en parlant du pus dans un abcès) : « *L'abcès s'est vidé tout seul : depuis trois jours que ça ramassait !* »
B.V. bien connu au-dessus de 40 ans. H.B. usuel au-dessus de 20 ans, inconnu au-dessous.

RAMENER, v.tr.

Remettre en bon état : « *Il a bien ramené ses vignes qui étaient tout empeillonnées*.* »
B.V. usuel. H.B. bien connu au-dessus de 20 ans, inconnu au-dessous.

RAMETTE (AVOIR UNE BONNE-), loc.verb.

Parler beaucoup et très vite : « *Elle nous fatigue, elle parle sans arrêt, elle a vraiment une bonne ramette.* » Emprunté au patois, de la nombreuse famille issue de *ramus* « branche » (la ramette étant une crécelle faite avec une petite branche).
B.V. usuel au-dessus de 20 ans, inconnu au-dessous.
Synonymes : *babeute, baritet 2* (annexe).

RAMPION (AVOIR LE-), loc. verb.

Râler, avoir la respiration difficile : « *Il a le rampion. Quand il fait chaud, il ne peut plus*

se promener. » Emprunté au patois, du germanique *rampa* « crampon, crochet ».
H.B. bien connu au-dessus de 40 ans, en déclin rapide au-dessous.

RAMPIONNER, v.intr.

Respirer difficilement : « *Le grand-père a eu une crise d'asthme, il a rampionné toute la nuit.* »
Emprunté au patois, formé sur *rampion.*
B.V. peu attesté. H.B. usuel au-dessus de 40 ans, en déclin rapide au-dessous.

RANCHE (DE-), loc.adv.

Sans hésiter, rapidement : « *J'avais mis quelques belles pommes de côté pour la mémée. Je n'ai eu qu'à les ramasser de ranche.* » Emprunté au patois, continuateur du germanique **hring* « anneau, cercle ». Connu au-dessus de 60 ans, en déclin au-dessous.

RANCUNEUX, adj.

Rancunier : « *Méfie-toi, il est rancuneux.* »
Signalé par Robert 85 et TLF avec la mention « vieilli, littér. ou régional (Belgique, Canada) ». Bien connu au-dessus de 40 ans, attesté au-dessous.

RANGER, v.tr.

Réparer (un objet) : « *Ma montre ne marche plus, il faut que je la fasse ranger.* »
B.V. bien connu au-dessus de 20 ans, connu au-dessous.
H.B. usuel.

RANGONEUR, n.m.

Rebouteux : « *Depuis le temps que ce poignet me fait mal, il faudrait que j'aille trouver le rangoneur.* »
Emprunté au patois, formé sur *rangoner.*
B.V. connu au-dessus de 40 ans, attesté au-dessous.
Synonyme : *rhabilleur.*

RANGONER, v.tr.

Remettre en place (un membre du corps) : « *Aussitôt qu'il a mal, il va se faire rangoner.* »
Emprunté au patois, variante phonétique et sémantique de *ragoner* « fourgonner ».
B.V. connu au-dessus de 40 ans, attesté au-dessous.

RAPAPILLOTER (SE), v.pron.

1. Se remettre d'une grave maladie : « *Il a traîné plus d'un mois, mais maintenant il s'est bien rapapilloté.* »
2. Se mettre d'accord : « *Après s'être bien disputés, ils ont fini par se rapapilloter.* »

Indiqué par Robert 85 seulement dans le sens 2 avec la mention « régional ». Usuel au-dessus de 20 ans, inconnu au-dessous.

RAPAQUER (SE), v.pron.

Se retenir, se raidir pour ne pas tomber : « *Si je fais un faux-pas, je ne peux plus me rapaquer.* » Emprunté au patois, peut-être d'un verbe germanique *packen* « saisir ». B.V. connu au-dessus de 40 ans, attesté au-dessous.

RÂPÉ, RÂPI, n.m.

Boisson de mauvaise qualité faite avec des pommes ou des sorbes : « *Cette année les pommes n'étaient pas fameuses, nous n'avons fait qu'un râpé !* » B.V. bien connu au-dessus de 40 ans, en déclin au-dessous. H.B. bien connu au-dessus de 60 ans, attesté au-dessous.

RAPETASSER, v.tr.

Raccommoder : « *Mes pantalons sont percés, il faut les rapetasser.* » Emprunté au patois, dérivé de *peta* « pièce » (du latin *pittacium* « petit morceau de toile ou de cuir »). Relevé par Robert 85 avec le sens « rapiécer sommairement, grossièrement » et l'indication (dans la rubrique étymologique) : « Mot courant en français régional (Auvergne etc.) », et par TLF avec le même sens et la mention « familier ». Usuel au-dessus de 40 ans, en déclin rapide au-dessous. Synonymes : *petasser, racmoder, reporcher* (annexe).

RAPIAPIA (FAIRE DES-), loc.verb.

Faire des papotages.
Synonyme : *faire des piapias.*

RAPPONDRE, v.tr.

Faire rejoindre deux extrêmités : « *Je vais rappondre ce fil barbelé.* » Emprunté au patois, formé sur *appondre.*
Bien connu au-dessus de 40 ans, connu au-dessous.
Synonyme : *apponser.*

RAPPORTER LES PAQUETS, loc.verb.

Rapporter ce qu'on entend : « *C'est pas beau de rapporter les paquets.* » H.B. bien connu au-dessus de 60 ans, usuel au-dessous.

RAPPORTES-PAQUET, n.m.

Personne qui rapporte ce qu'elle a entendu : « *Il faut se méfier et parler moins fort, il peut y avoir un rapporte-paquet.* »

B.V. connu. H.B. usuel au-dessus de 20 ans, attesté au-dessous.

RAQUER, v.intr.

Vomir : « *Il avait tellement bu qu'il s'est mis à raquer tout d'un coup.* » Emprunté au patois, mot expressif dérivé de l'onomatopée *rakk-*.
B.V. connu au-dessus de 40 ans, en déclin au-dessous. H.B. attesté au-dessus de 20 ans, inconnu au-dessous. Synonyme : *amailler* (annexe).

RAQUIGNON, n.m.

Reste d'un fruit entamé, fruit chétif : « *Je ne sais pas ce que nous pourrons faire de ces pommes, ce n'est que des raquignons.* »
Emprunté au patois, du radical *rag-*. B.V. attesté au-dessus de 20 ans. H.B. bien connu au-dessus de 60 ans, en déclin rapide au-dessous.
Synonymes : *cafignon* (annexe), *caquegnon* (annexe), *ragoton*.

RASE, n.f.

Grosse rigole : « *J'ai fait une rase dans mon pré pour canaliser l'eau.* » Emprunté au patois, du latin *rasus* « rasé, coupé ras ».
Relevé par Robert 85 avec la mention « régional (Provence) ».
B.V. bien connu au-dessus de 40 ans, connu au-dessous.
H.B. usuel au-dessus de 20 ans, connu au-dessous.

RAT (FAIRE UN-) OU (AVOIR UN-), loc.verb.

Faire un violent caprice : « *Il fait des rats sans pareils.* »
Signalé par TLF avec la mention « Vieux ».
B.V. bien connu au-dessus de 40 ans, attesté au-dessous.
H.B. connu au-dessus de 60 ans, en déclin rapide au-dessous.

RATE, n.f.

1. Variété de pomme de terre de forme allongée : « *J'ai fait un plat de rates pour midi.* »
2. Dent de lait : « *Le bébé a mal à ses petites rates.* »
Emprunté au patois, formé sur *rat*.
Usuel au-dessus de 20 ans, bien connu au-dessous.
Synonymes : *1. quenelle. 2. chaillotte.*

RÂTEAU (TIRER LE-), loc.verb.

Mareller* (voir ce mot) : « *On tire le râteau pour aligner les ceps.* »
B.V. connu.

RAT FRUITIER, n.m.

Lérot : « *Les rats fruitiers montent sur les arbres et mangent les fruits.* » Bien connu au-dessus de 20 ans, inconnu au-dessous.

RAT-GOUT, GOUT, n.m.

Rat d'égout.
B.V. connu au-dessus de 40 ans, inconnu au-dessous. H.B. usuel au-dessus de 40 ans, connu au-dessous.

RATICHON, n.m.

Correction : « *Après une bêtise pareille, il s'est fait passer un bon ratichon.* »
Signalé par G. Esnault dans le *Dictionnaire des argots* avec l'indication « réprimande, peignée (région de Lyon 1896) ».
Bien connu au-dessus de 20 ans, connu au-dessous.
À rapprocher de : *abadée* (annexe), *chiaquée 2, dorse* (annexe), *petassée, ruissée, sigrolée, tatouillée, trivaste.*

RAVE, n.f.

Ennui : « *Chez eux il y a toujours une rave.* »
De la connotation péjorative du mot *rave*.
B.V. connu au-dessus de 40 ans, attesté au-dessous. H.B. peu attesté au-dessus de 40 ans.

RAVONIAU, n.f.

Ravenelle, radis : « *Mes raves ont tourné en ravoniaux ; elles n'ont rien* grossi du tout.* », « *Va donc au jardin ramasser les ravoniaux.* » Emprunté au patois, du latin *raphanus* « radis ».
B.V. connu au-dessus de 20 ans, en déclin au-dessous. H.B. bien connu au-dessus de 60 ans, en déclin rapide au-dessous.

REBIS, adj.

Desséché : « *Les raves sont rebis.* »
Emprunté au patois, tiré de l'expression *cuit de rebis* « cuit deux fois, trop cuit ».
H.B. usuel au-dessus de 60 ans, en déclin rapide au-dessous.

REBROCHER, v.intr.

Remplacer une plante manquante qui a péri : « *Cette année avec la sécheresse il nous a fallu rebrocher presque dans toutes les terres.* »
Formé sur *broche*, nom patois du sarment ou de la bonne pousse (du latin *broccus* « broche, cheville »).
B.V. bien connu au-dessus de 20 ans, connu au-dessous.
H.B. peu attesté au-dessus de 60 ans.

RECHELLER, v.intr.

Pousser des rejets : « *Après avoir cisaillé, la vigne a rechellé.* »
Emprunté au patois, formé sur le verbe *jaler*, « produire des pousses, taller » (du latin *galla* « gale, excroissance »).
B.V. connu au-dessus de 40 ans, attesté au-dessous.

RECONNAÎTRE (SE), v.pron.

S'acquitter d'une dette de reconnaissance : « *Quand il était dans la gêne, nous lui avons aidé*, mais il n'a pas été ingrat, il a su se reconnaître.* » Signalé en ce sens par Robert 85 sous la forme intransitive et la mention « Vx, langue classique ».
Usuel au-dessus de 60 ans, en déclin au-dessous.

RECRENIR, RECRENILLER, v.tr.

Recroqueviller, racornir : « *Le froid me recrenit.* »
De la même famille que le français *racornir*.
B.V. attesté au-dessus de 20 ans, inconnu au-dessous. H.B. bien connu au-dessus de 60 ans, en déclin rapide au-dessous.

RÉDIMER (SE), v.pron.

Restreindre les dépenses : « *Avec le chômage, il va falloir se rédimer sur tout, mais c'est difficile de se rédimer sur la nourriture.* »
Bien connu au-dessus de 20 ans, inconnu au-dessous.

REDOUCER, v.intr.

Se radoucir, (en parlant du temps) : « *Au mois d'avril, il va bien commencer à redoucer.*
Variante phonétique de *radoucir*. H.B. usuel au-dessus de 60 ans, attesté au-dessous.

RÉENTER, v.tr.

Refaire le pied (d'une chaussette) : « *Il faut réenter ces chaussettes. Y a que le pied qui est usé.* »
Emprunté au patois, formé de *enter* « greffer » avec le préfixe itératif *re-*. B.V. connu au-dessus de 40 ans, en déclin au-dessous. H.B. bien connu au-dessus de 60 ans, inconnu au-dessous.

REFAIRE, v.intr.

Prendre une nouvelle consommation : « *Votre verre est vide. Voulez-vous refaire ?* »
Usuel au-dessus de 40 ans, en déclin rapide au-dessous.

REFUS

Voir MÊCHER À REFUS.

RÈGNE (ÊTRE EN-), loc.verb.

Sévir, (en parlant d'une maladie contagieuse) : « *La varicelle est en règne, chez vous aussi ? Ici tous les gamins sont au lit.* »

Robert 85 et TLF signalent cette expression dans le sens « être en vogue, à la mode », avec la mention « vieux ».
H.B. usuel au-dessus de 40 ans, en déclin rapide au-dessous.

REGONFLE (À-), loc.adv.

En trop, en surabondance : « *Des fruits cette année, y en a à regonfle, ça se vendra mal.* »
De *regonfler*, le préfixe *re-* ayant une valeur intensive, non itérative.
Connu au-dessus de 40 ans, en déclin au-dessous.

REGRET (FAIRE-), loc. verb.

Écœurer, dégoûter : « *Ce plat est tellement mal présenté qu'il ferait plutôt regret.* »
Bien connu au-dessus de 20 ans, inconnu au-dessous.

REGRETTEUX, adj.

Sans appétit, qui éprouve de la répugnance : « *Il est regretteux, depuis qu'il a été malade.* »
Emprunté au patois, formé sur *regret* (voir la locution *faire regret*).
H.B. usuel au-dessus de 40 ans, en déclin rapide au-dessous.
Synonymes : *besillon, buson, pechouillon, pignoche.*

REJAR, n.m.

Bourgeon de vigne qui sera supprimé lors de la taille : « *Il faut enlever ces rejars.* »
Emprunté au patois, formé sur le mot *jar* « germe » (d'un gaulois **garra* « jarret »).
B.V. connu au-dessus de 20 ans.

RELAVER, v.tr.

Laver : « *On va relaver ces culottes.* » Signalé par Robert 85 avec la mention « régional (Suisse) » et par TLF avec la mention « région. (de la Belgique à la Suisse romande) ».
Bien connu au-dessus de 60 ans, en déclin rapide au-dessous.

RELEVER LA VIGNE, loc.verb.

Relever les sarments de vigne pour les lier : « *C'est le moment de relever la vigne.* »
B.V. usuel. H.B. connu au-dessus de 60 ans, en déclin rapide au-dessous.

RELINGER, v.tr.

Équiper de vêtements neufs ou en bon état : « *Elle se croyait obligée de relinger ses enfants des pieds à la tête.* » Formé sur *linge*.
Peut-être plus argotique que régional.
Connu au-dessus de 60 ans, en déclin rapide au-dessous.

REMARQUE, n.f.

1. Observation (qui guide dans les prévisions météorologiques) : « *Les Quatre-Temps, c'est une bonne remarque, j'y fais toujours attention.* »
2. loc.verb. *Avoir de remarque*, être éveillé (en parlant d'un

enfant) : « *C'est affreux ce qu'il a de remarque pour six mois, ce bébé.* »
Usuel au-dessus de 40 ans, en déclin au-dessous.

REMBOURRER, v.tr.

Reprendre vivement quelqu'un : « *Quand il m'a répondu sur ce ton, j'ai eu vite fait de le rembourrer.* »
Emprunté au patois, du latin *burra* « poil ».
Usuel au-dessus de 40 ans, en déclin rapide au-dessous.

REMETTRE (SE), v.pron.

1. Se reposer : « *Entrez donc, remettez-vous.* »
2. Reconnaître une personne : « *Au marché, j'ai rencontré un homme qui m'a dit bonjour, j'arrivais pas à me le remettre.* »
Bien connu au-dessus de 20 ans, attesté au-dessous.
Synonyme : *2. connaître 2.*

REMIAGE, n.m.

Pèlerinage : « *Autrefois on faisait beaucoup de remiages.* »
Emprunté au patois, du latin **romeus* « pèlerin (à Rome) ».
B.V. connu au-dessus de 40 ans.

RENALLER (SE), v.pron.

S'en aller, rentrer chez soi : « *Il s'est renallé à quatre heures.* »
Emprunté au patois, formé sur *s'en aller.*
B.V. peu attesté. H.B. connu au-dessus de 60 ans, en déclin rapide au-dessous.
Synonymes : *s'en retourner 2, se retourner.*

RENARDER, v.intr.

1. Dégager une odeur amère : « *Le vin qu'il a servi renardait.* »
2. Dégager une mauvaise odeur : « *Je ne sais pas d'où venait cet individu, il renardait à cent pas.* »
Dérivé de *renard.*
B.V.1. Connu. 2. Bien connu

RENCONTRER, v.intr.

Dans les locutions *bien* ou *mal rencontrer*, réussir ou ne pas réussir : « *Cette année, j'ai bien rencontré pour battre, il a fait beau.* », « *Il s'est marié jeune mais il a mal rencontré.* »
Connu au-dessus de 40 ans, en déclin au-dessous.

RENOUVELLATION, n.f.

Renouvellement de la communion solennelle : « *Ma petite fille a 13 ans, elle va faire sa renouvellation.* »
H.B. usuel au-dessus de 20 ans, inconnu au-dessous.

RENTOURNER

1. v.tr. Remporter, ramener : « *Rentourne la brouette sous la remise.* »
2. emploi pron. S'en retourner : « *Après six heures, je me suis rentourné chez moi.* »
3. emploi pron. Se faner (en parlant d'une plante) : « *Mon persil s'est mis à dépérir, il a jauni puis il s'est rentourné.* »
B.V. usuel. H.B. sens 1 et 3 : bien connu au-dessus de 60 ans, en déclin rapide au-dessous, sens 2 : usuel. Synonymes : *2. se renaller, se retourner.*

REPASSÉE, n.f.

Repassage : « *Cet après-midi, j'ai fait ma repassée.* »
Emprunté au patois, formé sur *repasser*. B.V. attesté au-dessus de 20 ans, inconnu au-dessous. H.B. usuel au-dessus de 40 ans, attesté au-dessous.

REPLAT, n.m.

Partie de terrain plat dans une colline : « *Mène les bêtes en champ vers la colline, de préférence sur le replat.* »
Signalé par Robert 85 avec la mention « régional géogr. » et par TLF avec la même mention et l'indication « mot région. (Bourgogne, Lyon, Suisse romande) ».
Usuel.

REPOSON, n.m.

Sieste : « *Mon gamin ne va pas à l'école l'après-midi parce qu'il fait encore un petit reposon après dîner*.* »
H.B. connu au-dessus de 40 ans, attesté au-dessous.
Synonyme : *pranière.*

REPRENDRE, v.tr.

Délasser, soulager dans son travail : « *Venez boire un canon, y vous reprendra.* » « *Il est au bois avec son garçon, il peut le reprendre un peu.* » Régionalisme sémantique ayant conservé le sens du patois.
Bien connu au-dessus de 20 ans, inconnu au-dessous.

REPROCHER, v.tr.

Provoquer des renvois digestifs, des lourdeurs d'estomac : « *Je peux pas manger des poivrons, ils me reprochent.* »
B.V. bien connu au-dessus de 40 ans, en déclin rapide au-dessous. H.B. attesté au-dessus de 20 ans, inconnu au-dessous.

RESSEMBLER, v.tr.

Ressembler à (quelqu'un) : « *C'est affreux ce qu'il ressemble son père, en grandissant.* »
Régionalisme grammatical emprunté au patois.

Usuel au-dessus de 40 ans, bien connu au-dessous.

RESSUIVRE, v.tr.

Vérifier, contrôler : « *Il me faut ressuivre tout le travail de cet apprenti.* » Formé sur *suivre* avec le préfixe itératif *re-*.
Usuel au-dessus de 40 ans, en déclin au-dessous.

RETAILLON, n.m.

Rognure, morceau qui reste d'une étoffe : « *Je vais balayer ces retaillons avant que les chats jouent avec.* » Emprunté au patois, du latin *taliare* « tailler » (voir *taillon*).
B.V. attesté au-dessus de 40 ans, inconnu au-dessous. H.B. connu au-dessus de 60 ans, en déclin rapide au-dessous.

RETINTON, n.m.

1. Repas du lendemain de fête : « *Le lendemain, les conscrits font le retinton.* »
2. Petite quantité : « *Voulez-vous prendre un retinton d'eau-de-vie.* »
3. Reste : « *Il faut finir ce plat, les cuisinières n'aiment pas les retintons.* » Emprunté au patois, redoublement de *tinton* « bruit de fête » (de *tinnitare* « tinter »).
Bien connu au-dessus de 20 ans, connu au-dessous.
Synonyme : 2. *rincelette.*

RETOURNER (SE), v.pron.

S'en retourner : « *Tous les jours il vient me voir vers deux heures et il se retourne vers les quatre heures.* » Connu.
Synonymes : *se renaller, se rentourner 2.*

REVARI, n.m.

Nettoyage complet d'une maison, grand ménage : « *Le printemps arrive, je vais commencer le revari.* » Emprunté au patois, peut-être du latin *variare* « changer » ou de **virare* « faire tournoyer ».
H.B. connu au-dessus de 60 ans, en déclin rapide au-dessous.

RÊVASSON, n.m.

Rêveur, personne constamment dans la lune : *Quel rêvasson ! Comment veux-tu réussir à l'école si tu n'écoutes pas mieux ?* »
Dérivé de *rêver.*
B.V. attesté au-dessus de 20 ans, inconnu au-dessous. H.B. bien connu au-dessus de 40 ans, en déclin rapide au-dessous.

REVILLON, REVOLON, n.m.

Tourbillon (de vent) : « *En sortant du café nous avons été pris dans un revillon.* »
Emprunté au patois, du latin *volumen* « tourbillon ».

Bien connu au-dessus de 40 ans, inconnu au-dessous.
Synonyme : *follet*.

REVILLONNER, v.intr.

Tourbillonner (en parlant du vent) : « *Hier, quand il neigeait, le vent n'était pas fort, mais ça a dû revillonner dans la cour.* »
Dérivé de *revillon*.
Connu au-dessus de 60 ans, inconnu au-dessous.

REVOIR (À TE- OU À VOUS-), interj.

Au revoir : « *Merci de votre visite, à vous revoir.* »
TLF indique comme vieillie l'interjection *à revoir !*
B.V. connu au-dessus de 40 ans.
H.B. usuel au-dessus de 60 ans, en déclin rapide au-dessous.

REVOLE, n.f.

1. Fête de fin de grands travaux (surtout les moissons) : « *Quand on avait fini de moissonner, on faisait la revole, c'était une petite fête.* »
2. Fin d'un travail : « *Demain, s'il fait beau, c'est la revole.* »
Emprunté au patois, du verbe latin *revolvere* « enrouler, tourner ».
Bien connu.

REVOLON

Voir REVILLON.

REVONDU, adj.

Enseveli, enfoui : « *Il est revondu dans ses sous.* »
Emprunté au patois, du latin *reponere* « replacer ».
H.B. bien connu au-dessus de 60 ans, en déclin rapide au-dessous.

REVORSE (METTRE EN-), loc.verb.

Mettre en jauge : « *Avant de planter les arbres il faut les mettre en revorse quelques jours.* »
Emprunté au patois, continuateur du latin *revulsa* (de *revolvere* « tourner, rouler »).
B.V. connu au-dessus de 40 ans, en déclin au-dessous. H.B. peu attesté au-dessus de 40 ans, inconnu au-dessous.

REVOURCHER, v.intr.

Fouiller, fureter : « *À force de revourcher dans les tiroirs, j'ai fini par trouver ce que je cherchais.* »
Emprunté au patois, continuateur du verbe latin *volvicare* « tourner, remuer » (avec le préfixe *re-*).
B.V. bien connu au-dessus de 40 ans , attesté au-dessous.
Synonymes : *fouinasser, fregonner 2, frôgner, furonner, graboter, trafourer* (annexe).

RHABILLEUR, n.m.

Rebouteux : « *Il a dû se démettre quelque chose, on va aller chez le rhabilleur.* »
Signalé par TLF avec la mention « en partic. fam. »
Usuel au-dessus de 20 ans, inconnu au-dessous.
Synonyme : *rangoneur.*

RICLE, RICLETTE, RICLASSE, n.f.

Diarrhée : « *Cette vache a une bonne ricle, elle mange trop de regain mouillé par la rosée.* »
Emprunté au patois, du verbe **risclare* « avoir la diarrhée. »
B.V. connu au-dessus de 40 ans, inconnu au-dessous. H.B. attesté au-dessus de 40 ans, inconnu au-dessous. Synonyme : *fouire.*

RIEN

1. adv. Peu, pas du tout : « *Il est rien gros.* »
2. Dans l'expression *ça ne risque de rien*, ça ne risque rien : « *Garez votre auto ici, ça ne risque de rien.* »
3. Dans l'expression *il y a rien que si*, sauf si : « *Vous pouvez jamais le rencontrer, y a rien que si vous alliez chez lui.* »
4. loc.verb. *Faire rien qu'à*, ne cesser de : « *Ce garçon fait rien qu'à m'embêter.* »
B.V. bien connu au-dessus de 20 ans, inconnu au-dessous.
H.B. usuel.

RIFOLÉE, n.f.

Éclat de rire : « *Il y avait du monde chez lui, ça faisait de* rifolées, ça avait l'air de s'amuser !* »
Emprunté au patois, de la famille du mot latin *risus* « rire ».
H.B. usuel au-dessus de 20 ans, attesté au-dessous.
Synonyme : *écarcaillée.*

RIGOTTE, n.f.

Petit fromage de chèvre : « *Les rigottes sont recherchées car dans nos régions on élève peu de chèvres.* » Emprunté au patois, de *coquere* « faire cuire ».
Signalé par Robert 85 avec la mention « mot régional » (dans la rubrique étymologique) et le sens « petit fromage plat cylindrique de la région lyonnaise... » et par TLF avec la mention (également dans la rubrique étymologique) « mot région. (Lyonnais et Dauphiné) » et le même sens.
Bien connu au-dessus de 40 ans, en déclin en-dessous.
Synonyme : *cabrillon.*

RINCELETTE, RINÇONNETTE, n.f.

Rincette, petite quantité de vin qu'on prend soi-disant pour rincer le verre : « *Ton verre n'était pas bien plein, tu peux accepter une rincelette.* »
Dérivé de *rincer*.
B.V. bien connu au-dessus de 40 ans, connu au-dessous.
H.B. usuel au-dessus de 60 ans, en déclin rapide au-dessous.
Synonyme : *retinton*.

RIOUTE, RIÔTE, n.f.

1. Lien en osier (pour la vigne) : « *On attache la vigne avec des rioutes.* »
2. Baguette flexible utilisée pour fouetter : « *Quand on faisait des bêtises, notre père prenait une rioute et nous fouettait sur les mollets.* »
Emprunté au patois, continuateur du latin *retortus* « tourné, tordu ».
Bien connu au-dessus de 20 ans, inconnu en-dessous.
Synonyme : 2. *ruisse*.

RIQUIQUI, n.m.

Boisson obtenue en ajoutant du marc et du sucre au paradis* : « *Méfie-toi du riquiqui : ça saoule.* »
Relevé par Robert 85 et TLF avec la mention « pop. vieilli. » et le sens « eau-de-vie, généralement de qualité médiocre ».
B.V. usuel. H.B. bien connu au-dessus de 20 ans, connu au-dessous.

RÔGNE, n.f.

Flambée : « *À ce temps, on supporte une petite rôgne.* »
Emprunté au patois, de l'onomatopée *ron-* (ronflement, bruit sourd).
H.B. usuel au-dessus de 60 ans, en déclin rapide au-dessous.

ROGNES (CHERCHER DES-), loc.verb.

Être querelleur : « *Il n'arrête pas de nous chercher des rognes.* »
Emprunté au patois, de l'onomatopée *ron-*.
Signalé par TLF avec la mention « au plur. pop. ». Robert 85 et TLF indiquent l'un et l'autre dans leur rubrique étymologique que ce mot a été « longtemps usité dans la région de Lyon et de Genève ».
Bien connu au-dessus de 40 ans, en déclin rapide au-dessous.

ROLLIASSE, ROUILLASSE

1. adj. Rauque, enroué : « *J'ai la voix rouillasse, c'est depuis que j'ai pris la grippe.* », « *Je suis ralliasse, j'ai de la peine à parler.* »
2. loc.verb. *Avoir la rolliasse,*

être enroué : « *Tous les matins, j'ai la rolliasse. Ça passe dans la journée.* » Dérivé de *rouille*. Voir ce mot.
B.V. 1. Bien connu au-dessus de 40 ans, en déclin rapide au-dessous. 2. Usuel.
Synonyme : 2. *avoir la rouille*.

RONDO, adv.

Rapidement : « *Mène-moi le gamin à l'école, et rondo !* »
Abréviation de *rondement*.
Bien connu au-dessus de 40 ans, en déclin rapide au-dessous.

RONFLER, v.intr.

Faire des remontrances incessantes : « *Dans cette usine, les ouvriers restent pas longtemps ; le contremaître est toujours après* ronfler.* »
Régionalisme sémantique emprunté au patois.
Usuel au-dessus de 20 ans, inconnu au-dessous.

RONGEON, ROUGEON, n.m.

Morceau de pain ou de nourriture laissé au bord de l'assiette : « *Les gosses font des rongeons.* »
Rougeon est la forme empruntée au patois, formée sur le verbe *rouger*, issue du latin **rodicare* « ronger ». *Rongeon* a subi l'influence du français *ronger*.
B.V. connu au-dessus de 20 ans, attesté au-dessous. H.B. connu au-dessus de 60 ans, inconnu au-dessous.

RONGONNER, v.intr.

Grogner, ronfler sourdement, ronchonner : « *Le tonnerre a rongonné cette nuit sans arrêt.* », « *La Mémée rongonne par derrière.* »
Variante de *ronchonner* (mot indiqué par Robert 85 et TLF comme étant d'origine lyonnaise) due probablement à l'influence de *bougonner*.
Bien connu au-dessus de 60 ans, en déclin rapide au-dessous.
Synonyme : *gongonner*.

RONZE, n.f.

Ronce : « *Il s'est tout égraffigné* dans les ronzes.* »
Emprunté au patois, continuateur du latin *rumex* « ronce ».
Bien connu au-dessus de 60 ans, en déclin au-dessous.

ROQUER, v.intr.

Buter, trébucher : « *J'ai roqué contre une pierre dans le chemin, j'ai failli tomber.* »
Emprunté au patois, de l'onomatopée *rok-*.
B.V. peu attesté. H.B. usuel au-

dessus de 60 ans, en déclin rapide au-dessous.

ROSETTE, n.f.

Saucisson de fabrication particulière qui se mange sec : « *J'ai toujours en réserve une rosette au cas où j'aurais des invités inattendus.* » Signalé par Robert 85 avec la mention « 1938, régional » sous la forme rosette de Lyon, et par TLF sous la rubrique « Alim. saucisson sec fabriqué dans la région lyonnaise ». Usuel.

RÔTIE, n.f.

Tartine : « *Les enfants mangent des rôties de confiture.* » Emprunté au patois, du germanique **rusjan* « rôtir ». Bien connu au-dessus de 60 ans, en déclin rapide au-dessous.

ROUCHE

Voir ROUILLE.

ROUETTON, n.m.

1. Petite rue : « *Il s'est sauvé par le rouetton.* »
2. Ruelle de lit : « *Dans la chambre, le rouetton n'est pas bien large.* » Emprunté au patois, du latin *ruga* « rue ». B.V. peu attesté. H.B. connu au-dessus de 40 ans, en déclin rapide au-dessous.

ROUILLASSE

Voir ROLLIASSE.

ROUILLE, adj.verb.

Rouillé : « *Le portail est rouille.* » « *Quand je me lève, je suis rouille.* » Emprunté au patois, participe tronqué de *rouiller.* H.B. usuel au-dessus de 40 ans, en déclin rapide au-dessous.

ROUILLE (AVOIR LA-), AVOIR LA ROTSE, AVOIR LA ROCHE, AVOIR LA ROUCHE, loc.verb.

Être enroué : « *Avec ce temps humide j'ai la rouille depuis trois semaines.* » *Rouille* est emprunté au patois et remonte au latin *raucus* « rauque, enroué ». B.V. attesté au-dessus de 40 ans. H.B. bien connu.
Synonyme : *avoir la rolliasse.*

ROUINDZE, n.f.

Plante à larges feuilles qu'on donne à manger aux lapins : « *Je vais ramasser des rouindzes pour les lapins.* » Emprunté au patois, probablement du latin *rumigare* « ruminer ». B.V. peu attesté. H.B. connu au-dessus de 60 ans, en déclin rapide au-dessous.

ROULANT, n.m.

Mendiant : « *Les autrefois* il passait des roulants dans les maisons.* » Signalé par Robert 85 avec la mention « Vx ou régional » et le sens « nomade vivant et se déplaçant dans une roulotte », et par TLF comme A. adj et subst. « nomade, bohémien », B.subst. masc.arg.pop.vieilli « marchand ambulant, vagabond ».
B.V. bien connu au-dessus de 20 ans, inconnu au-dessous.
H.B. bien connu au-dessus de 60 ans, en déclin rapide au-dessous.

ROULE (SUR-), loc.adv.

Du côté arrondi (de façon à permettre le transport en parlant des tonneaux) : « *Mets les tonneaux sur roule, bien calés.* »
B.V. bien connu au-dessus de 40 ans, en déclin au-dessous.
H.B. attesté au-dessus de 40 ans, inconnu au-dessous.

ROYON, n.m.

Bûche : « *J'ai mis un royon dans le feu, il va tenir un moment.* » Emprunté au patois, du latin *rotulus* « petite roue ».
H.B. connu au-dessus de 60 ans, en déclin rapide au-dessous.

RUCHE, n.f.

Ensemble des douves latérales (d'un tonneau) : « *Mal cerclée, la ruche s'est cassée.* »
Régionalisme sémantique (les douves forment une corbeille ronde comme une ruche).
B.V. connu au-dessus de 20 ans, inconnu au-dessous.

RUISSE, ROUISSE, n.f.

Baguette souple, verge : « *Les noisetiers font de bonnes ruisses.* » Emprunté au patois, du latin **rustum* « arbuste ».
H.B. usuel au-dessus de 40 ans, attesté au-dessous.
Synonyme : *rioute* 2.

RUISSÉE, n.f.

Fessée : « *Il a reçu une bonne ruissée parce qu'il ne fait rien à l'école.* » Emprunté au patois, formé sur *ruisse*. H.B. usuel au-dessus de 40 ans, peu attesté au-dessous.
À rapprocher de : *abadée* (annexe), *chiaquée 2, dorse* (annexe), *égramelée* (annexe), *petassée, ratichon, sigrolée, tatouille, trivaste.*

SABRAQUE, n.m.

Mauvais ouvrier : « *Quand j'ai vu arriver cet ouvrier, je n'ai rien pressenti de bon ; il a la réputation d'un vrai sabraque.* »
Dérivé de *sabrer* « mal travailler, bâcler ».
B.V. bien connu au-dessus de 20 ans, connu au-dessous.
H.B. connu au-dessus de 60 ans, inconnu au-dessous. À rapprocher de : *barraque, courate 3, gabouillard, ganache, gavagne, gaveux* (annexe), *goujat* (annexe).

SABRE (FAIRE LE-), loc.verb.

Rester droites (en parlant des grappes de raisin) : « *Cette année, il y a beaucoup de grappes qui font le sabre.* » B.V. connu au-dessus de 40 ans, inconnu au-dessous.

SACHE, n.f.

Sac : « *Il a mis ses truffes* dans des saches.* »
Du latin *saccus* « sac ».
B.V. peu attesté. H.B. connu au-dessus de 60 ans, en déclin rapide au-dessous.

SADROUILLER, SANDROUILLER, v.tr.

Abîmer (en déchirant) : « *Ne passe pas dans les ronces, tu vas sadrouiller ta culotte.* »
Emprunté au patois, du latin *solium* « baquet, eau sale ».
Voir *sandrouille*. B.V. peu attesté.
H.B. connu au-dessus de 60 ans, inconnu au-dessous.
Synonymes : *marpailler, pitrogner.*

SAILLER, v.tr.

Faucher : « *Je vais sailler de* luzerne pour les lapins.* »
Emprunté au patois, issu du latin *secare* « couper ».
Connu au-dessus de 60 ans, en déclin rapide au-dessous.

SAINT-COCHON, loc.nom.

Jour où l'on tue le cochon, marqué par un repas familial : « *Demain, c'est la saint-cochon.* »
Usuel au-dessus de 60 ans, en déclin rapide au-dessous.

SAINT-LUNDI (FAIRE LA-), loc.verb.

Se reposer le lundi des excès du dimanche : « *On ne le verra pas aujourd'hui. Hier, c'était sa fête, aujourd'hui, il fait la saint-lundi.* »
H.B. bien connu au-dessus de 40 ans, en déclin rapide au-dessous.

SALE (SE METTRE EN-), loc. verb.

S'habiller avec des vêtements déjà sales : « *Pour faire le jardin on se met en sale.* »
B.V. connu. H.B. bien connu au-dessus de 20 ans, inconnu au-dessous.

SAMPILLE, n.f.

1. Femme vulgaire : « *Je ne voudrais pas me promener avec une sampille pareille.* »
2. Vagabond : « *Il mène une vie de sampille.* »
Emprunté au patois, du latin *pilleum* « feutre » (d'où : « chiffon, guenille »).
B.V. connu au-dessus de 40 ans, en déclin rapide au-dessous.
H.B. bien connu au-dessus de 60 ans, en déclin rapide au-dessous.

SAMPILLER

1. v.tr. Secouer en déchirant : « *Le vent a soufflé fort et il a sampillé tout mon linge.* »
2. v.tr. Mettre en désordre : « *Ce polisson a sampillé tous les aliments dans mon placard.* »
3. v.tr. Gâcher, faire mal (un travail) : « *Il a sampillé tout ce travail.* »
4. loc.verb. *Sampiller la grenouille*, faire une grosse dépense : « *Pour marier leur fille, les M. n'ont pas hésité à sampiller la grenouille.* » Faire sauter la grenouille.
Variante régionale de la locution « disposer abusivement de fonds dont on n'est que le dépositaire » (Robert 85). Formé sur *sampille.*
Bien connu au-dessus de 60 ans, en déclin rapide au-dessous.
Synonyme : 3. *dessampiller.*

SAMPILLERIE, n.f.

Objet sans valeur : « *J'ai donné toutes mes sampilleries au pati*.* »
Emprunté au patois, dérivé de *sampille.*
B.V. attesté au-dessus de 20 ans, inconnu au-dessous. H.B. connu au-dessus de 40 ans, en déclin rapide au-dessous.
Synonymes : *bagole 2, picou 2.*

SANDROUILLE, n.f.

Personne sans soin : « *Elle s'est mariée avec une espèce de sandrouille. Elle le regrette bien.*
Emprunté au patois, voir *sadrouiller*. B.V. connu au-dessus de 20 ans, inconnu au-dessous.
H.B. connu au-dessus de 60 ans, en déclin rapide au-dessous.

SANDROUILLER

Voir SADROUILLER.

SANGUETTE, n.f.

Préparation de sang d'animal frit avec des fines herbes : « *Quand on tue une poule, on fait une sanguette.* » Emprunté au patois, de la famille de *sang*.
B.V. attesté au-dessus de 20 ans, inconnu au-dessous. H.B. bien connu au-dessus de 60 ans, en déclin rapide au-dessous.

SAPINETTE, n.f.

Jeune plantation de sapins : « *J'ai vu un chevreuil en passant dans la sapinette.* »
Usuel au-dessus de 40 ans, en déclin rapide au-dessous.

SAPRÉ, adj.antéposé.

Sacré : « *Ah ! sapré dégourdi, on a pas idée de faire des bêtises comme ça !* »
Altération de *sacré*.
Bien connu au-dessus de 40 ans, connu au-dessous.

SARGNOTER, v.tr.

Synonyme de *sargogner*. Voir le mot suivant.
Emprunté au patois, du latin *serraculum* « serrure de porte ».
B.V. connu au-dessus de 40 ans, en déclin rapide au-dessous.

SARGOGNER, v.tr.

Secouer, manœuvrer sans délicatesse : « *À force de sargogner cette porte, tu vas finir par la casser.* »
Variante de *cigogner* (voir ce mot) avec l'influence probable de *sargnoter*. Connu au-dessus de 40 ans, en déclin au-dessous.
À rapprocher de : *cigogner, groler, gueniller, sargnoter, sigroler 1.*

SASSON, SAUÇON, n.m.

Vin sucré avec du pain : « *Je vais te préparer un sasson.* »
Emprunté au patois, de la même famille que le français *sauce* (du latin *salsus* « salé »).
B.V. bien connu au-dessus de 40 ans, connu au-dessous.
Synonyme : *socane* (annexe).

SASSOUILLER, v.intr.

Jouer avec de l'eau, barboter : « *Les gamins sont après* sassouiller dans la rivière.* »
Emprunté au patois, du latin *solium* « baquet, eau sale ».
B.V. attesté au-dessus de 40 ans, inconnu au-dessous. H.B. connu au-dessus de 20 ans, inconnu au-dessous. Synonymes : *borber* (annexe), *gabouiller, gassouiller 2.*

SATER, v.tr.

Tasser, presser, comprimer : « *Il fallait bien sater les noix pour faire l'huile.* »
Emprunté au patois, du germanique *saths* « suffisant ».
B.V. peu attesté. H.B. usuel au-dessus de 20 ans, connu au-dessous.

SAUVAGE, adj.

Froid et venteux (en parlant du temps) : « *Il fait sauvage, c'est la saison !* »
B.V. usuel au-dessus de 20 ans, inconnu au-dessous. H.B. attesté au-dessus de 60 ans, inconnu au-dessous.

SAUVAGE, n.m.

Porte-greffes : « *On fait les greffes sur des sauvages.* »
Terme de viticulture. B.V. connu.

SAUVATION, n.f.

Salut, guérison : « *C'est à ce rogomme que j'ai dû ma sauvation.* » Emprunté au patois, du latin *salvare* « sauver ».
Connu au-dessus de 60 ans, inconnu au-dessous.

SAVOIR (NE PAS-), v.tr.

Ne pas entendre, ne pas s'apercevoir de la présence (de quelqu'un) : « *Ce gamin est bien calme, on le sait pas.* » Bien connu au-dessus de 40 ans, connu au-dessous.

SCIE, n.f.

Scierie : « *Il a eu de la chance de trouver du travail à la scie.* »
Usuel au-dessus de 60 ans, en déclin rapide au-dessous.

SÉCHON, n.m.

Fromage sec : « *Tous les samedis, je vais vendre mes séchons au marché.* » Emprunté au patois, du latin *siccus* « sec ».
B.V. attesté au-dessus de 40 ans, inconnu au-dessous. H.B. connu au-dessus de 20 ans, inconnu au-dessous.

SEILLE, n.f.

Seau à traire : « *Il faut bien laver les seilles et bien les faire sécher.* »
Emprunté au patois, du latin *situla* « seau ».
Signalé par Robert 85 avec la mention « régional » et le sens « seau de bois à oreilles évidées pour y passer un cordage ».
B.V. bien connu au-dessus de 40 ans, attesté au-dessous.
H.B. connu au-dessus de 20 ans, inconnu au-dessous.

SELLE, n.f.

Tabouret à traire : « *Prends une selle et va traire la vache du fond.* » Emprunté au patois, du latin *sella* « chaise, tabouret ». Connu au-dessus de 40 ans, en déclin rapide au-dessous. Synonymes : *plot 2, sellon.*

SELLON, n.m.

Petit tabouret, repose-pied, tabouret à traire : « *La Mémée aime bien reposer les pieds sur un sellon.* » Emprunté au patois, dérivé de *selle.* Connu au-dessus de 60 ans, en déclin rapide au-dessous. Synonymes : *plot 2, selle.*

SEMITIÈRE, n.m.

Cimetière : « *Il a eu un bel enterrement, le semitière était noir de monde.* »
Régionalisme phonétique emprunté au patois.
H.B. bien connu au-dessus de 40 ans, attesté au-dessous.

SENS DEVANT-DERRIÈRE, SENS DEVANT DIMANCHE, loc.adv.

En mettant le devant pour le dos (dans un vêtement) : « *Ce matin le petit s'est habillé tout seul, il a mis son pull sens devant-derrière.* »
Signalé par Robert 85 avec la mention « surtout régional, de nos jours ». Usuel au-dessus de 40 ans, bien connu au-dessous.

SENTIER À TALON

Voir TALON.

SEPTANTE, adj. numéral.

Soixante-dix : « *Je ne suis pas des classes, cette année j'ai septante-deux ans.* »
Signalé par Robert 85 avec la mention « vieux ou dialectal (Belgique, Suisse romande, encore vivant dans une partie de l'est de la France, depuis la Belgique jusqu'à la Provence) ». Usuel au-dessus de 40 ans, en déclin au-dessous.

SERPENT, n.f.

Serpent : « *En revenant du bourg, j'ai vu une grosse serpent sur le talus.* » Régionalisme grammatical emprunté au patois. B.V. attesté. H.B. bien connu.

SERRER, v.tr.

1. Ranger, mettre à l'abri : « *Il a serré du foin la soirée.* »
2. Rentrer (les bêtes) : « *Je vais serrer les vaches, c'est l'heure de traire.* » Emprunté au patois, ce régionalisme continue le latin *serare* « fermer ». Signalé par Robert 85 dans le sens

de « fermer, ranger » avec la mention « régional ».
Bien connu au-dessus de 20 ans, connu au-dessous.

SERVE, n.f.

Mare : « *Cette serve est assez profonde pour qu'un enfant puisse s'y noyer.* »
Emprunté au patois, du latin *servare* « conserver ».
Usuel.
Synonyme : *boutasse.*

SÉTON, n.m.

Passe-partout : « *Autrefois, les scieurs de long travaillaient au séton.* »
Emprunté au patois, du latin *sectare* « couper ».
H.B. bien connu au-dessus de 60 ans, en déclin rapide au-dessous.

SI AU CAS

Voir CAS.

SIARER, v.intr.

Chasser la neige (en parlant du vent), faire des congères : « *Y a siaré toute la nuit. Le matin, on a été bloqué tant qu'* au passage du traîneau.* »
Emprunté au patois, du latin *sidus* « astre, ciel ».
H.B. usuel au-dessus de 60 ans, connu au-dessous.

SIFFLET, n.m.

Homme grand et maigre : « *Il mesure presque deux mètres, quel grand sifflet !* »
Usuel au-dessus de 40 ans, en déclin rapide au-dessous.

SIGROLÉE, n.f.

Correction : « *Si ta mère te voit dans cet état, tu vas prendre une bonne sigrolée.* »
Emprunté au patois, ce mot est issu du latin **corrotulare* « secouer », avec le préfixe expressif *si-*.
H.B. bien connu au-dessus de 60 ans, en déclin rapide au-dessous.
À rapprocher de : *abadée* (annexe), *chiaquée 2, dorse* (annexe), *égramelée* (annexe), *petassée, ratichon, ruissée, tatouille, trivaste.*

SIGROLER

1. v.tr. Secouer : « *Si le vent sigrole trop les pommiers, ça fera tomber les pommes.* »
2. v.intr. Cahoter : « *Dans ce chemin, ça sigrole tellement qu'il vaut mieux passer par la route.* »
Emprunté au patois, voir *sigrolée*. B.V. connu au-dessus de 20 ans, inconnu au-dessous.

H.B. bien connu au-dessus de 60 ans, en déclin rapide au-dessous.
Le sens 2 est à rapprocher de : *cigogner, groler, gueniller, sargnoter, sargogner.*

SORTIR, v.tr.

Rabattre (en matière de paiement) : « *Voilà cent sous, vous allez bien me sortir quelque chose.* »
Bien connu au-dessus de 40 ans, attesté au-dessous.

SOUCI (PRENDRE DU-), loc. verb.

Se préparer à partir : « *C'est cinq heures : on va peut-être prendre du souci.* »
Usuel.

SOUILLARDE, n.f.

Petite pièce où se trouve l'évier : « *Tu trouveras la grande marmite dans la souillarde.* »
Emprunté au patois, de la nombreuse famille issue du latin *solium* « siège, baquet (à eau) ». Signalé par Robert 85 avec le sens « arrière-cuisine où l'on lave la vaiselle etc. » et la mention « régional ». Usuel au-dessus de 20 ans, inconnu au-dessous.
Synonyme : *évier.*

SOUILLER, n.m.

Soulier : « *Pour le mariage de mon garçon, il faudra bien que je m'achète des souillers.* »
Régionalisme phonétique emprunté au patois.
Usuel au-dessus de 60 ans, bien connu au-dessous.

SOÛL (TROP-), loc.adj.

Difficile, exigeant : « *Il est trop soûl, mais un jour ça pourrait changer.* » B.V. bien connu au-dessus de 40 ans, en déclin rapide au-dessous.

SOUPER, n.m.

Repas du soir : « *Ça va être l'heure du souper.* »
Dérivé de *soupe*, le sens de « repas du soir » correspond à celui de l'ancienne langue française et à celui du patois.
Signalé en ce sens par Robert 85 avec la mention « vieux ou régional (Belgique, Canada, Suisse, etc.) ».
Usuel.

SOUVENIR, v.tr.

Pressentir, annoncer : « *Un ciel bas, le froid aux pieds, des signes qui souviennent la neige.* »
Ce sens transitif correspond à celui de l'ancienne langue française et à celui du patois.

B.V. bien connu au-dessus de 40 ans, attesté au-dessous.

STRATIFICATION, n.f.

Soudure entre le porte-greffe et le greffon : « *La stratification doit être bien faite si on veut que la greffe prenne.* »
Régionalisme technique.
B.V. connu au-dessus de 40 ans, attesté au-dessous.

STRATIFIER, v.tr.

Souder (porte-greffe et greffons dans la taille de la vigne) : « *Il faut faire attention de bien stratifier la greffe.* » B.V. connu au-dessus de 40 ans, attesté au-dessous.

STU, m.sg. **STE,** f.sg. **STES,** m. et f.pl. adj. démonstratif.

Ce, cette, ces : « *Il est à qui donc, stu vélo ?* », « *Qu'est-ce que c'est que ste machine ?* », « *Ah ! stes gamins, ils nous en font voir !* »
Régionalisme emprunté au patois.
H.B. bien connu au-dessus de 20 ans, connu au-dessous.

SUR, prép.

Pendant, au moment de (indique une approximation temporelle dans des expressions comme sur semaine, sur le soir) : « *Je peux pas venir vous voir sur semaine car je travaille.* », « *Je rentrerai assez tard, sur le soir probablement.* »
Usuel au-dessus de 20 ans, inconnu au-dessous.

TABAGIE, n.f.

Petit cirque en plein air : « *Autrefois, il y avait des tabagies qui passaient dans la campagne. Il y a longtemps qu'on n'en voit plus.* » Emprunté au patois où ce mot est probablement issu de l'onomatopée *tapp-*.
H.B. connu au-dessus de 60 ans, inconnu au-dessous.

TABAGNON, n.m.

Réduit, toute petite pièce, recoin (dans les dépendances principalement) : « *Il y a tellement du bazar dans ce tabagnon qu'on ne peut plus y rentrer.* » Mot populaire relevé dans le *Dictionnaire des argots* de G. Esnault avec le sens « Aux Arts, chambre de surveillant, bureau de chef d'atelier, caboulot. » B.V. bien connu au-dessus de 40 ans, attesté au-dessous. H.B. connu au-dessus de 60 ans, inconnu au-dessous.

TABIER, n.m.

Tablier, blouse d'écolier : « *Les enfants portent plus de tabier pour aller à l'école.* »
Régionalisme phonétique.
Connu au-dessus de 40 ans, en déclin rapide au-dessous.

TACONNER, v.intr.

Taper, frapper : « *Il voudrait rentrer et il a taconné au moins cinq minutes à la porte, mais on n'a pas répondu.* »
Emprunté au patois, dérivé de *tacon* « morceau » (de bois), du germanique **takko* « pointe, saillie ».
Usuel au-dessus de 40 ans, en déclin rapide au-dessous.

TAILLON, n.m.

Morceau, tranche : « *Je prendrai bien un taillon de boudin.* », « *Un taillon de pomme me suffira.* »
Emprunté au patois, de la même famille que le français *tailler* (voir *retaillon*).
B.V. au-dessus de 40 ans, attesté

au-dessous. H.B. usuel au-dessus de 20 ans, connu au-dessous.

TALON, n.m.

Dans les expressions *chemin à talon,* sentier à talon, chemin où l'on ne passe qu'à pied : « *Pour aller au village, je ne prends pas la route, je prends toujours le chemin à talon, c'est plus court.* » B.V. connu au-dessus de 40 ans, en déclin rapide au-dessous.

TALURE, n.f.

Ampoule : « *On voit qu'il n'a pas l'habitude de travailler. Il prend la pioche et il a des talures !* » Emprunté au patois, du germanique **talôn* « arracher ». B.V. connu au-dessus de 20 ans, inconnu au-dessous. H.B. usuel au-dessus de 20 ans, connu au-dessous.

TANT

1. adv. Si (devant adj. ou adv.) : « *Tu le feras faire à Pierre, lui est tant intelligent.* »
2. loc.adv. *Tant soit peu*, un peu, *tant qu'à faire*, de préférence, *tant que dure dure*, sans cesse, *tant que tant que*, beaucoup, *tant qu'à tant*, provisoirement, en attendant : « *Il suffit d'avoir tant soit peu de bon sens pour arriver à faire ça.* », « *S'il y a besoin que quelqu'un y aille, tant qu'à faire, j'irai moi-même.* », « *On a travaillé tant que dure dure jusqu'au soir.* », « *Il a toujours réussi, il faut dire qu'il travaille tant que tant que.* », « *Il n'a pas encore trouvé de logement, il habitera chez ses parents tant qu'à tant.* » Bien connu au-dessus de 60 ans, en déclin rapide au-dessous.

TANT PLUS... TANT PLUS, loc.conj.

Plus... plus : « *Tant plus il en a, tant plus il en veut.* »
Signalé par Robert 85 avec la mention « vieux ou régional ». H.B. usuel au-dessus de 40 ans, en déclin rapide au-dessous.

TANT QUE, prép.

Jusque : « *Je vais faire deux pas, tant que chez la gendresse*.* » Régionalisme grammatical emprunté au patois. H.B. bien connu au-dessus de 40 ans, en déclin rapide au-dessous.

TANTÔT, n.m.

Après-midi : « *Nous irons vous voir ce tantôt.* »
Emprunté au patois, cet emploi est signalé par Robert 85 avec la mention « familier, régional ». Usuel au-dessus de 20 ans, connu au-dessous.

TAPANA (FAIRE LA-), loc. verb.

Faire la fête, faire beaucoup de bruit : « *Cette nuit, les voisins ont fait la tapana jusqu'à une heure.* » Emprunté au patois, du germanique **tappo*, « bonde, tampon » avec l'influence de l'onomatopée *tapp-*.
H.B. usuel au-dessus de 20 ans, inconnu au-dessous.

TAQUÉ, adj.

Pas levé (en parlant d'un pain ou d'un gâteau) : « *Chez l'autre boulanger, le pain est taqué.* »
Emprunté au patois, dérivé d'un radical onomatopéique *takk-* « bruit d'un coup sec ».
B.V. connu au-dessus de 40 ans, attesté au-dessous.
Synonyme : *cati.*

TARABATE

1. adj. Turbulent (en parlant des enfants surtout) : « *Oh, ce que ces enfants sont tarabates !* »
2. n.m. Homme infatigable : « *Un tarabate comme lui il n'y en a pas beaucoup.* »
Emprunté au patois, dérivé d'un radical onomatopéique *tar-* exprimant la confusion ou le vacarme.
Usuel au-dessus de 40 ans, en déclin rapide au-dessous.

TARDE (À LA-), loc.adv.

En fin d'après-midi : « *Je viendrai vous voir à la tarde.* »
Déverbal de *tarder.*
H.B. connu au-dessus de 60 ans, en déclin rapide au-dessous.

TARIAU, n.m.

Fossé large et profond (généralement au bord d'une route ou d'un chemin) : « *Les congères avaient rempli le chemin jusqu'en haut des buissons : on ne connaissait* plus qu'il y avait un tariau d'un côté.* »
Emprunté au patois, ce mot désigne aussi en ancien français une levée de terre ou un fossé (dérivé de *terra* « terre).
B.V. bien connu.

TAS (PAS DES-), loc.adv.

Pas beaucoup : « *Le poisson je le mange, mais je l'aime pas des tas.* » Bien connu au-dessus de 20 ans, attesté au-dessous.

TASSÉE, n.f.

Contenance d'une tasse de vin : « *Tiens ! entre voir à la cave, je vas t'payer une tassée de vin blanc.* »
Dérivé de *tasse.*
B.V. usuel. H.B. bien connu au-dessus de 20 ans, inconnu au-dessous.

TATA, n.m.

Biberon : « *Le bébé pleure, donne-lui son tata, ça le calmera.* »
Du latin **titta* « mamelle ».
H.B. usuel au-dessus de 60 ans, en déclin au-dessous.

TATAN, n.f.

Tante : « *Hier, on est allé voir la tatan.* »
Emprunté au patois, redoublement familier de *tante*.
Usuel.

TATOUILLE, n.f.

Correction : « *Il est rentré à la maison tout mouillé, il a reçu une bonne tatouille.* »
Emprunté au patois, du latin *tudiculare* « piler ».
H.B. usuel au-dessus de 60 ans, peu attesté au-dessous.
À rapprocher de : *abadée* (annexe), *chiaquée 2, dorse* (annexe), *égramelée* (annexe), *petassée, ratichon, ruissée, sigrolée, trivaste.*

TATOUILLON, n.m.

Personne malpropre : « *Ses gamins sont de vrais tatouillons, elle pourrait s'en occuper.* »
Emprunté au patois, dérivé de *tatouille*.
H.B. connu au-dessus de 60 ans, en déclin au-dessous.

TAURÈLE, adj. et n.f.

(Vache) stérile : « *Cette vache est taurèle, elle fait point de veau.* » « *C'est une taurèle, il faut la vendre.* » Emprunté au patois, de la famille de *taurus* « taureau ».
B.V. connu au-dessus de 40 ans, inconnu au-dessous.

TAVAN, TAVAIN, n.m.

Taon : « *Les tavans piquent les vaches.* »
Emprunté au patois, continuateur du latin *tabanus* « taon ».
Bien connu au-dessus de 40 ans, en déclin rapide au-dessous.

TAVELLE, n.f.

Bâton ou grosse baguette pour frapper : « *Le père V. a fichu un coup de tavelle au matou.* »
Régionalisme sémantique emprunté au patois où ce mot désigne souvent le bâton attaché au cou d'une vache pour l'empêcher de courir (du latin *tabella* « planchette »).
Bien connu au-dessus de 40 ans, attesté au-dessous.

TÉLÉPHONER, v.tr.dir.

Téléphoner : « *Je les ai téléphonés. Ils vont venir dimanche.* » Régionalisme grammatical.

Construction fréquente pour les verbes de ce sens (voir *crier*). B.V. peu attesté. H.B. usuel au-dessus de 20 ans, connu au-dessous.

TEMPS, n.m.

1. Dans la locution prépositionnelle, *(Une heure) de temps*, pendant (une heure) : « *J'ai attendu au moins une heure de temps.* »
2. Dans la locution adverbiale, *Passé un temps* ou *fut un temps*, à une certaine époque : « *Passé un temps, ça allait mieux, mais j'ai rechuté.* », « *Fut un temps, il travaillait comme apprenti.* »
3. Dans la locution conjonctive, *Du temps que*, pendant que : « *Je viendrai pour le dîner* et, du temps que j'y serai, je préparerai aussi la soupe du soir.* »
3. Signalé par Robert 85 avec la mention « vieilli, archaïque ». Usuel.

TEMPS (NE PAS AVOIR BEAU-), loc.verb.

Avoir du travail, du souci, être très occupé : « *Depuis huit jours, il n'a pas beau temps, il est après* faire les foins.* »
B.V. peu attesté. H.B. usuel au-dessus de 40 ans, en déclin rapide au-dessous.

TENDEUR, n.m.

Personne qui charge les bottes de foin à la fourche, sur le char : « *Donne-moi la fourche, je vais faire le tendeur, ça te reprendra* un peu.* » B.V. peu attesté. H.B. connu au-dessus de 60 ans, en déclin rapide au-dessous.

TENIR, v.tr.

Dans les expressions suivantes :
1. *Tenir X vaches*, avoir X vaches : « *Je tiens 10 vaches et mon père sur la même terre en tenait 5.* »
2. *Tenir sa journée*, être assez travailleur pour occuper une place à l'usine : « *Je pensais pas qu'il arriverait à tenir sa journée.* »
3. *Se tenir par la bourre*, être enroulé : « *Quand le liseron se met dans les cultures, ça se tient tout par la bourre.* »
Bien connu.

TERRE, n.f.

Parcelle de terre souvent éloignée de la maison où l'on plante des légumes : « *Les haricots ont mieux rendu au jardin qu'à la terre.* »
Bien connu.

TÉTAILLER, v.intr.

Tendre la tête pour regarder sans être vu : « *On a aperçu la voisine tétailler par-dessus le mur*

du jardin pour voir ce que l'on plantait. »
Emprunté au patois, du français *tête* avec le suffixe *-ailler*.
Connu au-dessus de 40 ans, inconnu au-dessous.

TÊTIÈRE, n.f.

1. Butte formée en haut d'une vigne pour empêcher l'eau de couler dans la vigne : « *Il faut bien tasser la têtière.* »
2. Sommet de la vigne : « *J'ai laissé mon barelet * dans la têtière.* » Régionalisme sémantique emprunté au patois.
B.V. bien connu.

TEUBE, adj.verb.

Rassasié : « *Après un repas pareil, on est teube.* »
Emprunté au patois, du grec *typhein* « fumer » (voir *atteubé, deuber*).
H.B. connu au-dessus de 60 ans, en déclin rapide au-dessous.
À rapprocher de : *atteubé* (annexe), *confle, ouille, rabondé.*

TEUBER

Voir DEUBER.

TEUPINE, TOPINE, n.f.

Pot de grès : « *J'ai mis la crème dans la teupine.* »
Emprunté au patois, du germanique **toppin* « pot ».
B.V. bien connu au-dessus de 60 ans, en déclin rapide au-dessous. H.B. usuel au-dessus de 20 ans, attesté au-dessous.
Synonymes : *teupon, topon.*

TEUPON, TEUPAN, TOPON, n.m.

1. Pot à lait en grès ou en terre : « *Mets ce topon à la cave.* »
2. Personne qui a l'air endormie, qui n'en est pas moins entêtée : « *Ces deux teupons, comment ont-ils fait pour se marier ? Jamais ils n'ont dit un mot.* »
Emprunté au patois, voir *teupine, topine*. Bien connu au-dessus de 40 ans, en déclin rapide au-dessous.

TIEULER, TIAULER, v.intr.

Tomber : « *Toutes les pommes ont tieulé à cause du vent.* »
Emprunté au patois, du latin *culus* « cul ».
H.B. connu au-dessus de 60 ans, en déclin rapide au-dessous.

TIEULEU, n.m.

Dernier-né d'une famille : « *La gendresse est venue avec le tieuleu.* » Emprunté au patois, du latin *culus* « cul ».
B.V. peu attesté. H.B. usuel au-dessus de 40 ans, connu au-dessous.
Synonymes : *bartieulon, culat.*

TIQUE, n.m.

Tique (du chien) : « *Mon chien est malade, il a été piqué par un tique.* » Régionalisme grammatical emprunté au patois.
Usuel.
Synonymes : *pou de bois, yauche.*

TIRE, n.f.

1. Jus qui sort de la cuve avant le pressurage : « *La tire est abondante cette année.* »
2. Dans l'expression *prendre le vin à longue tire,* tirer du vin au tonneau au fur et à mesure des besoins : « *Je mets le tonneau à la cave et je prends le vin à longue tire, c'est plus commode.* »
Bien connu au-dessus de 60 ans, en déclin rapide au-dessous.

TIRER, v.tr.

1. Arracher : « *On va bientôt tirer les treuffes*.* »
2. Traire : « *C'est l'heure de tirer les vaches.* »
3. Soutirer : « *Demain, il faudra tirer la cuve.* »
4. Dans la locution verbale, *Tirer le râteau*, voir *râteau.*
Bien connu au-dessus de 20 ans, en déclin au-dessous.

TIRE-VIEILLE, n.f.

Être imaginaire vivant dans l'eau : « *Ne t'approche pas de l'eau, gare à la tire-vieilli.* »
En patois, la *tire-vieille* désigne souvent le *triton.*
Bien connu.

TIRIPILLER, TIRPILLER

A. v.tr. : 1. Tirer par les vêtements ou en tous sens : « *Ce gamin est toujours dans mes jupes, il arrête pas de me tiripiller.* », « *Ce n'est pas étonnant que ce rideau soit abîmé : les gamins ne peuvent pas s'empêcher de le tiripiller.* »
2. Importuner : « *Arrêtez de me tiripiller avec toutes vos histoires.* »
B. emploi pron. : Se chamailler : « *Ces gamins n'arrêtent pas de se tiripiller.* »
Emprunté au patois, formé de *tirer + pilleum* « chiffon ».
B.V. connu au-dessus de 20 ans.
H.B. usuel au-dessus de 40 ans, en déclin rapide au-dessous.
Synonymes : *B. garailler, se niarcoter.*

TONE, n.f.

Frelon : « *Je me suis fait piquer par une tone et ça m'a fait mal.* »
Emprunté au patois, ce mot remonte à une forme féminine de *tabanus* « taon ».
B.V. peu attesté. H.B. connu au-dessus de 60 ans, en déclin rapide au-dessous.

TONNERRE, n.m.

Nuage d'orage : « *Le soleil s'est couché dans les tonnerres, sûr qu'il ne fera pas si beau demain.* »
B.V. connu au-dessus de 20 ans, attesté au-dessous. H.B. attesté au-dessus de 40 ans, inconnu au-dessous.

TOPINE, n.f.

Topinambour : « *Ça va bientôt être le moment d'arracher les topines.* »
Bien connu au-dessus de 40 ans, en déclin rapide au-dessous.

TOPIQUE, n.m.

Procès-verbal : « *Si tu circules en sens interdit tu auras un topique.* »
Bien connu au-dessus de 20 ans, inconnu au-dessous.

TORDU, adj.

Mort : « *En trois jours il a été tordu.* »
Régionalisme sémantique qui semble propre à la région lyonnaise (voir l'argot *tordu* « ivre mort »).
Bien connu au-dessus de 40 ans, en déclin au-dessous.
Synonyme : *ficelé.*

TOU, n.m.

Petit crapaud (qui chante dans les trous des murs, du printemps à l'automne) : « *Voilà le printemps, les tous commencent à chanter.* »
C'est probablement une onomatopée imitant le cri de l'animal.
Connu au-dessus de 20 ans, inconnu au-dessous.

TOUCHER, v.tr.

1. Frapper (une vache avec un bâton pour la guider ou la faire avancer) : « *Touche la bardelle*, sinon, elle ne rentrera jamais à l'écurie.* »
2. Mordre les jarrets (des vaches (en parlant du chien de berger)) : « *Allez, Finette, touche ! Touche-la !* »
3. Dans la locution *toucher la main,* serrer la main (de quelqu'un en signe de sympathie) : « *Après ce qui s'est passé entre nous, je croyais pas qu'il me toucherait la main lorsqu'on se rencontrerait.* »
Régionalisme sémantique emprunté au patois.
Bien connu au-dessus de 40 ans, en déclin rapide au-dessous.

TOUILLON (EN-), loc.adv.

En tas : « *Avant de te coucher, tu étales tes vêtements, tu ne les laisses pas en touillon.* »
Emprunté au patois, de la même famille que le verbe familier *touiller* « remuer, agiter » (du

latin *tudiculare* « piler, écraser »). Bien connu au-dessus de 40 ans, en déclin au-dessous.

TOUILLONNER, v.tr.

Froisser, presser en serrant (un textile) : « *Au moment de partir je réalise que j'avais oublié mon imperméable ; je n'ai eu que le temps de le touillonner dans mon sac.* » Dérivé de *touillon*.
B.V. connu au-dessus de 20 ans, attesté au-dessous. H.B. attesté au-dessus de 40 ans, inconnu au-dessous.

TOUR (LE-DE), loc.prép.

Autour de : « *On le voit plus souvent le tour des bâtiments que dans la vigne.* »
Bien connu.

TOURMENT DE CHRÉTIEN, n.m.

Enfant difficile et capricieux : « *Toute la journée, il n'a fait que pleurer, il ne sait pas ce qu'il veut : c'est un vrai tourment de chrétien.* »
Connu au-dessus de 40 ans, inconnu au-dessous.

TOURNE, n.f.

1. Variante du jeu de belote : « *On fait une belote ? On joue à la vache* ou à la tourne ?* »
2. Carte qu'on retourne et qui détermine la couleur d'atout : « *Qu'est-ce que c'est la tourne ? — Le dix de pique.* »
B.V. connu au-dessus de 20 ans, inconnu au-dessous. H.B. usuel au-dessus de 40 ans, attesté au-dessous.

TOURNER, v.impers.

Dans l'expression *si en tourne*, si cela convient : « *Je t'inviterai si en tourne.* »
B.V. connu au-dessus de 40 ans, attesté au-dessous. H.B. attesté au-dessus de 60 ans, inconnu au-dessous.

TOURTE, n.f.

Gros pain rond : « *J'ai pris une tourte, il n'y avait plus de flûtes*.* » Emprunté au patois, du latin *torta* « miche de pain ».
Signalé par Robert 85 avec la mention « régional ».
B.V. connu au-dessus de 20 ans, inconnu au-dessous. H.B. usuel au-dessus de 60 ans, en déclin rapide au-dessous.

TRACAILLER, v.intr.

Boiter, marcher péniblement : « *Elle a mal aux jambes, elle tracaille bien.* » Emprunté au patois où ce verbe est dérivé de l'onomatopée *trak-* indiquant un mouvement de va-et-vient.
H.B. usuel au-dessus de 60 ans,

en déclin rapide au-dessous.
À rapprocher de : *bancaner, chambiller 2* (annexe), *déganer 2* (annexe).

TRACASSIN, n.m.

1. Charivari (fait autrefois aux veufs et aux veuves qui se remariaient avec un célibataire) : « *As-tu entendu ce tracassin cette nuit ? C'est le Toine qui mariait* la Fanny.* »
2. Tracasserie : « *Il n'y a que des tracassins dans cette maison.* »
3. Personne énervante qui fait du bruit : « *C'est un vrai tracassin que cette belle-mère.* »
Emprunté au patois, de l'onomatopée *trak-* « qui fait du bruit ».
Robert 85 indique avec la mention « régional » le sens « agitation, fait d'être sans repos, de ne pas tenir en place ».
Bien connu au-dessus de 60 ans, en déclin rapide au-dessous.
(H.B. sens 1 usuel au-dessus de 20 ans).

TRACHION, TROCHLION, n.m.

Bâton-entrave des vaches : « *N'oublie pas de mettre un trachion à la Rosette, sans cela elle court tout le temps.* »
Emprunté au patois, de l'onomatopée *trak-*.
B.V. bien connu au-dessus de 20 ans, inconnu au-dessous.
Synonyme : *patélon.*

TRACHIONNER, v.intr.

Faire du bruit (en marchant), taper du pied : « *Le père V. est passé en trachionnant sur le trottoir.* » Formé sur *trachion* (morceau de bois qui fait du bruit). B.V. bien connu au-dessus de 40 ans, attesté au-dessous.

TRACOLE, n.f.

Personne peu dégourdie : « *Espèce de tracole, vas-tu te dépêcher un peu ?* » Emprunté au patois, de l'onomatopée *trak-*. B.V. attesté au-dessus de 20 ans, inconnu au-dessous. H.B. usuel au-dessus de 40 ans, en déclin rapide au-dessous.

TRAFIQUER, v.intr.

Aller et venir : « *Je ne sais pas ce qu'il a à trafiquer sans cesse.* »
Usuel.

TRAGOLIN, TRAGOLAN, n.m.

Sentier escarpé, difficile : « *si tu prends le tragolin, tu vas plus vite, mais c'est plus dur.* »
Emprunté au patois, probablement issu du latin *collis* « colline », précédé du préfixe *trans-* « à travers ».

B.V. connu au-dessus de 60 ans, inconnu au-dessous. H.B. usuel au-dessus de 40 ans, en déclin rapide au-dessous.
Synonyme : *grappillon*.

TRAILLE, n.f.

Ornière, trace de passage : « *La traille est profonde. Il faudra mettre des pierres.* »
Emprunté au patois, du latin **tragulare* « suivre à la trace ».
B.V. bien connu au-dessus de 60 ans, en déclin rapide au-dessous. H.B. peu attesté au-dessus de 40 ans, inconnu au-dessous.

TRAÎNASSE, n.f.

Mauvaise herbe rampante, cuscute : « *Il y a de la tramasse plein mon jardin.* »
Emprunté au patois, de la même famille que le français *tramer*.
H.B. connu au-dessus de 60 ans, en déclin rapide au-dessous.

TRAÎNE-GRÔLES, n.m.

Personne lente, traînard : « *Quel traîne-groles, celui-ci ; il est toujours en retard.* »
Variante du français *traîne-savates*. B.V. bien connu au-dessus de 20 ans, en déclin rapide au-dessous. H.B. usuel au-dessus de 40 ans, en déclin rapide au-dessous.

A rapprocher de : *bambane, baseu, besin 2, dordet, lanterne, panosse 2, pattet 2* (annexe), *soquant* (annexe).

TRAMAYOU, n.m.

Métier à faire les trames, métier de cordier : « *Autrefois, on entendait le tramayou dans la colline.* »
Emprunté au patois, du latin *trama* « trame ».
H.B. usuel au-dessus de 60 ans, en déclin au-dessous.

TRAPPON, n.m.

Ouverture pratiquée dans un plancher pour passer d'un étage à l'autre (ordinairement au grenier) : « *Pour monter au grenier il y a un trappon, sur lequel on appuie une échelle, ça ne tient guère de place.* »
Diminutif de *trappe*. Signalé par Robert 85 avec le sens « trappe servant à fermer une cave où l'on entre par la rue. » Usuel.

TRAPPON (CULOTTE À-), loc.nom.

Ample culotte de femme avec une ouverture au dos : « *Dans l'armoire de la chambre des grands-parents j'ai trouvé des culottes à trappon.* »
Bien connu au-dessus de 40 ans, en déclin au-dessous.

TRAQUENET, n.m.

1. Véhicule en mauvais état : « *Il a pas pu finir de rentrer son foin, car la roue du char s'est cassée ; il fallait s'y attendre avec un vieux traquenet comme ça.* »
2. Tarare : « *Le traquenet fait un bruit comparable à celui d'une voiture en mauvais état.* »
3. Bal pour les vendanges : « *On ira au traquenet ce soir.* »
Emprunté au patois, sans doute création expressive sur l'onomatopée *trak-* (voir *tracassin*).
B.V. bien connu au-dessus de 40 ans, peu attesté au-dessous. H.B connu au-dessus de 60 ans, inconnu au-dessous.

TRAVERS (DE-), loc.adv.

En désordre : « *Dans ce placard, c'est tout de travers, il faudrait y* ranger un peu.* »
Usuel.
Synonyme : *à bredi-battu* (annexe).

TRAVERSE, n.f.

Vent d'ouest : « *La traverse c'est le vent de la pluie.* »
Emprunté au patois, continuateur du latin *transversus, -a* « qui vient de travers ».
Usuel

TRAVERSER, v.intr.

Aller rendre visite, passer voir quelqu'un : « *Tâchez donc de traverser dans le courant de ce mois.* » Bien connu au-dessus de 60 ans, en déclin rapide au-dessous.

TRAVERSIER, n.m. **TRAVERSIÈRE,** n.f.

Petit fossé destiné à canaliser l'eau de pluie dans les vignes.
B.V. bien connu.
À rapprocher de : *charroir 2, fourrière 1* (annexe), *glacier.*

TREMPE, n.f.

Breuvage qu'on porte aux jeunes mariés dans un pot de chambre (c'est du vin blanc avec un peu de chocolat fondu) : « *Les jeunes ont cherché les mariés toute la nuit, mais ils ont bien fini par leur porter la trempe.* »
Emprunté au patois, déverbal de *tremper.*
B.V. attesté au-dessus de 40 ans, inconnu au-dessous. H.B. usuel.
Synonyme : *gravirote* 2.

TREMPE DE CHAUD, loc.adj.

Mouillé de sueur : « *Il a couru, il est tout trempe de chaud.* »
Locution empruntée au patois.
Bien connu au-dessus de 20 ans, attesté au-dessous.

TRIANDINE, n.f.

Bêche à dents : « *Moi je préfère la bêche à la triandine, chacun travaille selon son habitude.* » Emprunté au patois, continuateur du latin *tridens* « qui a trois dents ». Usuel.

TRIFOUILLER

1. v.tr. Battre : « *Mes petits copains m'ont bien trifouillé.* » 2. emploi pron. *Se trifouiller*, se battre : « *Ils arrêtent pas de se trifouiller, c'est vraiment pénible.* » Croisement de *tripoter* et de *fouiller*. B.V. bien connu au-dessus de 60 ans, en déclin rapide au-dessous. H.B. usuel au-dessus de 20 ans, inconnu au-dessous.

TRIMBALER, v.intr.

Tituber : « *Regardez-le monter la côte : il va à droite, à gauche ; qu'est-ce qu'il trimbale !* » Continuateur du latin *tribulare* « troubler, agiter », avec l'influence de *trampaler* (voir annexe).
Bien connu au-dessus de 20 ans, inconnu au-dessous.
Synonymes : *brandicoler 2, branlicoter, chambiller 1* (annexe), *dordiller, guignocher 2, jambiroter* (annexe), *trampaler* (annexe), *trebiller* (annexe).

TRIOLET, n.m.

Trèfle : « *Je vais faucher du triolet pour les lapins.* »
Emprunté au patois, du grec *triphyllon* « trèfle ».
Usuel au-dessus de 60 ans, en déclin rapide au-dessous.

TRITRI, n.f. et adj.

1. Fillette futée : « *C'est une tritri, ça devrait bien marcher à l'école.* » 2. Remuant, actif : « *Qu'est-ce qu'elle est tritri, cette gamine !* » Origine onomatopéique.
Usuel au-dessus de 40 ans, connu au-dessous.

TRIVASTE, n.f.

Bonne correction, raclée : « *Il a reçu une bonne trivaste en rentrant, il l'avait bien méritée.* » Peut-être de la famille issue d'un mot germanique **strid* « dispute, combat ». Connu au-dessus de 20 ans, en déclin rapide au-dessous.
À rapprocher de : *abadée* (annexe), *chiaquée 2, dorse* (annexe), *égramelée* (annexe), *petassée, ratichon, ruissée, sigrolée, tatouille.*

TROGNE, n.f.

Dans l'expression *faire la trogne*, bouder, prendre un air renfrogné : « *Je sais pas ce qu'elle a aujourd'hui, elle fait la trogne.* »

À rapprocher de : *faire le babian, faire la bobe, faire le groin* (annexe), *faire la noque* (annexe). Usuel.

TROGNON, n.m.

Bout (du pain, du jambon, du saucisson) : « *J'ai tout mangé, je t'ai laissé le trognon.* »
Usuel.

TROIS-PIEDS, n.m.

Trépied : « *Autrefois, on mettait le cuvier de la lessive sur une sorte de gros trois-pieds.* »
Régionalisme phonétique emprunté au patois.
B.V. peu attesté. H.B. connu au-dessus de 40 ans, en déclin rapide au-dessous.

TROMPER DU BON CÔTÉ, loc.verb.

Donner un meilleur résultat que celui que l'on escomptait (en parlant d'une récolte, d'une affaire) : « *Cette année la récolte nous a trompés du bon côté : nous avons fait plus de quintaux que prévu.* »
B.V. bien connu au-dessus de 20 ans, en déclin rapide au-dessous. H.B. bien connu au-dessus de 60 ans, en déclin rapide au-dessous.

TRONCHER, v.tr.

Cisailler (dans le travail de la vigne) : « *En été, il faut troncher les bros* qui poussent.* »
Emprunté au patois, de la même famille que le français *tronquer*.
B.V. connu au-dessus de 40 ans, attesté au-dessous. H.B. peu attesté au-dessus de 60 ans, inconnu au-dessous.

TROP, adv.

Beaucoup : « *Quand l'hiver arrive, j'y* crains trop !* »
Usuel.

TROQUER, v.tr.

1. Heurter, cogner : « *J'ai troqué le fauteuil.* »
2. emploi pron. Se heurter : « *Je me suis troqué au fauteuil.* »
Régionalisme sémantique, du latin **trudicare* « cogner, frapper ».
B.V. bien connu au-dessus de 40 ans, en déclin au-dessous. H.B. connu au-dessus de 60 ans, en déclin rapide au-dessous.

TROTTE (N'AVOIR NI- NI MODE), loc.verb.

N'avoir aucune élégance : « *Ce que j'ai vu en vitrine n'avait ni trotte ni mode.* »
Bien connu au-dessus de 60 ans, en déclin rapide au-dessous.

TROUSSÉE, n.f.

Surface d'une vigne comprise entre deux *charrois** ou entre une *chaintre** et le premier *charroi** : « *On a fait toute cette troussée dans notre journée : on a bien travaillé !* » Emprunté au patois où le verbe *treusso* signifie « attacher la vigne », d'où le sens : « Quantité de ceps qu'on peut attacher en une journée de travail = surface que recouvrent ces ceps. »
B.V. bien connu au-dessus de 40 ans, en déclin rapide au-dessous.

TROUVER (SE), v.pron.

1. Se disputer : « *Ils finiront bien par se trouver, ces deux-là.* »
2. Dans la locution *si vous vous trouvez de...*, s'il se trouve que vous... : « *Si vous vous trouvez de passer, venez donc me voir.* »
Usuel au-dessus de 20 ans, bien connu au-dessous.

TRUFFE, TREUFFE, n.f.

Pomme de terre : « *Je vais planter mes truffes.* »
Emprunté au patois, du latin *tuber* « tubercule ».
Robert 85 signale *truffe blanche* et *truffe rouge* avec le sens « pomme de terre ».
Bien connu au-dessus de 40 ans, connu au-dessous.

TUISON, n.f.

Canalisation de drainage (tranchée de 60, 70 cm de profondeur avec des javelles au fond) : « *Dans cette terre goutteuse*, on fera une tuison pour tirer l'eau en bas.* »
Emprunté au patois, probablement du latin *tubus* « conduit, canal ».
Bien connu au-dessus de 40 ans, en déclin rapide au-dessous.

VACHE, n.f.

Variété de jeu de belote (où le donneur est obligé de choisir l'atout si personne ne le fait avant lui) : « *Aujourd'hui, pour changer, on va jouer à la vache.* » Usuel au-dessus de 40 ans, en déclin rapide au-dessous.

VACHERIN, n.m.

Fromage au lait de vache : « *Maintenant, on ne fait que des vacherins, on n'a plus de fromages de chèvre.* » Signalé par Robert 85 avec la mention « régional. Fromage de Franche-Comté à la pâte molle et onctueuse ». B.V. peu attesté. H.B. connu au-dessus de 60 ans, en déclin au-dessous.

VARIATION, n.f.

Changement de couleur (en parlant du raisin qui commence à mûrir) : « *Il a fait chaud, la variation a commencé.* » Formé sur *varier*.
B.V. bien connu au-dessus de 40 ans, attesté au-dessous.
H.B. peu attesté.

VARIER, VERAILLER, v.intr.

Commencer à mûrir (en parlant du raisin) : « *Le raisin a varié, nous ne sommes plus loin des vendanges.* » Régionalisme technique.
B.V. bien connu au-dessus de 40 ans, en déclin au-dessous.

VASSIBLE, n.m.

Terrain inculte (où ne poussent que des genêts et des fougères) : « *Dans les hautes collines du Beaujolais on rencontre beaucoup de vassibles.* » Emprunté au patois, du latin *vacivus* « vide ». Bien connu au-dessus de 40 ans, en déclin rapide au-dessous. Synonyme : *garempille* (annexe).

VEAU NOIR, loc.adj.

Rouge foncé : « *Cette femme est malade. Elle a le teint veau noir.* » B.V. connu. H.B. usuel.

VELLE, n.f.

Veau femelle : « *C'est une jolie velle, je vais la garder, ça fera une bonne vache.* »
Forme féminine de *veau*, empruntée au patois.
B.V. connu au-dessus de 40 ans, inconnu au-dessous. H.B. attesté au-dessus de 20 ans, inconnu au-dessous.

VENDANGES, n.f.pl.

Dans l'expression *pendant vendanges* (suppression de l'article) : « *Je fais des conserves de haricots que l'on mange pendant vendanges.* »
B.V. usuel. H.B. attesté au-dessus de 60 ans, inconnu au-dessous.

VENIR, v.intr.

Dans l'expression *(lundi) qui* (ou *que*) vient,* (lundi) prochain : « *J'irai vous voir lundi que* vient.* »
Régionalisme emprunté au patois. Bien connu.

VENT, n.m.

Vent de sud : « *Aujourd'hui le temps est calme, mais demain ça sera sûrement le vent, car le ciel a des traînées blanches.* »
Régionalisme emprunté au patois. Usuel au-dessus de 40 ans, connu au-dessous.

VERAILLER

Voir VARIER.

VERCHÈRE, n.f.

Terrain situé près de la maison, à la fois prairie et verger : « *Derrière sa maison, c'est une verchère.* »
Emprunté au patois, continuateur du latin **vercaria* « terre à cultiver ». Bien connu au-dessus de 60 ans, en déclin rapide au-dessous.

VERDELET, n.m.

Vairon : « *Les gamins ont pêché des verdelets. On va pouvoir faire la friture.* »
Emprunté au patois, du latin *viridis* « vert ».
H.B. usuel au-dessus de 60 ans, en déclin rapide au-dessous.

VERGOGNE (FAIRE-), loc. verb.

Déplaire, faire honte : « *Quand je vois ces pauvres qui meurent de faim, ça me fait vergogne.* »
Vergogne est signalé par Robert 85 avec la mention « vieux, littéraire ou régional ».
B.V. attesté. H.B. connu au-dessus de 60 ans, en déclin rapide au-dessous.

VÉRITÉ, n.f.

Dans l'expression *c'est la vérité vraie*, c'est tout à fait vrai : « *Jamais il n'avait tant gelé que cet hiver : on est descendu à moins 30°. C'est la vérité vraie.* »
Bien connu au-dessus de 40 ans, connu au-dessous.

VERNE, n.m.

Aulne : « *On a coupé les vernes au bord de la rivière.* »
Emprunté au patois, continuateur du gaulois **verno*.
Signalé par Robert 85 avec la mention « régional ».
Usuel au-dessus de 60 ans, en déclin rapide au-dessous.

VERS, prép.

1. Chez : « *La vente des vignettes se fera cette année vers le Pierre.* »
2. Avec : « *Je me souviendrai longtemps des bons moments que j'ai passés vers vous.* »
Régionalisme grammatical emprunté au patois.
H.B. bien connu au-dessus de 60 ans, en déclin rapide au-dessous.

VERSER

1. v.tr. Labourer : « *Il a versé un morceau de pion * pour mettre ses patates.* »
2. v.intr. Tomber : « *Elle a versé dans l'église à cause de la chaleur.* » Régionalisme sémantique emprunté au patois. Signalé par Robert 85 dans le sens de « labourer ».
H.B. usuel.

VERTINGOT, n.m.

Caprice : « *Quand elle prend son vertingot, elle n'est pas facile.* »
Emprunté au patois, du latin *vertigo* « vertige ».
B.V. connu au-dessus de 20 ans, inconnu au-dessous. H.B. attesté au-dessus de 40 ans, inconnu au-dessous.

VESON, n.m.

1. Ver : « *Ces fruits sont invendables : ils sont pleins de vesons.* »
2. loc.verb. *Faire un veson*, faire un caprice : « *Si tu fais encore un veson, tu vas au lit.* »
Emprunté au patois, du latin *vermis* « ver ».
B.V.1. Connu au-dessus de 40 ans, en déclin au-dessous.
H.B. usuel au-dessus de 60 ans, en déclin rapide au-dessous.

VESOULER, v.intr.

Péter : « *Il n'arrête pas de vesouler.* »
Emprunté au patois, du radical onomatopéique *ves-* expressif d'un bruit de souffle.
H.B. connu au-dessus de 40 ans, inconnu au-dessous.

VEUX-TU, exclamation

Ne fais pas ça, arrête ! (formule adressée à quelqu'un qui fait quelque chose qu'il ne doit pas faire) : « *Veux-tu ! tu vas te couper si tu prends ce couteau.* »
Usuel.

VEZILLE, adj.

Pointilleux : « *C'est qu'il est vezille. Il faut faire attention à ce qu'on dit avec lui.* »
Du radical *ves-* indiquant un bourdonnement.
B.V. peu attesté. H.B. connu au-dessus de 60 ans, en déclin rapide au-dessous.

VIANCHE

Voir IANCHE.

VIEUX (DE-), loc.adv.

D'une époque lointaine : « *C'est pas de vieux, c'est arrivé cette semaine.* », « *Je vous parle de vieux, j'avais vingt ans, à cette époque.* »
B.V. bien connu au-dessus de 20 ans, en déclin rapide au-dessous. H.B. connu au-dessus de 20 ans, inconnu au-dessous.

VIGNERON, n.m.
Celui qui cultive la vigne à moitié fruits : « *Je ne sais pas si ce vigneron est très honnête : je n'ai pas la certitude qu'il me donne la moitié de la récolte.* »
B.V. usuel. H.B. connu au-dessus de 60 ans, attesté au-dessous.

VIGNERONNAGE, n.m.

Ensemble des terres dont l'exploitation est confiée à un vigneron : « *Maintenant que je suis vieux, je donne tout en vigneronnage.* »
Dérivé de *vigneron*.
B.V. bien connu au-dessus de 20 ans, connu au-dessous. H.B. connu au-dessus de 60 ans, attesté au-dessous.

VIGOURET, adj.

Vif, éveillé : « *Cet enfant est bien vigouret.* »
De la même famille que *vigueur*.
Bien connu au-dessus de 20 ans, inconnu au-dessous.
Synonyme : *alouetté* (annexe).

VILAIN (FAIRE-), loc.verb.

1. Montrer les dents (en parlant d'un chien, d'un animal) : « *Je ne pouvais pas m'approcher de la maison car le chien faisait vilain.* »
2. Faire des réprimandes (en parlant d'une personne) : « *Quand le père a su ça, il a fait*

vilain. » Robert 85 indique *il fait vilain* à propos d'un temps maussade, avec la mention « familier ».
Usuel.

VILLAGE, n.m.

Hameau : « *Ce village était le plus gros de la commune avant la guerre. Aujourd'hui, il n'y a plus que deux habitants.* »
Régionalisme sémantique emprunté au patois.
B.V. connu au-dessus de 20 ans, inconnu au-dessous. H.B. usuel.
Synonymes : *canton, voisinée.*

VILLON, n.m.

Petite branche d'osier : « *Prends donc ces villons pour attacher la vigne.* » Emprunté au patois, du latin *viticula* « petite vrille ».
B.V. connu.
Synonyme : *ambre* 2.

VIN GRIS, n.m.

Jus de raisin tiré de la cuve et transvasé toutes les semaines jusqu'en janvier de fût en fût ; (à ce moment on le met en bouteille) : « *Ça va être le moment de s'occuper du vin gris.* »
Bien connu au-dessus de 40 ans, attesté au-dessous.

VIOLET, n.m.

1. Sentier étroit : « *Tu ne pourras passer en voiture par ce chemin, ce n'est qu'un violet.* »
2. Allée entre deux rangées de vignes : « *Pour sulfater à dos, on passait un violet sur deux.* »
Emprunté au patois, de *via* « route ». B.V. 2. Connu au-dessus de 40 ans, inconnu au-dessous. H.B. 1. Peu attesté.
Synonyme : 2. *passée* 1.

VIPÈRE, n.m.

Vipère : « *J'ai vu un vipère près d'un puits.* »
Régionalisme grammatical.
Bien connu au-dessus de 40 ans, attesté au-dessous.

VIRON, n.m.

Petite promenade : « *On va aller faire un viron à vélo, ça nous changera les idées.* »
Dérivé de *virer.*
Usuel au-dessus de 20 ans, en déclin rapide au-dessous.

VIROU, n.m.

Étourdissement, syncope : « *Il a eu un virou à l'église. On a dû le remmener chez lui.* »
Emprunté au patois, du latin *vibrare* « agiter ».
H.B. usuel au-dessus de 20 ans, inconnu au-dessous.

VIS, n.m.

Vis : « *Ce vis est trop petit, il m'en faut un plus long.* » Régionalisme grammatical. Bien connu.

VIVRE, n.m.

Nourriture, provisions : « *En ce moment, il ne lui faut pas grand vivre. Il mange peu.* » Signalé par Robert 85 avec la mention « vieux ». B.V. attesté. H.B. connu au-dessus de 20 ans, attesté au-dessous.

VOGUE, n.f.

Fête patronale : « *Pour la vogue, les conscrits passent les brioches.* » Mot du domaine franco-provençal, du germanique **wogon* « voguer, être balancé ». Signalé par Robert 85 avec la mention « régional (région du Sud-Est, Lyonnais) ». Usuel.

VOGUEUR, n.m.

Jeune qui organise la vogue : « *Les vogueurs en mettent un coup, la vogue* approche.* » Dérivé de *vogue*. Connu au-dessus de 40 ans, peu attesté au-dessous.

VOIR, v.tr. + infinitif

Voir suffisamment pour : « *Il faut allumer ? Non, je vois encore lire.* », « *C'est trop sombre, je vois plus coudre.* » B.V. connu au-dessus de 20 ans, inconnu au-dessous. H.B. bien connu au-dessus de 60 ans, en déclin rapide au-dessous.

VOISINÉE, n.f.

Hameau : « *Toute la voisinée a été étonnée d'apprendre cette nouvelle.* » Emprunté au patois, du latin *vicinus* « voisin ». B.V. bien connu au-dessus de 60 ans, en déclin rapide au-dessous. H.B. usuel au-dessus de 20 ans, connu au-dessous. Synonymes : *canton, village.*

VOITURE À POUPON, loc. nom.

Landau : « *Autrefois, les voitures à poupon étaient plus confortables.* » B.V. connu au-dessus de 20 ans, inconnu au-dessous. H.B. usuel au-dessus de 20 ans, bien connu au-dessous.

VOLANT, n.m.

Faucille : « *Va couper de la luzerne avec le volant.* » Emprunté au patois, continuateur du gaulois **volammo* « serpe ».

Bien connu au-dessus de 20 ans, connu au-dessous

VOULOIR, v.tr.

1. Dans les locutions verbales : *vouloir mal (à quelqu'un)*, en vouloir (à quelqu'un) : « *Il vaut mieux qu'il ne le rencontre pas parce qu'il lui veut mal.* »
Se faire mal vouloir, se faire mal considérer : « *À agir ainsi, il se fait mal vouloir.* »
Cette locution est signalée par Robert 85 avec la mention « vieux ».
B.V. usuel au-dessus de 60 ans, connu au-dessous. H.B. usuel au-dessus de 20 ans, bien connu au-dessous.
2. *Vouloir pas* + infinitif (indique un futur), ne pas aller : « *C'est déjà dix heures, c'est trop tard, il veut pas venir à cette heure.* »
Signalé par Robert 85 avec la mention « régional ».
Usuel.
3. *Vouloir (les bœufs)*, loc.verb. Être en chaleur, (en parlant des vaches) : « *Il faudra rentrer la bardelle*, elle veut les bœufs.* »
Les locutions *vouloir* + nom d'animal mâle au pluriel sont usuelles : « *La chatte veut les marous*, la chienne veut les chiens, etc.* »
Usuel au-dessus de 40 ans, en déclin rapide au-dessous.

VRAI, adj.

Vraiment, tout à fait : « *Il était vrai seul.* »
Bien connu.

VRETIAU, n.m.

Ver de fromage : « *Je ne peux pas manger ce fromage, on voit courir les vretiaus dessus.* »
Emprunté au patois, du latin *vermis* « ver ».
B.V. connu au-dessus de 20 ans, inconnu au-dessous. H.B. usuel au-dessus de 20 ans, attesté au-dessous.

WASSINGUE, n.m. ou f.

Serpillère : « *A Cours, les fabriques de couvertures se sont transformées en usines de wassingues.* »
Signalé par Robert 85 avec la mention « régional (Nord de la France) ». Ce mot n'est manifestement pas de notre région, mais il s'est implanté à Cours à la faveur du développement de cette industrie et fait aujourd'hui partie des régionalismes du français du Haut-Beaujolais.
H.B. usuel au-dessus de 20 ans, bien connu au-dessous.

Y, pron.pers.neutre

Le : « *J'y sais aussi bien que toi.* », « *Tout ce qu'il aime pas, il y laisse dans son assiette.* »
Cet emploi de *y* en français régional vient du besoin de conserver la structure du patois qui connaît un pronom neutre différent du pronom masculin.
Usuel.

YAFRER, v.tr. ou intr.

Manger goulûment : « *En un clin d'œil il a yafré sa soupe.* »
Emprunté au patois où ce mot a plus souvent la forme *liafrer*, d'un mot germanique *leffur* « lèvre ».
B.V. attesté au-dessus de 40 ans, inconnu au-dessous. H.B. connu au-dessus de 40 ans, inconnu au-dessous.

YAUCHE, n.f.

Tique : « *Où donc il a pu aller courater*, ce matou, pour avoir attrapé des yauches ?* »
Emprunté au patois, d'un mot latin *ladasca* « tique ».
B.V. connu au-dessus de 40 ans, en déclin au-dessous.
Synonymes : *pou de bois, tique.*

YEUX DE LA CERVELLE, loc. nom.

Nom du 3e œil, celui qui est à la base du sarment (terme de la taille de la vigne) : « *Si les deux yeux ont gelé, c'est l'œil*

de la cervelle qui partira au printemps. »
B.V. connu.

ZIZI, n.m.

Jabot : « *Quand j'ai vidé le poulet, il avait le zizi plein de maïs.* » C'est le nom patois du *gésier* (du latin *gigerium*).
B.V. connu au-dessus de 40 ans, attesté au-dessous. H.B. bien connu au-dessus de 60 ans, en déclin rapide au-dessous.

ZOQUER, v.intr.

S'assoupir, dodeliner de la tête : « *Le grand-père zoque devant la télévision. Il ferait mieux d'aller se coucher.* » Emprunté au patois où ce verbe, dérivé de *soccus* « sabot », signifie d'abord « marcher avec bruit », puis « heurter (de la tête) ».
H.B. connu au-dessus de 60 ans, en déclin rapide au-dessous.
Synonyme : *peser de pain pour les chiens.*

ANNEXES

Mots très peu vivants

Les mots suivants se sont avérés très peu vivants dans l'ensemble de la population. Les tests de vitalité ont notamment montré qu'ils étaient inconnus des moins de 20 ans et qu'ils étaient très peu attestés ou inconnus entre 20 et 40 ans. Il s'agit donc de régionalismes dont la disparition est imminente. Ce sont souvent des mots-souvenirs connus surtout des vieilles personnes ou des patoisants, et se rapportant à des objets ou des pratiques de la vie rurale traditionnelle aujourd'hui disparus.

ABADÉ, part, passé employé comme adj. En désordre.
ABADÉE, n.f. Correction.
ABLAGER, v.tr. 1. Saccager, détruire. 2. Calomnier, accabler d'injures.
ABLAGÉ, adj. Malchanceux (par suite de maladie ou de malheur).
ABOSÉE, ABOUSÉE, n.f. Chute de neige abondante.
ABOTARSER, ABATARSIER, v. 1. v.tr. Abrutir. 2. v.intr. Dégénérer, être en retard.
ACLON, n.m.
ACLE, n.f. Copeau de hache.
ACOINDE, n.f. Caresse.
ACOINDER, v.tr. Mettre un coin (dans un arbre).
ACOINGÉ, adj. Lissé (en parlant des cheveux, des plumes ou des poils).
ACRANER, v.tr. Aplanir.
AGOYER, ENGOYER, v.tr. 1. Étouffer. 2. Emploi pron. S'étrangler.
AGRELON, AGRELI, AGRELLE, n.m. Houx.
AGROBSONNER (S'), v. pron. Se tenir accroupi.
ALEUTE, n.f. Petit homme faible.
ALOUETTÉ, adj. Vif, dégourdi.
AMAILLER, v. 1. Vomir. 2. Emploi pron. Se faire une ecchymose.
AMAILLI, adj. Bleu clair.
AMAILLI 1, n.m. **AMAILLÉE**, n.f. Meule de blé.
AMAILLI 2, n.m. Coup.
AMBEGNON, AMBUGNON, n.m. Nombril (surtout pour les animaux).
AMBIARDS, n.m.pl. Vieilleries de toutes sortes inutiles et encombrantes.
ANARCHER (S'), v.pr. S'acharner.
ANCHE, n.f. Robinet de bois d'un fût.
APINCHER, v.tr. Épier.
APPLETS, n.m.pl. 1. Matériel pour lier les vaches. 2. Véhicules agricoles.
APPUYÉ, adj. Solide sur ses jambes, autonome (en parlant d'un enfant).
APPROTÉE, n.f. Purée de pommes de terre.
ARCAGELET, n.m. Arbalète.
ARCHE, n.m. ou f. Coffre, malle à linge.

AREUTER, AROTER, ENREUTER, ENROTER, v.tr. ou intr. Mettre le foin en rouleaux.
ARRAPER, v.tr. ou intr. 1. Attacher (au fond d'un ustensile servant pour la cuisson). 2. Attraper, attirer à soi. 3. Coller (en parlant de la peau d'une vache malade). 4. Emploi pronominal : s'intéresser (à quelque chose). 5. Dans l'expression *être arrapé pour*, être trop attaché à ses intérêts. 6. Participe passé employé comme nom ou adjectif, avare.
ARSER, v.tr. Arracher en grattant.
ASTICOT, n.m. Enfant fréquentant l'école publique (péjoratif).
ATTEUBE, ATTEUBI, ATTEUBIÉ, ATTEUBLÉ, adj. 1. Fatigué, immobile. 2. Gonflé après avoir trop mangé.
AVIER, v.tr. 1. Réconforter, raviver. 2. Mettre en marche. 3. Emploi pron. Se raviver, se réveiller.
AVION, n.m. Jeu de marelle.
BACHARDÉE, n.f. 1. Contenu d'une auge. 2. Grande quantité de nourriture.
BADIGOINCE, n.f. 1. Coup de poing. 2. Invention, machine.
BAGAIN, n.m. 1. Boue. 2. Personne bête, parlant à tort et à travers.
BAGOLE, n.f. 1. Femme sans esprit, racontant des inepties. 2. Jouet, bijou, objet sans valeur.
BAILLE, n.m. Trou d'eau aménagé pour faire boire les vaches.
BAILLON, n.m. Fromage blanc.
BAILLON, adj. De plusieurs couleurs, rouge et blanc.
BAISSON (DE-) Dans l'expression *marcher de baisson,* marcher le corps penché en avant.
BAJAFLE, n.f. Personne qui parle à tort et à travers.
BAJAFLER, v.intr. Parler à tort et à travers.
BALAN, adj. Bête.
BALOUFIÈRE, BALOFIÈRE, n.f. Matelas ou couette remplie de balle d'avoine.
BARAGER, v.intr. Aller et venir sans arrêt.
BARATACULER, v.intr. Faire une chute.
BARATTE, n.f. Personne remuante, toujours affairée.
BARICOLE, adj. Bariolé.
BARITET 1, n.m. Bonbonne, petit tonneau.
BARITET 2, n.m. 1. Personne bavarde. 2. Bagout.
BARJAQUE, n.f. Personne très bavarde.
BASEU, n.m. Petit tablier.
BATILLER, BATILLONNER, v.intr. Discuter continuellement.
BATTANDE, n.f. Bagarre.
BELLE-MÈRE, n.f. Scie à main.
BELOT, n. et adj. Niais.
BENDOUILLARD, n.m. Ventre.
BENOLER, v.intr. Travailler dur.
BENONI 1, n.m. Tonnelier, fabricant de bennes.
BENONI 2, adj. et n. Niais, simplet.

BEUTE, adj. Creux, vide.
BEUTSE, n.f. Terme affectif pour désigner un petit enfant.
BICHE, n.f. Pot en grès.
BISTOT, n.m. et adj. Élégant, fier, orgueilleux.
BODEAU, n.m. 1. Jeune veau. 2. Personne de petite taille.
BOÎTE, n.f. Boisson faite avec des sorbes et du marc de raisin.
BONAIGE, interjection. Exclamation exprimant la pitié ou l'admiration.
BORDER, v. 1. v. intr. Barboter. 2. emploi pron. S'enfoncer dans un sol mouvant.
BORD (À- DE NUIT), loc.adv. Au crépuscule.
BORDOSSER, v.intr. Traîner, paresser.
BORGNELLE (FAIRE LA-), loc.verb. Voir mal à cause de l'obscurité.
BORGNER, BEURGNER, v.intr. Cligner de l'œil, regarder de travers.
BORGNOSSE, BORGNASSE, n.f. Fille laide.
BORSET, n.m. Petit sac en papier.
BOTTE 1, n.f. Coffin.
BOTTE 2, n.f. Pierre qui dépasse du chemin.
BOUCHURE, n.f. Clôture.
BOUCLON, n.m. Lange de nouveau-né.
BOULET, n.m. Gros morceau de pain, boule de pain.
BOUQUET BLEU, n.m. Bleuet.
BRANDOUILLE, adj. Dans l'expression *cuisinier brandouille*, mauvais cuisinier.
BREDI-BATTU (À-), loc.adv. Tout en désordre.
BRELOQUE, n.f. 1. Travail communautaire, corvée d'entretien des chemins et des fossés. 2. Charrue.
BRELOQUER, v.intr. Entretenir les chemins.
BRESOTER, BRASOTER, v.intr. Grignoter.
BRETELLE, n.f. Vache maigre.
BRETER, v.intr. 1. Tourner, cailler. 2. Échouer.
BRETUSELLE, voir *partuselle*.
BREYER, v.tr. Écraser, moudre, presser.
BROUTE, n.f. Vin âpre qui sort du pressoir à la fin de la pressée. [000186]
BRUTE, n.m. Farine complète (pour les bêtes).
BUYON, n.m. Cuvier à lessive.
CABETTE, n.f. Vache.
CACOTIS, n.m. Lieux d'aisances rudimentaires.
CADETTE, n.f. Rebord d'un mur, dalles bordant les escaliers.
CAFIGNON, n.m. et adj. 1. Fruit malingre, de mauvaise qualité. 2. Petit morceau de pain, croûton. 3. (Adj.) Desséché (en parlant d'un fruit).
CALEU, n.m. Poisson-chat.
CALOUBRETTE, n.f. Petit véhicule (brouette ou charrette).
CANÉ, adj. Ridé (en parlant de la peau).
CANICHARD, adj. Charognard, marchand de viande avariée.
CAQUEGNON, n.m. Petit fruit, déchet sans valeur.

CAQUE-NANO, n.m. ou adj. Personne un peu stupide.
CAQUERET, n.m. Personne qui a un caractère enfantin, un peu simplet.
CAQUEUX, adj. Casanier, aimant s'occuper des travaux ménagers.
CARIBOTE, CARIBOTI, n.m. Personne solitaire, vieux garçon.
CATARRHE MUET, loc.nom. Convulsions.
CHAFIONNER, v.intr. Couper maladroitement.
CHAINTRAILLEUSE, n.f. Corde pour retenir les vaches dans les chaintres.
CHALAYE, n.f. Trace de pas dans un pré ou dans un champ.
CHAMBILLER, v.intr. 1. Tituber. 2. Boîter.
CHAMOURI, n.m. Vendangeur.
CHAMPIR, v.tr. Envoyer en champ.
CHANES, n.f.pl. Fleurs de vin.
CHANIN 1, CHENIN, adj. 1. Grumeleux. 2. Aigre, acide.
CHANIN 2, n.m. Brume.
CHARGEON, n.m. Quantité de vin transportée dans une benne (environ 35 l.).
CHARIFOUILLON (EN-), loc. adj. Embrouillé.
CHARIPE, n.f. 1. Mauvaise bête. 2. Personne méchante.
CHARPENNE, n.f. Charmille.
CHASIÈRE, n.f. Cage à fromages.
CHATONNIÈRE, n.f. Chatière.
CHELU, n.m. Ancienne lampe à huile.
CHEULER, v.tr. Habituellement employé dans la locution *ne pas cheuler sa peine*, se donner du mal, ne pas plaindre sa peine.
CHÈVRES, n.f.pl. Raisins de la deuxième fleur, qui ne sont pas mûrs au moment de la vendange.
CHIAPE, n.f. Jambe.
CHIAQUÉ, adj. Dans la locution *fromage chiaqué*, fromage blanc, battu.
CHINA (LES OS-), loc.nom. Échine de porc.
CHOPINE, n.f. Ancienne mesure de capacité, pot.
CRHÉTIEN, dans l'expression *marcher sur les chrétiens,* marcher pieds nus ou avec des chaussettes trouées.
CIRER, v.intr. Rassir, faire des grumeaux.
CLENCHE, n.f. Paquet de paille que l'on met à l'intérieur de la cuve près du trou du robinet pour que les grappes ne l'obstruent pas.
COCHON DE CAVE, loc.nom. Cloporte.
CONCHE, n.f. 1. Table du pressoir. 2. Bec du pressoir.
COQUELUCHONNÉ, adj. Copieux.
CORDILLE, n.f. Anneau du joug, dans lequel s'engage le timon.
CORNIÈRE, n.f. Branche de ramification de la vigne.
COTIVET, n.m. Haricot blanc.
COUAVER, COUIVER, v.tr. Balayer.
COUNAILLON, n.m. ou adj. Cajoleur.
COUPER LES BROCS, loc.verb. Remplir les brocs de vin (les uns après les autres, sans en répandre à terre).

CRAPE, n.f. Crèche.
CRAPETTE, n.f. ou adj. Avare.
CRAQUELIN, n.m. Pli (des chaussettes ou des bas). [000187]
CREGNOULE, n.f. Petite vallée.
CRENILLE, n.f. Vrille de la vigne.
CREVOGNER, v.intr. Mourir.
CREVOGNEUX, adj. Qui a peu de vigueur et paraît prêt à périr (en parlant d'un animal ou d'un végétal).
CUCUMELLE, n.f. Primevère des prés.
CURONNER, v.tr. Enlever les bourgeons qui poussent le long des cornes* (terme de viticulture).
CURTIL, n.m. Jardin.
DADILLON, n.m. 1. Dans la loc.verb. *Avoir le dadillon*, avoir peur. 2. Dans la loc. verb. *Faire le dadillon*, danser, se tortiller.
DAILLEURE, n.f. Hache servant à couper les bords de la pressée.
DARBONI, n.m. **DARBONIRE**, n.f. Taupinière.
DARE (ÊTRE EN-), loc.verb. Être en colère, énervé.
DARON, n.m. Personne active, pressée.
DÉBORSELER (SE), v.pron. S'échapper d'un contenant défectueux (en parlant d'une matière non liquide).
DÉFRENAILLER, v.tr. Éparpiller. 2. Gronder. 3. Part.passé en emploi adj. Débraillé, mal habillé.
DÉGANER, v.tr. ou intr. 1. Débarrasser des choses inutiles. 2. Marcher difficilement. 3. Partir rapidement.
DÉGARFELER, v.tr. Mettre en désordre, déchirer, arracher.
DÉGOISER, v.tr. Déboucher.
DÉMARINER, v.tr. 1. Nettoyer, ranger. 2. Trouver, découvrir.
DÉPAILLANDRENÉ, adj. Tout défait, tout abîmé, dépenaillé.
DÉPARLER, v.intr. Dire des choses fausses ou qui n'ont pas de sens.
DÉPONDRE, v.tr. Détacher, décrocher, disjoindre.
DÉSANDANIER, DÉSANDANER, v.intr. Défaire les andains (pour faire sécher l'herbe).
DESSUR, prép. Sur.
DÉTARMER, v.tr. Remuer une pâte épaisse.
DÉTOUR DE REINS, loc.nom. Tour de reins.
DÉTRIER, v.tr. Sevrer (en parlant d'un animal).
DIAUTER, v.intr. 1. Cingler, claquer. 2. Pleuvoir violemment.
DJARPETER, v.intr. Courir, travailler sans cesse.
DORSE, n.f. 1. Cosse des pois. 2. Fatigue. 3. Correction.
DORSER, v.tr. Écosser, battre.
DROMILLE, n.f. Petit goujon.
ÉBEZELÉ, adj. Fatigué
ÉBOURGER, v.tr. Étaler (quelque chose qui est en tas), étendre.
ÉBRAGER, v.tr. 1. Secouer, éparpiller. 2. Part, passé en emploi adj. Écervelé, simplet, excentrique.

ÉBRASEILLER, v.tr. Réduire en miettes.
ÉCARGNAFLER, v.tr. Abîmer, écorcher. 2. Emploi pron. S'abîmer, s'écorcher.
ÉCEPIONNER, v.intr. Couper les cepions*.
ÉCOFFIER, v.tr. Élaguer.
ÉGAROTER (S'), v.pron. Se blesser, s'écorcher, s'égratigner.
ÉGRAGER (S'), v.pron. S'éclaircir (en parlant du temps).
ÉGRAMELÉE, n.f. Correction.
ÉJARPETER(S'),v.pron. Parler haut en faisant quelques manières, s'écouter parler.
EMBAGANER, v.tr. Encombrer, embarrasser.
ENBAGRAGÉ, adj. Encombré, embarrassé.
EMBRONCHÉ, adj. De mauvaise humeur, renfrogné.
ENCOUBLER(S'),ENCOBLER(S'),v.pron. Se prendre les pieds dans..., s'entraver.
ENDÊVER, v.intr. Dans l'expression f*aire endêver quelqu'un*, faire enrager quelqu'un.
ENGRANGÉ, adj. Autonome (en parlant d'un enfant dont la situation est faite et qui a quitté la maison).
ENREUDZER, v.tr. Taquiner, tourmenter.
ENTRÂCHIER(S'),v.pron. S'entraver.
ÉPENOT, n.f. Échine de porc. [000188]
ÉPINOTTE, n.f. Aiguille ou branche de sapin.
ESSORLIR, v.tr. Assourdir.
ESTRACLE, ESTRACLE, adj. Boiteux, handicapé.
ÉTALE, adj. Convalescent, guéri.
ÉTARPASSER, v.tr. Gratter (la terre), saccager.
ÉTREÇON, n.m. Pince (pour rétrécir le tissu ou rectifier le retrait que le tissu a pu avoir au tissage).
ÉTRISER(S'),v.pron. S'étirer.
ÉVOLÂTRÉE, n.f. Scandale, esclandre.
ÉVOLÂTRER(S'), v.pron. 1. Se secouer (en parlant de volailles). 2. Fuir en faisant du bruit.
FAILLE, n.f. Brebis.
FENASSE, n.f. Graminée qui se mêle aux céréales et étouffe les récoltes.
FESSOU, n.m. Pioche à double tranchant.
FIANCE, n.f. Confiance.
FIGUÉ, adj. Séché (en parlant du raisin).
FLÈNE, n.f. Taie d'oreiller.
FLOTTE, n.f. Écheveau de laine.
FOLI, n.m. Vin trouble (entre la lie et le vin clair).
FOLIETTE, n.f. Mesure de liquide, chopine (correspondant à peu près à un demi-litre).
FOUETTER, v.tr. Envoyer (la navette).
FOURRIÈRE, n.f. 1. Fossé d'écoulement dans la vigne. 2. Petit chemin herbeux entre deux parcelles de vigne.

FRANLÉE, n.f. Nombre important de personnes.
FRICASSER (SE), v. pron. Se frotter (en parlant du chat).
FRIONNER, v.tr. Exciter, taquiner.
FROMAILLER, v.intr. Bouger, remuer.
GAGNEMAUFRI, n.m. Garnement.
GAILLE, adj. Vigoureux, gaillard, robuste.
GAMBER (SE), v.pron. Se planter à un endroit.
GARDON, n.m. Petit enfant, bébé.
GAREMPILLE, n.f. Terrrain inculte et montagneux.
GAREUX, n.m. Personne renfermée, têtue, autoritaire.
GAROU, n.m. Giboulée.
GATILLE, n.f. Lézard gris.
GAUGNE, **GOGNE**, n.f. Fluxion dentaire.
GAVEUX, n.m. Mauvais ouvrier.
GAZE, n.f. Petite motte de terre.
GNOCHE, GNÂCHE, n. et adj. Peu dégourdi, gauche.
GOGNAUX, n.m. (le plus souvent au pluriel) Vêtements usagés (employés pour le jardinage ou le ménage).
GOGUER (SE), v.pron. Se gaver.
GOLAILLON, n.m. Gosier.
GORGOSSON, GARGUESSON, n.m. Brûlure, embarras de l'estomac ou de l'œsophage.
GOUILLE, n.f. Trou d'eau dans une rivière à sec.
GOURE, n.f. Vieille vache.
GOYON, n.m. Personne autoritaire.
GOYONNER, v.intr. Commander, s'occuper des affaires des autres.
GRABOSSERIE, n.f. (souvent employé au pl.) Petits débris (de bois principalement).
GRABOT, n.m. Balle de blé.
GRAILLER, v.intr. Cracher.
GRAZOUILLE, n.f. Groseille sauvage.
GREFELU, adj. Rugueux.
GREFOUDE, n.m. Giboulée.
GRENICHE, adj. Ridé, ratatiné.
GRENO, adj. Qui a des petits grains (en parlant de la viande).
GRIBOURI, n.m. Ver blanc parasite de la vigne (dont il se nourrit en découpant les feuilles).
GRINGOTTER, v.intr. Retentir (en parlant d'une sonnette).
GROBI, n.m. Personne peu dégourdie.
GROBON, n.m. Vieille souche de bois à brûler.
GROIN (FAIRE LE-), loc.verb. Bouder.
GROPILLE, n.f. Souche d'arbre.
GRUMETTES, GREMETTES, n.f.pl. Raisins pas encore mûrs lors des vendanges.
HOMMÉE, n.f. Superficie qu'un homme pouvait travailler dans une journée

(c'était environ 4 ares en 1918).
IANCHE, HANCHE, VIANCHE, n.f. Clématite des haies, vigne blanche.
INTROU, n.m. Entrée de pré.
JAGOTER, JAGOUILLER, JARGOYER, v.intr. Jargonner, gazouiller.
JAMBEROTE, n.f. 1. Petite jambe. 2. loc.verb. *Marcher à la jamberote*, marcher à cloche-pied. 3. loc.verb. *Jouer à la jamberote*, jouer à la marelle (jeu qui consiste à traverser des cases à cloche-pied).
JAMBIROTER, v.intr. Tituber, vaciller.
JIATTE, n.f. Écharde.
LAINE (SE METTRE DANS LA-), loc.verb. Gronder avec force, dire la vérité.
LAMBRER, v.intr. Courir très vite.
LÂSI (À MON-), loc.adv. A mon rythme, sans me presser.
LISSU, LISSIEU, LESSI, n.m. Eau de la lessive faite autrefois avec des cendres de bois.
LOUISE, n.f. Pet silencieux et nauséabond.
MÂCHER, v.tr. Meurtrir (un fruit).
MARRAIN, n.m. Décombre, gravat.
MARRONNÉE, n.f. Crottin de cheval.
MAYEU, n.m. Poêle, fourneau.
MÉLIQUE, adj. Malingre, chétif.
MENAILLER, v.tr. Manœuvrer.
MEUGNON (FAIRE SON-), loc.verb. Faire une moue indiquant la timidité.
MEUSSE, adj. 1. Triste. 2. loc.nom. *Chèvre meusse* ou n.f. *meusse*, chèvre sans cornes.
MIARNER, MIARLER, v.intr. Crier (en parlant du chat).
MIOTON, n.m. Petit œillet de jardin.
MOUCHET, n.m. Petit rameau d'un arbre fruitier portant des fruits.
MOYETTE, n.f. Petit paquet de greffons.
NATURE, n.f. Sexe féminin.
NEUVE, adj.m. et f. Neuf.
NEZ DU TERRAIN, loc.nom. Endroit pierreux.
NOQUE (FAIRE LA-), loc.verb. Bouder, faire la tête.
ORGIES, n.f.pl. Grossièretés.
PARAISON, PAREZON, n.m. Sarment de l'année, qui doit porter les fruits.
PARTUSELLE, PRETUSELLE, BARTESEILLE, BRETUSELLE, n.f. Coffin.
PATOURER, v.tr. Caresser.
PATRIGOT, n.m. 1. Affaire embrouillée et d'une honnêteté douteuse. 2. Rumeur à propos d'événements scabreux.
PATTET, PETTET, n.m. 1. Lange pour enfant. 2. Personne molle et sans énergie.
PELLE, n.f. Vanne.
PÉREU, n.m. Sarment qui doit porter ses fruits.
PÉROU, n.m. 1. Poire sauvage. 2. Fruit rouge de l'aubépine.
PÉTOUGE, n.f. Misère, désordre.
PEUTRON, n.m. Toute petite fenêtre.

PEUTRONNER, v.intr. Regarder, écouter par le peutron* (sans être vu).
PIE, n.f. Partie de la vigne entre deux charrois*.
PIÈCE, n.f. Pioche.
PILLER, v. Dans l'expression *ça pille*, ça siffle (quand on respire par exemple au cours d'une bronchite).
PILLOTIÈRE, n.f. Mue (cage pour mettre la poule et ses poussins).
PONDU, adj. Suspendu.
POTRINGUE, adj. Malade (surtout de la poitrine).
POUSSAILLER, v.intr. Faire de la poussière.
PROFITEUR, n.m. Individu qui taquine.
QUANTEAU, n.m. Ancien nom d'une parcelle du cadastre.
RABÂTE, RABOTE, n.f. Instrument en bois en forme de flèche, (servant à faire la trace dans la neige).
RABÂTÉE, n.f. Chute.
RACACOUINER, v.tr. Réprimander.
RACLON, n.m. Dernier-né d'une famille (venu bien après les autres).
RAFFETER, v.intr. Tousser.
RAGNIOLE, n.f. 1. Instrument de musique à manivelle. 2. Personne ennuyeuse.
RAGOILLON, n.m. Rigole faite de distance en distance en travers d'un charroi* ou d'un chemin de terre en pente (pour éviter le ruissellement des eaux).
RANGUET, n.m. Malaise digestif.
RAPIO, n.m. Grosse expectoration bronchique.
RAPTORET, RAPETRET, n.m. Roitelet.
RAQUIGNER, v.tr. Grignoter, érafler.
RATEVALER, v.intr. Marcher en remuant des objets autour de soi.
REBATTU, n.m. Vigne de 2 ans.
RECOUPE, n.f. Rigole faite de distance en distance en travers d'un chemin en pente pour éviter le ruissellement des eaux.
RECUITER (SE), v.pron. Se mettre à l'abri.
RÉGALISSE, n.f. Réglisse.
REGROLOU, n.m. Cordonnier.
RELEVAILLES, n.f.pl. 1. Période après l'accouchement où la mère doit se reposer. 2. Fête à la fin de cette période.
REPORCHER, v.tr. Raccommoder grossièrement, faire de vilaines reprises.
REPORCHON, n.m. Vilaine reprise.
RETEGNON, n.m. Chemin qui coupe à travers les rangs de vigne (pour éviter le ruissellement de l'eau).
REVENUS, n.m.pl. Raisins laissés par les vendangeurs parce qu'ils ne sont pas encore mûrs.
RIBOULER, v.intr. Rouler.
RICLÉE, n.f. Selle liquide.
RUINE (TAILLER À LA-), loc.verb. Tailler pour diminuer la vigueur du bois et augmenter le raisin, en laissant un long porteur de 4 ou 5 yeux.

SALADE CHAUDE, n.f. Mets composé de tranches de viande qu'on panne et qu'on met mijoter avec une sauce à l'huile, relevée de vinaigre ou de citron.
SARRON, n.m. Sciure de bois.
SARVADON, n.m. Pomme sauvage.
SEMOUILLE, n.f. Semoule.
SERVISABLE, adj. Serviable.
SOCANE, n.f. Pain trempé dans de l'eau et du vin sucré.
SOQUANT, n.m. ou adj. Homme mou, maladroit.
TALUS, n.m. Faute dans un travail d'aiguille.
TARPIR, v.intr. Peiner, avoir du mal à faire quelque chose.
TAUPINER, v.intr. Travailler, s'occuper à de petits travaux.
TAUSSI, TOUSSI, adj. ou n.m. Sorte de moisi qui marque surtout les textiles.
TCHI, CHI, prép. Chez.
TORTOSSE, n.f. **TORTOSSON**, n.m. Personne maladroite.
TOUCHE, n.f. Outil de tonnelier.
TRABION, n.m. Cagibi.
TRACHIOTER, v.intr. 1. Marcher à petits pas, en traînant les pieds. 2. Hésiter, mal commencer un travail.
TRAFOURER, v.intr. Fouiller, fureter.
TRAMES (FAIRE DE-), loc.verb. Ronronner (en parlant du chat).
TRAMPALER, v.intr. Tituber.
TRANCHER, v.intr. Devenir trouble.
TRAVERSIN, n.m. Chemin de traverse.
TREBILLER, v. intr. Tituber.
TRIPOT, n.m. Petits travaux journaliers et routiniers.
TRINLAQUER, v.intr. Errer, flâner.
TROQUIS, TREUTI, n.m. Maïs.
TROUBLE, n.f. Filet tendu sur un cadre et muni d'un long manche (pour la pêche).
TSAILLON, n.m. Amande de la noix.
VAGANER, v.intr. Aller et venir sans faire rien de précis.
VAILLON, n.m. Pupille de l'œil.
VELOURS (MARCHER DANS LE-), loc.verb. Marcher dans une bouse de vache.
VESI, adj. Battu, refait.
VIN QUI RAYE LES VITRES, expression. Vin qui dure peu.
VITOU, n.m. Racine principale d'un arbre, qui s'enfonce verticalement.
VREDELLER, v.intr. Aller et venir en ayant l'air de chercher quelque chose.
VRENÂILLERIE, n.f. Grand nombre d'enfants, famille nombreuse.
YAFRU, adj. Goulu.
YARQUE, n.m. Personne sans volonté, ivrogne.
YOURE, n.f. Courroie du joug.
ZAZA, n.m. Sexe masculin.
ZONDER, v.intr. Manifester sa colère sans paroles et par des gestes.

BIBLIOGRAPHIE

CELLARD J. et REY A., *Dictionnaire du français non conventionnel*, Paris, Hachette, 1980.

DÉRESSE A., *Dictionnaire étymologique du patois beaujolais*, Villefranche, 1907.

DESCROIX J., *Glossaire du patois de Lantigné-en-Beaujolais*, Paris, Droz, 1946.

DORNA L. et LYOTARD E., *Le parler gaga*, St-Étienne, Dumas, 1953.

DUC A., *Les régionalismes du canton de La Mure*, collection *Matériaux pour l'étude des régionalismes du français*, volume 5, Paris, Klincksieck, 1990.

EGLOFF W., « *La viticulture du Beaujolais* », in *Mélanges*
A. Duraffour, *Romanica Helvetica*, volume 14, p. 139-165, Paris, Droz, 1939.

ESCOFFIER S. et VURPAS A.-M., *Textes littéraires en dialecte lyonnais. Poèmes, théâtre, noëls et chansons, XVIe-XIXe siècles*, Paris, CNRS, 1981.

ESNAULT G., *Dictionnaire historique des argots français*, Paris, Larousse, 1965.

GARDETTE P., *Atlas linguistique et ethnographique du Lyonnais*, Paris, CNRS, 1950-1976 (5 volumes).

GERMI C. et LUCCI *Verbe, Mots de Gap*, Grenoble, Ellug, 1985.

GONON M., « *Le français régional parlé à Poncins en 1984* » dans *Travaux de Linguistique et de Littérature*, XXIII, 1, 1985, p. 139-248, Strasbourg, Klincksieck.

Grand Larousse de la langue française, Paris, 1971-1978 (6 volumes).

HORIOT B. et VURPAS A.-M., « *Recherches sur le français régional de la vigne en Beaujolais* », in *Travaux de Linguistique et de Littérature*, XV, 1, 1977, p. 131-139, Strasbourg, Klincksieck.

HUMBERT J., *Nouveau glossaire genevois*, Genève, Jullien Frères, 1852.

LEX et JACQUELOT, *Le langage populaire de Mâcon et des environs*, Mâcon, 1903-1926, Marseille, Laffitte reprints, 1978.

Lyonnais-Beaujolais, Paris, Bonneton, 1991.

MARTEL C., *Le parler provençal*, Marseille, Rivages, 1988.

MARTIN J.-B., « *Étude du vocabulaire de la viticulture et de la vinification employé à Roisey (Loire)* », dans *Les français régionaux*, Paris, Klincksieck, 1977.

Dictionnaire du français régional du Pilat, Paris, Bonneton, 1989.

MARTIN J.-B. et PELLET J., *Les richesses du français régional, Mots du Nord-Dauphiné recueillis à Meyrieu-les-Étangs*, Paris, CNRS, 1986.

MARTIN J.-B. et VURPAS A.-M., *Le Beaujolais, contes, légendes, récits, chansons*, Trévoux, 1982.

MICHEL Cl., *Étude du franco-provençal parlé dans le nord du département du Rhône*, thèse de Doctorat, Université Lumière Lyon II, 1990.

PUITSPELU N. (du), *Le Littré de la Grand'Côte*, Lyon, 1894.
RÉZEAU P., *Dictionnaire des régionalismes de l'Ouest entre Loire et Gironde*, Les Sables d'Olonne, Éditions Le Cercle d'or, 1984.
Bibliographie des régionalismes du français et extraits d'un corpus d'exemples, collection *Matériaux pour l'étude des régionalismes du français*, n° 3, Paris, Klincksieck, 1983.
ROBERT P., *Le Grand Robert de la langue française, Dictionnaire alphabétique et analogique de la langue française*, 2e édition par A. REY, Paris, 1985 (9 volumes).
STRAKA G., *Poème contre une mission prêchée à Saint-Étienne* (Loire) en 1821, Paris, Les Belles Lettres, 1954.
Trésor de la langue française. Dictionnaire de la langue du XIXe et du XXe siècle, Paris, depuis 1971 (en cours de publication).
TUAILLON G., *Les régionalismes du français parlé à Vourey, village dauphinois*, collection *Matériaux pour l'étude des régionalismes du français*, n° 1, Paris, Klincksieck, 1983.
VACHET A., *Glossaire des gones de Lyon d'après M. Toulmonde...*, Lyon, Paul Phily, 1907.
VILLIÉ É. (de), *Glossaire du patois de Villié-Morgon en Beaujolais*, Genève-Lille, Droz, 1950.
VURPAS A.-M., *Autrefois dans les monts du Beaujolais — Vie et langue d'une communauté rurale, Saint-Just d'Avray* (Rhône), Saint-Étienne, Action Graphique, 1988.
Le français parlé à Lyon vers 1750 dans la collection *Matériaux pour l'étude des régionalismes du français*, n° 6, Paris, INaLF Klincksieck, 1991.
WARTBURG W. von, *Französisches Etymologisches Wörterbuch(FEW)*, Bonn-Bâle, depuis 1922 (en cours de publication).

Publications des auteurs sur le Beaujolais

Autrefois dans les Monts du Beaujolais — Vie et langue d'une communauté rurale : Saint-Just d'Avray (Rhône), Action Graphique éditeur, Saint-Étienne, 1988, par A.-M. Vurpas.
Le Beaujolais, contes, légendes, récits, chansons, recueillis par J.-B. Martin et A.-M. Vurpas, Éditions de Trévoux, 1982.
« *Les noms de famille à Thel (Rhône)* » dans *Études historiques et archéologiques*, publications du Groupe de Recherches Historiques et Archéologiques de Cours, 1987, n° 6, p. 33-76 par Cl. Michel.

Crédit photographique (couverture) : Vivien Therme

Achevé d'imprimer par Edica
Dépôt légal : avril 2015